北山拾叶

于海疆　编

团结出版社

图书在版编目（ＣＩＰ）数据

北山拾叶／于海疆编. － － 北京：团结出版社，
2020.7

ISBN 978 － 7 － 5126 － 8077 － 7

Ⅰ．①北… Ⅱ．①于… Ⅲ．①名句 – 汇编 – 世界
Ⅳ．①H033

中国版本图书馆 CIP 数据核字（2020）第 123808 号

出　　版：团结出版社
　　　　　（北京市东城区东皇城根南街 84 号　邮编：100006）

电　　话：(010)65228880　65244790

网　　址：http://www.tjpress.com

E – mail：65244790@163.com

经　　销：全国新华书店

印　　刷：北京荣泰印刷有限公司

装　　订：北京荣泰印刷有限公司

开　　本：170mm×240mm　16 开

印　　张：31

字　　数：460 千字

版　　次：2020 年 7 月　第 1 版

印　　次：2020 年 7 月　第 1 次印刷

ISBN：978 － 7 － 5126 － 8077 － 7

定　　价：96.00 元

目 录

目 录

人生篇

人生，来如风雨，去似微尘。

一切伟大的行动和思想，都会有一个微不足道的开始。

——[法]阿尔贝·加缪

世界上的事情永远不是绝对的，结果完全因人而异。苦难对于天才是一块垫脚石……对于能干的人是一笔财富，对于弱者是一个万丈深渊。

——巴尔扎克

如果让我选择，我倒不反对从头再过一次同样的生活，只是要求获得作家们在作品再版时可更正头版中某些谬误的机会。 ——本杰明·富兰克林

不要问你的国家能为你做些什么，而要问你自己能为你的国家做些什么。

——约翰·肯尼迪

不但要问中国还有什么问题，而且要问你可以为中国解决什么问题。

——饶毅

人人都有权这样想："世界是为我而创造的"。 ——犹太法典

失败只是一次经历，绝不是人生。 ——布朗

希望是一顿美好的早餐,但却是一顿糟糕的晚餐。 ——培根

我毫无满足,就像火焰在燃烧着而烧毁自己。我把握住的,全变成光,我丢弃的,全变成灰烬一样:我是火焰,确实无疑。 ——尼采《看这个人》

我住在我自己的家里,而未学过任何人的任何样子,而且——还嘲笑每一位没有嘲笑过自己的大师。 ——尼采《我的大门的题词》

上帝造人造得太不好,给人那么多欲望,而给人满足欲望的机会和可能性又那么少,所以我恨上帝。 ——赵鑫珊《零星的哲学思考》

命运的力量只是在遭受悲剧后才被承认,幸运儿们把他们的所有的成功归结为自己的精明或其他优点。 ——[英]斯威夫特《杂集》

我一定抱怨牌没洗好,直到我有一手好牌。 ——[英]斯威夫特《杂集》

每个人都渴望能活的长一些,但没有人愿意老。 ——[英]斯威夫特《杂集》

聪明的人是不希望自己年轻的。 ——[英]斯威夫特《杂集》

假如上帝跟我商量的话,我会劝他还是继续用黏土生产人类的好。 ——马丁·路德

你的最大责任是把你这块材料铸造成器。 ——易卜生

理想犹如天上的星星,我们犹如水手,虽不能到达天上,我们的航程都可凭它指引。 ——[美]舒尔茨

真正的人生应当是诚实的人生,因而我绝不想欺骗自己。 ——高仓健

"每个人都会死去，但不是每个人都真正地活过。" ——电影《勇敢的心》

我们把世界看错了，反说它欺骗我们。 ——泰戈尔

人最苦的是梦醒了无路可走。 ——鲁迅

人就个人而言终有一死，就整体而言则是不朽的。 ——艾普利亚

在人生的前半，有享乐的能力而无享乐的机会；在人生的后半，有享乐的机会而无享乐的能力。 ——马克·吐温

如果全部愿望都能立即实现，那也是一种不幸，至少是一件无聊乏味的事情。 ——何怀宏《若有所思》

我最爱的年纪，就是中年。尘埃落定，这时候，人生不问答案，播出去的种子，开始有收获了。 ——三毛

生活给了我想要的东西，同时它又让我认识到这没多大意思。 ——萨特

人或为名、或为利、或为莫名的虚幻而受屈辱。不过，最为屈辱的人是懵懂过一生的人。 ——黄克全《随想录》

人类是时间的俘虏，从诞生那一刹那间开始。 ——黄克全《随想录》

要么忙着活。要么忙着死。 ——电影《肖申克的救赎》

生活就像一盒巧克力，你永远不知道下一块会是什么味道。

——电影《阿甘正传》

人
生
篇

其实做人,生不逢时,比做鬼更惨。　　　　　　　　——电影《倩女幽魂》

人生不能像做菜,把所有的料都准备好了再下锅。　　——电影《饮食男女》

在变幻的生命里,岁月,原是最大的小偷。　　　　　　——电影《岁月神偷》

我不想苟存,我想要生活。　　　　　　　　　　　　——电影《为奴三十载》

你们一生在抱怨这里,却从没有勇气走出这里。　　　　——电影《飞越疯人院》

生命的全部奥秘就在于为了生存而放弃生存。　　　　　　　　　　——歌德

没有一项决定是最坏的决定。　　　——威廉·德兰尼《小型企业失败的原因》

人生常是这样:难得阳光普照、风平浪静;因此要学会:即使暮色笼罩、海波不宁,也可以不慌不忙。　　　　　　　　　　　　　　——梅子《心漪集》

在命运的颠沛中,最可以看出人的气节。　　　　　　　　　　——莎士比亚

我们唯一的悲哀,是生活在愿望当中而没有希望。　　　　　　　　——但丁

没有谁能避免自己是天生的普通人,但也没有任何人注定就是平庸之辈。　　　　　　　　　　　　　　　　　　　　　　　　——萨·佩奇

人们常常听到这样一句话:"是欲望毁了他。"然而,这往往是错误的。并不是欲望毁了人,而是无能、懒惰、或糊涂。　　　　　　——皮埃尔·布尔吉

你不得不随遇而安;但是,你应该努力按照你向往的方式去生活。
　　　　　　　　　　　　　　　　　　　　　　　　——德国谚语

人生不出售来回票。一旦动身,绝不能复返。

——罗曼·罗兰

一个真正有力量的人,常常并不是一个自我感觉良好的人,而倒是一个自我感觉不好的人。

——何怀宏《若有所思》

如果一个人的愿望都得到满足,这对他是不好的。

——赫拉克利特

累累的创伤,就是生命给你的最好的东西,因为在每个创伤上面都标志着前进的一步。

——罗曼·罗兰

不光荣的成功好像一道不加作料的菜,可以填饱肚子,但没有好味道。

——乔·佩特诺

每个人的一生中,幸运女神都来敲过门。可是,许多人竟在邻室中听不见她。

——马克·吐温

所有命运馈赠的礼物,都在暗中标好了价格。

——《断头王后》

一个人一定要坚强,不然的话,恶者喜欢弱者、善者,会把他们当作自己的拐杖。所以必须记住:真正的恶行是跛脚的,永远用美德拐杖走路。

——[苏]米·普利什夫《大地的眼睛》

大家都知道应当忘记痛苦,但很少有人懂得,一切成功和幸福固然应当欢迎,应该接受,而把成就放入你的仓库后,也要尽快忘记。欢乐和痛苦都应当忘记,要记住的只是永远前进的思想。 ——[苏]米·普利什夫《大地的眼睛》

人生好像一盒火柴,严禁使用是愚蠢的,滥用则是危险的。

——[日]芥川龙之介

在神的一切属性中,我最同情的是神不能自杀。　　　——[日]芥川龙之介

世间的任何事物,追求时候的兴致总要比享用的时候的兴致浓烈。

——[英]莎士比亚《威尼斯商人》

除非你做好准备,否则,机会只会使你显得可笑。　　　　——《人和机会》

当一个人种下遮阴树的同时明确知道,他将绝不会在这些树下乘凉之时,他在发现人生意义方面至少有了一个开端。　　　　　——E·楚布拉德

生活并非一条直线,而是像一株树那样,在开花之前大部分都要移植。

——路易斯·耐吾逊

我是不相信命运的。行者,无论他们怎样去行动,我不相信他们会遇到注定的命运;而如果他们不行动,我确定他们的命运是注定的。　——切斯特顿

生命,是两个永恒之间的一片峡谷,两朵黑云之间的一次闪电。

——[黎巴嫩]阿明·雷哈尼《给播种者的种子》

有些人赞美历史的英雄,却模仿他们的劣迹,而不效法他们的优点;由于愚蠢,他们以曲高和寡来解嘲,而以短处作为仿效的榜样。　　——切斯特顿

劳动的主要长处在于它本身既是目的也是手段——欢乐在于劳动,而不在于劳动的成果。　　　　　　　　　　　　　　　　　　——切斯特顿

急暴风雨强化和激发着感情;在风雨的压迫和摇撼下的植物,比在玻璃房里生长、开花的植物更强劲。　　　　　　　　　　　　　——切斯特顿

如果一个人不知道他要驶向哪个码头,那么任何风都不会是顺风。

——小塞涅卡

大自然把人们困在黑暗之中,,迫使人们永远向往光明。

——歌德

人生太短暂了,事情是这样的多,能不兼程而进吗?

——爱迪生

合理生活的目的就在于:懂得什么是正义的东西,感受什么是奇妙的东西,渴求什么是美妙的东西。

——普拉顿

谁能以深刻的内容充实每个瞬间,谁就是在无限地延长自己的生命。

——库尔茨

回避现实,只能将困难推迟。

——[英]狄更斯

你听说过胜利是很好的,是吗? 我告诉你失败也很好,失败者和胜利者具有同样的精神。

——[美]惠特曼

那些没有受到未知事物折磨的人,不知道什么是发现的快乐。 ——贝尔纳

人们,我是爱你们的! 你们可要警惕啊! ——伏契克《绞刑架下的报告》

一个瘫痪的人想要跑,一个矫健的人不想跑,这两个人都将停止在原地上。

——卢梭

人们总是把自己的处境归咎于机会不好。我不相信机会。这个世界上取得成功的人,是那些努力去寻找他们想要的机会的人,如果找不到机会,他们就自己创造机会。

——肖伯纳

珍惜自己生命的人应该总是在积极地工作,就好像他会长久地活下去;同时他又应该分秒必争地来安排他的时间,就好像他不久就要离开人世。

——利特雷

你在砍柴时而能感受到炉边的温暖,那就是信心。　　　　　　　　——H·C

光勤奋是不够的,蚂蚁就是勤奋的。你为什么而勤奋呢?

——亨利·戴维·梭罗

谁有生活理想和实现他的计划,谁便善于沉默;谁没有这些,谁便只好夸夸其谈。

——埃尔温·斯特里马特

机会从来不会到来,它就在那儿。　　　　　　　　——克劳德·麦克唐纳

人不是从娘胎里出来,就一成不变的,相反,生活会逼迫他一次又一次地脱胎换骨。

——加西亚·马尔克斯

我不想跟任何人争夺名利,这和登山运动员一样,冒着生命危险攀登高峰,但是一旦登了上来,下一步该怎么办? 要下去,或者争取明智的、尽量体面地下去。

——加西亚·马尔克斯

如果上帝赏我一段生命,我会简单装束。伏在阳光下,袒露的不仅是身体,还有我的灵魂。

——加西亚·马尔克斯

一个幸福晚年的秘诀不是别的,而是与孤寂签订一个体面的协议。

——加西亚·马尔克斯

人生最低的境界是平凡,其次是超凡脱俗,最高是返璞归真的平凡。

——周国平

一个人的价值应该看他贡献什么,而不应当看他取得什么　　**——爱因斯坦**

金钱和时间是人生两种最沉重的负担,最不快乐的就是那些拥有这两种

东西太多,多得不知怎样使用的人。

——约翰生

人生的小小不幸,可以帮助我们度过重大的不幸。

——伊森伯格

人生的道路虽然漫长,但紧要处常常只有几步,特别当人年轻的时候。

——柳青

很喜欢一句话。死亡是成长的最后阶段,我们一生都需要成长,直到死亡。

——毕淑敏

人生应该如蜡烛一样,从顶燃到底,一直都是光明的。

——萧楚女

什么也不怕,热爱神圣事物而轻视其它快乐,对自己的生命毫不挂念。

——布鲁诺

平庸的生活使人感到一生不幸,波澜万丈的人生才能使人感到生存的意义。

——池田大作

冒个险吧！人生本来就是一场探险,最有成就的是那些敢于尝试的人,"安稳号"船舶无法离岸远航。

——卡耐基

成功之道,唯有用心思考,别无捷径。

——卡耐基

无论如何,保持本色,做独一无二的自己。

——卡耐基

人生最关键的就是找到导航人生的坐标。没有原则的人会漂流不定。有正确的坐标,做什么角色都可以保持真我,会有不同程度的成就,并且生活得更快乐、更精彩。

——李嘉诚《管理者首先要管理好自己》

人生耐贫贱易,耐富贵难;安勤苦易,安闲散难;忍痛易,忍痒难。能耐富贵,安闲散,忍痒者,必有道之士也。

——《东坡志林》

做人十要之诀:身要严重,意要闲定;色要温雅,气要和平;语要简徐,心要光明;量要阔大,志要果毅;机要缜密,事要妥当。

——[明]陈继儒

眼不高,不能越从;气不充,不能作势;胆不大,不能驰骋;心不死,不能入木。

——[清]黄之云

每一个人都像是一座两层楼。一楼有客厅、餐厅,二楼有卧室、书房,大多数人都在这两层楼间活动。实际上,人生还应该有一个地下室,没有灯,一团漆黑,那里是人的灵魂所在地。因此,可以把心藏进去,常常走进去,日子久了就会有新的发现。

——村上春树

人老却并不可怕,它或许正是进入了人生的最高级阶段——逼近了宇宙、自然和生命的本相,让人坦然通透,无禁忌,无算计,无挂碍,无功利,活得平平淡淡,自自然然,和和气气。

——凸凹

我的梦想是希望中国的下一代可以在任何一个晚上,现在任何一个地方,说出心里想说的话,而心中没有任何恐惧,我们这一代人所做的种种努力。也不过是寄望我们的下一代将有"免于恐惧的自由"。

——龙应台

在世人中间,不愿渴死的人,必须学会从一切杯子里痛饮。在世人中间要保持清洁的人,必须懂得脏水也可以洗身。 ——尼采《查拉图斯特拉如是说》

人就是这样,总会活在某个时限内,那里的世界也许是几年之后自己都无法理解的。但这又是我们无法突破的。为你,千千万万遍,就算遍体鳞伤,还是会义无反顾,也许这就是人生,人生不是只做值得的事情!

——卡德勒·胡赛尼《追风筝的人》

人生如河,该来的总会流来,该走的又总会漂走。当下最好! ——王家春

让人迷茫的原因只有一个,那就是本该拼搏的年纪,却想得太多,做得太少。 ——褚时健

我们坚持一件事情,并不是因为这样做了会有效果,而是坚信,这样做是对的。 ——哈维尔

无论是玩乐还是读书,都要全身心的投入,把整个生命投入进去,达到酣畅淋漓的状态,这是我所向往的生活。 ——钱理群

人类无疑是有力量来有意识地提高自己生命质量的,人是可以使自己生活的诗意而又神圣的。 ——梭罗

使人间变成地狱的原因,恰恰是人们试图将其变成天堂。

——[德]诗人赫尔德林

古之欲明明德于天下者,先治其国;欲治其国者,先齐其家;欲齐其家者,先修其身;欲修其身者,先正其心;欲正其心者,先诚其意;欲诚其意者,先致其知;致知在格物。 ——《大学》

故天将降大任于斯人也,必先苦其心志,劳其筋骨,饿其体肤,空乏其身,行拂乱其所为,所以动心忍性,增益其所不能。 ——《孟子》

天行健,君子以自强不息;地势坤,君子以厚德载物。 ——《周易》

人生有三个阶段,年轻时趋利,中年趋名。到了名利有了,第三个阶段就是安放灵魂。大部分人到了名利阶段就走不动了。 ——马未都

行乐及时,上天给你什么,就享受什么。千万不要去听难堪的话,一定不要去见难看的人,或者是做难做的事,爱上不应爱的人。　　——《电光幻影》

人生受"看不见的手"的驾驭。而且,"看不见的手"有两只。第一只手是命运,另一只手是"因果报应法则"。命运掌握在自己手上,命运不是宿命,能通过因果报应的法则而改变。上天决定的命运也可以通过自己的力量改变。不断思善事,做善事,因果报应的法则就能发挥作用,就能度过一个比命运好的多的美好人生。　　——稻盛和夫

见事不学,用时悔。醉发狂言,醒时悔。安不将息,病时悔。

——北宋·寇准《六悔铭》

士有三不斗:勿与君子斗名,勿与小人斗利,勿与天地斗巧。　　——曾国藩

志行万里者,不中道而辍足;图四海者,非怀细以害大。　　——《三国志》

盛年不重来,一日难再晨。及时当勉励,岁月不待人。　　——陶渊明《杂诗》

莫等闲,白了少年头,空悲切。

——岳飞《满江红·写怀》

我们寄希望于更厉害的道理来过好一生,殊不知真理往往简单,只是需要用一生去领悟。　　——林清玄

我需要最轻的风和最静的海。　　——顾城

一生负气成今日,四海无人对夕阳。　　——陈寅恪

士人第一要有志,第二要有识,第三要有恒。有志则断不甘为下流;有识则知学问无尽,不敢以一得自足;有恒则断无不成之事。　　——曾国藩

我们从虚无诞生并且最终走入虚无——所谓生存,不过是在两个死亡之间的一种无希望的挣扎。

——何新

我们曾如此渴望命运的波澜,到最后才发现:人生最美妙的风景,竟是内心的淡定与从容。我们曾如此期望外界的认可,到最后才知道,世界是自己的,与他人毫无关系。

——杨绛

我双手烤着生命之火取暖;火萎了,我也准备走了。

——杨绛

一个不经反省、检讨的人生是不值得过的人生。

——苏格拉底

活着时愉快些,因为你将死的很久。

——苏格兰谚语

大抵上人生同时朝两个方向行进,且并行不悖。一是欲望和业力牵引的,走向老年及肉身的毁坏;一是心灵牵引的,走向童年及初心的苏醒。

——汪军

有人说,时间是最妙的疗伤药。此话没说对,反正时间不是药,药在时间里。

——木心

祸福无门,唯人自召;善恶之报,如影随形。

——《太上感应篇》

君子藏器于身,待时而动,何不利之有?

——《易经》

我们都活在阴沟里,但仍有人仰望星空。

——[英]奥斯卡·王尔德

夫谋利而不遂者,不百一;谋名而不遂者,不千一;今处世不能百年,而乃侥幸于不百一不千一之事,岂不痴甚矣哉！ ——[南宋]陆九韶《居家正本制用篇》

历史对本能的遗弃将人变成了一些阴影和抽象概念,没人敢于表现个性,而是戴上面具,将自己装扮成一个有教养的人、一个博学之士、一个诗人或者是一个政治家。

—— 尼采

不积跬步,无以至千里;不积小流,无以成江海。

——《荀子》

人生之善止,可防危境出现,不因功名而贪欲,不因感极而求妄。

—— 曾国藩

知止,则日进无疆,反者道之动,知足不辱、知止不殆。

—— 墨子

人性的确如此,即轻信又爱怀疑,说它软弱它又很坚固,自己打不定主意,为别人做事却很有决断。

人生一世,总有些片段当时看看无关紧要,而事实上却牵动了大局。

浮名浮利,一切虚空!我们这些人里面谁是真正快活的?谁是称心如意的?就算当时遂了心愿,过后还不是照样不满意?

一个人如果遭到大家嫌弃,多半是自己不好。

—— 萨克雷《名利场》

世界上最快而又最慢、最长而又最短、最平凡而又最珍贵、最容易被人忽视而又令人后悔的就是时间。

欢乐和忧愁永远是相依相随的,它们不可分割地交织在一起。

走你的路吧,摔倒了不要怨别人。

现在过的每一天,都是余生中最年轻的一天。请不要老得太快,却明白得太迟。

拥有财富的人,多有追求智慧的冲动,因为他们有行动的力量。

只有书本知识的人,却多半和财富无缘,因为他们缺乏行动能力。

我们的人生,往往只看到一条船,而没有看到那条河,更疏略了两岸美丽的风景。

生活的最高境界:珍惜自己的过去,满意自己的现在,乐观自己的未来。

人生是一场永不落幕的演出,我们每一个人都是演员。只不过,有的人顺从自己,有的人取悦观众。

——高尔基《童年》

人充满劳绩,但又诗意地栖居在大地之上。

——德国诗人 荷尔德林

人的精神有三种境界:骆驼、狮子和婴儿。

第一境界骆驼,忍辱负重,被动地听命于别人或命运的安排;

第二境界狮子,把被动变成主动,由"你应该"到"我要",一切由我主动争取,主动负起人生责任;

第三境界婴儿,这是一种"我是"的状态,活在当下,享受现在的一切。

——尼采

不是你的能力决定了你的命运,而是你的决定改变了你的命运。

——巴菲特

生命的尽头,就像人在黄昏时分读书,读啊读,没有察觉到光线渐暗;直到他停下来休息,才猛然发现白天已经过去,天已经很晚;再低头看书,书页已不再有意义。

——毛姆

生活就像奥林匹克赛会,聚到这里来的人们通常抱有三种目的:有些人摩拳擦掌以折桂,有些人做买卖以盈利,但还有一些人只是单纯地做旁观者,冷眼静观这一切。

——古希腊哲学家 毕达哥拉斯

当上天赐给你荒野时,就意味着,他要你成为高飞的鹰。 ——简媜

时间只够用来去爱,可它只有一瞬,令人惋惜。 ——马克·吐温

在信息丰富的世界里,唯一稀缺的资源就是人类的注意力。

——《连线》杂志创始主编凯文·凯利

你要搞清楚自己人生的剧本——不是你父母的续集,不是你子女的前传,更不是你朋友的外篇。对待生命你不妨大胆冒险一点,因为好歹你要失去它。如果这个世界上真有奇迹,那只是努力的另一个名字。

其实人跟树是一样的,越是向往高处的阳光,它的根就越要伸向黑暗的地底。

一个人知道自己为什么而活,就可以忍受任何一种生活。

千万不要忘记,我们飞翔的越高,我们在那些不能飞翔的人眼中的形象越是渺小。

所谓高贵的灵魂,即对自己怀有敬畏之心。

一切美好的事物都是曲折地接近自己的目标,一切笔直都是骗人的,所有的真理都是弯曲的,事件本身就是一个圆圈。

——尼采

时间的流逝在我们看来不应该说是像一把沙子,在磨损我们,在消耗我们,而是在完成我们。

——安托万·德·圣·埃克苏佩里

无论一个人干哪种事业,都需要四个条件:运动员的体格、科学家的头脑、宗教家的热忱、艺术家的胸襟。

——毛姆

或许人只有被思想、活力和激情塑造出性格,上了年纪才会美丽。夏威夷人一直过着纯动物式的生活,他们年老之后便又恢复了动物的模样。

——毛姆

真正精彩的生活,靠的不是堆满房间的东西,也不是用之不尽的金钱。"我经历过怎样的时光? 我将要度过怎样的时光?"对时间内涵的正确理解,才是舒心生活的关键。

——[日]有川真由美

　　一个人的生活道路原来是由内在的因素决定的。看来,我们的道路常常偏离我们的愿望,而且非常莫名其妙和没有道理,但它最终还是会把我们引向我们自己看不见的目标。

——[奥地利]斯蒂芬·茨威格

　　人类进化的意义,在于把不得不做的事情,变成享受的事情。

——杨照 评论家

　　天才就是另辟蹊径抵达真实的人。　　——[智利]小说家 罗贝托·波拉尼奥

　　如果内心贫瘠,换一万个地方,生活都雷同。

　　物质愈丰裕,我想要的却愈少。许多人想登上月球,我却想多看看树。

——奥黛丽·赫本

　　我渐渐发现,谈人生改变不了人生。与其说人们喜欢谈人生,不如说人们更喜欢有趣地谈人生。爱谈人生,是一种病。

——王朔

　　所谓财富自由,本质就是你的时间自己说了算。

——罗振宇

　　大部分人在二三十岁上就死去了,因为过了这个年龄,他们只是自己的影子,此后的余生则是在模仿自己中度过,日复一日,更机械,更装腔作势地重复他们在有生之年的所作所为,所思所想,所爱所恨。

　　真正的光明绝不是永没有黑暗的时间,只是永不被黑暗所掩蔽罢了。真正的英雄绝不是永没有卑下的情操,只是永不被卑下的情操所屈服罢了。

——罗曼·罗兰《约翰·克里斯朵夫》

　　生活总是让我们遍体鳞伤,但到后来,那些受伤的地方一定会变成我们最强壮的地方。

——海明威《永别了武器》

每一天都是一个新的日子。走运当然是好的,不过我情愿做到分毫不差。这样,运气来的时候,你就有所准备了。

等待也是种信念,海的爱太深,时间太浅。

现在不是去想缺少什么的时候,该想一想凭现有的东西你能做什么。

——海明威《老人与海》

有时,我可能脆弱得一句话就泪流满面;有时,也发现自己咬着牙走了很长的路。

生活不可能像你想象得那么好,但也不会像你想象的那么糟。人的脆弱和坚强都超乎自己的想象。

——莫泊桑《羊脂球》

记住该记住的,忘记该忘记的,改变能改变的,接受不能改变的。

一个不成熟的男子的标志是他愿意为某种事业英勇地死去;一个成熟男子的标志是他愿意为某种事业卑贱地活着。

我们确实活得艰难,一要承受种种外部的压力,更要面对自己内心的困惑。在苦苦挣扎中,如果有人向你投以理解的目光,你会感到一种生命的暖意,或许仅有短暂的一瞥,就足以使我感奋不已。

快乐要有悲伤作陪,雨过应该就有天晴。如果雨后还是雨,如果忧伤之后还是忧伤,请让我们从容面对这离别后的离别。微笑地去寻找一个不可能出现的你。

——赛林格《麦田守望者》

难道你的人生你的幸福,真的在于装出你没有的身份,花费你担负不起的金钱,浪费你宝贵的求学时光,去见识那个社会吗? ——巴尔扎克《高老头》

每个人都会有缺陷,就像被上帝咬过的苹果,有的人缺陷比较大正是因为上帝特别喜欢他的芬芳。

没有人对你说"不"的时候,你是长不大的。

——托尔斯泰《战争与和平》

没有时间磨不掉的记忆,没有死亡治不愈的伤痛。

历史孕育了真理,它与时间抗衡,保存了人们的实践;它是往昔的见证,当今的教训,未来的借鉴。

——塞万提斯《堂吉诃德》

人生是个圆,有的人走了一辈子也没有走出生命的圆圈。他就是不知道,圆上的每一个点都有一条腾飞的切线。

——麦家

一个人如果将自己的生命注入一种事业,那么生与死便不再有什么界限。

——梁衡《青山不老》

只有内心丰富,才能摆脱生活表面的相似。

——王朔《致女儿书》

我一点也不后悔曾经为享乐而活过,我过着蜜糖般的生活。但如果继续过着同样的生活就不对了,因为这会限制心理的发展。

——王尔德

生存还是毁灭,这是个问题。

——莎士比亚《哈姆雷特》

释放无限光明的是人心,制造无边黑暗的也是人心。光明和黑暗交织着,厮杀着,这就是我们为之眷念而又万般无奈的人世间。

我宁愿靠自己的力量,打开我的前途,也不愿求有力者垂青。

没有被听见不是沉默的理由。

世界上最宽阔的是海洋,比海洋更宽阔的是天空,比天空更宽阔的是人的心灵。

人,有了物质才能生存;人,有了理想才谈得上生活。 ——雨果《悲惨世界》

"水满则溢,月盈则亏",这个世界从来只有更美,而没有最美。而最靠近完美的一刻,就是最容易走向相反的时刻。

人都是为希望而活,因为有了希望,人才有生活的勇气。

——托尔斯泰《安娜·卡列尼娜》

从现在起,我开始谨慎地选择我的生活,我不再轻易让自己迷失在各种诱惑里。我心中已经听到来自远方的呼唤,再不需要回过头去关心身后的种种是非和议论。我已无暇顾及过去,我要向前走。

人永远都无法知道自己该要什么,因为人只能活一次,既不能拿它跟前世相比,也不能在来生加以修正。没有任何方法可以检验哪种抉择是好的,因为不存在任何比较。一切都是马上经历,仅此一次,不能准备。

令她反感的,这不是世界的丑陋,而是这个世界所戴的漂亮面具。

表面是清晰明了的谎言,背后却是晦涩难懂的真相。

压倒她的不是重,而是不能承受的生命之轻。

——米兰·昆德拉《生命中不能承受之轻》

真正重要的不是活着,而是好好活着。而且好的生活意味着生活中还有更有趣的事物,要按照你的原则生活。

世界上最快乐的事,莫过于为理想而奋斗。

在这个世界上,除了阳光、空气、水和笑容,我们还需要什么呢!

如果把世上的每一个人的痛苦放在一起,再让你去选择,你可能还是愿意选择自己原来那一份。

——苏格拉底

过去都是假的,回忆是一条没有归途的路。以往的一切春天都无法复原,即使最狂热最坚贞的爱情,归根结底也不过是一种瞬息即逝的现实,唯有孤独永恒。

生命中真正重要的不是你遭遇了什么,而是你记住了哪些事,又是如何铭记的。

我们趋行在人生这个亘古的旅途,在坎坷中奔跑,在挫折里涅槃,忧愁缠满了全身,痛苦飘洒一地。我们累,却无从止歇;我们苦,却无法逃避。

所有人都显得很寂寞,用自己的方式想尽办法排遣寂寞,事实上仍是延续自己的寂寞。寂寞是造化对群居者的诅咒,孤独才是寂寞唯一出口。

生命从来不曾离开孤独而独立存在。无论是我们出生、我们成长、我们相爱还是我们成功失败，直到最后的最后，孤独犹如影子一样存在生命一隅。

——马尔克斯《百年孤独》

人生啊，如果尝过一回痛快淋漓的风景，写过一篇杜鹃啼血的文章，与一个赏心悦目的人错肩，也就足够了。

——简媜

在不违背天地之道的情况下，成为一个自由而快乐的人。这就好比一台戏，优秀的演员明知其假，却能够比在现实生活中更真实、更自然、更快乐地表达自己。人生亦复如此。我们最重要的不是去计较真与伪、得与失、名与利、贵与贱、富与贫，而是如何好好地快乐度日，并从中发现生活的诗意。从某种程度上来说，人生不完美是常态，而圆满则是非常态，就如同"月圆为少，月缺为多"的道理一样。如此理解人生，我们就会变得通达起来，也逍遥自适多了，苦恼和晦暗也会随风而去。

——林语堂

一个民族有一群仰望星空的人，这个民族才有希望。 ——黑格尔

一个深刻的灵魂，即便痛苦，也是美的。 ——黑格尔

我们无须立刻看到遥远的路的尽头，只须看可以抵达那里的路就好了。

——昂山素季

所谓充实的生活，便是养一个孩子，栽棵树，写本书。 ——左拉

宁静谦逊的生活，比纷纷扰扰地追逐成功更让人快乐。 ——爱因斯坦

用特写镜头看生活，生活就是一部悲剧；但用长镜头看生活，生活就是一部喜剧。

——查理·卓别林

目标和价值观，两件事合起来叫理想。

——冯仑《恰好可以解释理想和野心的区别》

当一个人开始拿他从事的事业逗乐时,你很难知道他是在哭还是在笑。

——[英]V·S·奈保尔《米格尔街》

我们就像我们所假装的那样,所以我们要谨慎自己在假装什么。

——冯内古特(美国作家)

在手里拿着一把锤子的人眼中,世界就像一颗钉子。

我这辈子遇到的聪明人没有不每天阅读的——一个都没有。

成为赢家的方法是工作,工作,再工作,并期待能够看准几次机会。

我们赚钱,靠的是记住浅显的,而不是掌握深奥的。

如果你想获得你要的东西,那就让自己配得上它。

——查理·芒格

人们之所以不愿改变,是因为害怕无知。但历史唯一不变的事实,就是一切都会改变。

人类是悬挂在自己编织的意义之网上的动物。

不论是艺术的创造,政治的投入,还是宗教的虔诚,很大部分其实正是由对死亡的恐惧所推动的。

活在幻想里是一个远远较为轻松的选项,唯有这样,才能让一切痛苦有意义。

生命只有一座需要征服的高峰。——设法体验一切身为人的感觉。

存在的目的就是"在生命最广泛的体验中,提炼出智慧。"

仅有物质成就,并不能使我们长久感到满足。事实上,盲目追求金钱、名誉和欢愉,你还会让我们痛苦不堪。

知道自己终将一死并不好过,但如果一心想不死却梦想破灭,可能更让人难以接受。

大多数人生活的意义,都只存在于彼此讲述的故事之中。

宗教并不等于迷信,因为大多数人都不可能把自己最相信的事称为迷信。自己相信的,一定是"真理";只有别人相信的,才会是迷信。

"自我"也像国家、神和金钱一样，只是虚构的故事。每个人都有一个复杂的系统，会丢下我们大部分的体验，只精挑细选留下几样，再与我们看过的电影、读过的小说、听过的讲演、做过的白日梦，全部混合在一起，编织出一个看似一段连贯的故事，告诉我们自己是谁、来自哪里、要去哪里。

——[法]雅克·阿塔利《未来简史》

世界上最可怕的事，不是孤独终老，而是跟那个使自己感到孤独的人终老。

——罗宾·威廉斯

受苦比解决问题来得容易，承受不幸比享受幸福来得简单。

——[德]心理治疗师 海灵格

一个人最初和父亲相像之日，也就是他开始衰老之时。

——[哥伦比亚]马尔克斯《霍乱时期的爱情》

我闯入自己的命运，如同跌进万丈深渊。

——[奥地利]斯提芬·茨威格《一个陌生女人的来信》

我们使用时间的方式就是我们塑造自己的方式。　　——罗振宁《逻辑思维》

我是一个古怪的女孩，从小就被视为天才，除了发展我的天才外别无生存的目标。然而，当童年的狂想逐渐褪色的时候，我发现我除了天才的梦外一无所有——所有的只是天才的乖僻缺点。　　　　　　　　　——张爱玲

我不觉得年少成名是一件好事。如果你已经得到所有梦寐以求的东西，未来还能给予你什么呢？

——美国作家约瑟夫·海勒

孤独是生命里必有的黑暗，它无法穿越，也不可战胜。如果我们明白了这一点，我们会觉得，其实人不需要那么多东西：名声、金钱、奢侈品，或者朋

友、爱情、婚姻。至少,可以随遇而安,因为我们用这些东西对抗孤独,却没法获胜。我们唯一能做的,就是与它平静地共处。

——[美]理查德·耶茨

人们解放自身的唯一途径就是保持游戏玩家的心态。

——以赛亚·伯林《浪漫主义的根源》

大家都没有变老。随着时光的流逝,许许多多的人和事到最后会让你觉得特别滑稽和微不足道,对此你会投去孩子般的目光。

——帕特里克·莫迪亚诺《青春咖啡馆》

勿让未来惊扰你,你终归要抵达未来,若你必将抵达,请保持你现今拥有的理智。

——约瑟夫·布罗茨基《悲伤和理智》

人比自己认为的要自由的多。

——米歇尔·福柯

若想要保住某样东西,最好的办法就是不去理它。要冷眼对待一切,特别是你心爱的事物,那样,它们生存的机会反而会多一些。这大概是我们生活中最大的秘密之一。

——肖斯塔科维奇

所谓高贵的灵魂,即对自己怀有敬畏之心。

——《善恶的彼岸》

凡具有生命者,都不断地在超越自己。而人类,你们又做了什么?

——尼采

当许多人在一条路上徘徊不前时,他们不得不让开一条大路,让那些珍惜时间的人赶到他们的前面去。

——苏格拉底

生活中最沉重的负担不是工作,而是无聊。

——罗曼·罗兰

这个世界,一个人相信什么,他未来的人生就会靠近什么。你相信什么,才能看见什么;你看见什么,才能拥抱什么;你拥抱什么,才能成为什么。

——心理学家 麦基《可怕的错觉》

"信仰什么?相信一切事和一切时刻的合理的内在联系,相信生活作为整体将永远继续下去,相信最近的东西和最远的东西。"

——卡夫卡

人的一生只有在结束的时候,才找得到真正的归宿,在这世上的其余时间里,充当的永远都是过客。

——林徽因

人只有待寂寞坐断,才可以重拾喧闹;把悲伤过尽,才可以重见欢颜;把苦涩尝遍,就会自然回甘。

——林徽因

人生要有不较劲的智慧。常与同好争高下,不与傻瓜论短长。 ——周国平

生活得最有意义的人,并非最长寿的那一个,而是对生活最有感受的人。

——卢梭

人生如同道路。最近的捷径通常是最坏的路。 ——弗兰西斯·培根

使人们宁愿相信谬误,而不愿热爱真理的原因,不仅由于探索真理是艰苦的,而且是由于谬误更能迎合人类某些恶劣的天性。 ——弗兰西斯·培根

真正可怕的,并不是那种人人都难以避免的一念之差,而是那种深入习俗、盘踞于人心深处的谬误与偏见。 ——弗兰西斯·培根

一个人越是有许多事情能够放得下,他越是富有。 ——梭罗

大胆地假设,小心地求证;认真地做事,严肃地做人。 ——胡适

一愿识尽世间好人;二愿读尽世间好书;三愿看尽世间好山水。

——[明]陆绍珩

每天反复做的事情造就了我们,然后你会发现,优秀不是一种行为,而是一种习惯。

——亚里士多德

放纵自己的欲望是最大的祸害;谈论别人的隐私是最大的罪恶;不知自己的过失是最大的病痛。

——亚里士多德

每个不曾起舞的日子,都是对生命的辜负。

——尼采

人类从历史学到的唯一的教训,就是人类没有从历史中吸取任何教训。

——黑格尔

只要我能拥抱世界,那拥抱得笨拙又有什么关系。

——阿尔贝·加缪

我的灵魂与我之间的距离如此遥远,而我的存在却如此真实。

——阿尔贝·加缪

人生而自由,却无往不在枷锁中。

——卢梭

要记住,人之所以走向迷途,并不是由于他的无知,而是由于他自以为是。

——卢梭

最长的莫过于时间,因为它永远无穷尽;最短的也不莫过于时间,因为我们所有的计划都来不及完成。

人类通常像狗,听到远处有狗吠,自己也吠叫一番。

——伏尔泰

我只关心一件根本的事情:让人自由。我想使人挣脱一切牢笼、一切恐惧,不再创立宗教、新的派别,也不再创立新理论、新哲学。　　——克里希那穆提

我想使人自由,像晴空中的小鸟一样欢欣,在那自由中放松、独立、欣喜。

——克里希那穆提

简朴的生活、高贵的灵魂是人生的至高境界。　　　　　　　　——杨绛

我的时代还没有到来,有些人死后方生。　　　　　　　　　　——尼采

生活不必总拿别人送你的尺子,时时丈量自我。　　　　　——吴淡如

你想过普通的生活,就是遇到普通的挫折。你想过上最好的生活,就定会遇上最强的伤害。这个世界很公平,想要最好,就一定会给你最痛。能闯过去,你就是赢家,闯不过去,就乖乖做普通人。　　　　　　　——李嘉诚

人生有三次成长:一是发现自己不再是世界中心的时候;二是发现再怎么努力也无能为力的时候,三是接受自己的平凡并去享受平凡的时候。

——周国平

带着什么样的灵魂离开人世,这才决定了人一生的价值。换言之,所谓人生目的,并非荣华富贵抑或出人头地等所谓的成功,而是塑造至美之灵魂。

——稻盛和夫《活法》

我认识的那些亿万富翁让我明白,财富只是让他们本来就拥有的美德得以彰显。至于那些本来就混蛋的人,财富也改变不了什么,他们只是变成了有钱的混蛋。　　　　　　　　　　　　　　　　　　　——巴菲特

善良是唯一永远不会失败的投资 。　　　　　　　　　　　——梭罗

我未曾见过一个早起、勤奋、谨慎、诚实的人抱怨命运不好。 ——富兰克林

人生在世,说白了也就是和七八个人打交道,把这七八个人摆平了,你的生活就会好过起来。
——刘震云

人生本没有什么意义,人生的意义便在于我们要努力赋予它意义。
——毕淑敏

死亡是一个必将到来的盛大节日 。 ——史铁生

中年以后的男人,时常会觉得孤单,因为他一睁开眼睛,周围都是要依靠他的人,却没有他可以依靠的人。
——张爱玲

享受人生而不沉湎,看透人生而不消极,不管世风如何浮躁,都尽量保持一份高雅、怡静和淡然。
——梁实秋

当一项新鲜事物出现,只有5%的人知道时,一定要赶紧做,做早就是先机;当已经有50%的人知道时,你就做个消费者就行了;当超过50%的人知道时,你看都不要去看了!"
——李嘉诚

可最有价值的遇见,在某一瞬间,重遇了自己。那一刻你才会懂得:走遍世界,也不过是为了找到一条走回心的路。
——苏芩

一个人至少拥有一个梦想,有一个理由去坚强。
心若没有栖息的地方,到哪里都是在流浪。
——三毛

很多时候,因为没有选择的缘故,人们往往走对了路。
——亦舒

除掉睡眠,人的一辈子只有一万多天。人与人的不同在于:你是真的活

了一万多天,还是仅仅生活了一天,却重复了一万多次。 ——弗尔南多·佩宇阿

向死而生的意义是:当你无限接近死亡,才能深刻体会生的意义。

一朵花的美丽在于它曾经凋谢过。

人当诗意地栖居。 ——海德格尔

生活在没有人去生活之前是没有内容的;它的价值恰恰就是你选择的那种意义。 ——萨特

人生天地之间,若白驹过隙,忽然而已。 ——《庄子·知北游》

至人无己,神人无功,圣人无名。 ——《庄子·逍遥游》

人生是回不了头的路,青春是合不上的书,爱情是扔出去就收不回的赌注。

人类无疑是有力量来有意识地提高自己生命质量的,人是可以使自己生活得诗意而又神圣的。 ——梭罗

如果把人生寄托在快乐上面,其实不是一个值得寄托的地方,平静才是。 ——蔡康永

少年,我爱你的美貌;壮年,我爱你的言谈;老年,我爱你的德行。 ——歌德

少年是艺术的,一件一件地创作;壮年是工程的,一座一座地建筑;老年是历史的, 一页一页地翻阅。 ——刘大白

儿子,在土里洗澡;父亲,在土里流汗;爷爷,在土里埋葬。 ——臧克家

儿子喜欢汽水,他只尝甜味;父亲爱喝咖啡,这里亦苦亦甜。爷爷要喝白开水,因为它极淡极淡。

——尤金

上帝把幼小的我们给了父母,把青壮的我们给了国家,到了老年才把我们还给了我们自己。

——王鼎钧

神祇编织不幸,以便人类的后代歌唱。

——荷马

回忆过去的生活,无异于再活一次。

——马提亚尔

成名需要三个要素——才华、思想、坚持。如果这三样都具备了,就需要有机会。如果这三样都有了,机会也就会来了。

——著名导演 李安

人生最重要的旅程,也许就是多走几步,迁就别人。

——作家亨利·博耶

每一个生命都有裂缝,如此才会有光线射进来。

——[加拿大]雷纳德·柯恩 歌手

聪明人总是很少。的确,他们的数量在增长,但是和傻子的数量比起来,实在微乎其微。不幸的是,有人说上帝老是站在多数人那边。

——伏尔泰

人是什么?一块软弱的墓碑,时间的牺牲品,命运的玩物,一个倒霉的影子,有时受到嫉妒的折磨,有时受到厄运的捉弄,剩下的是黏液和胆汁。

——亚里士多德

胜利有 100 个父亲,但失败却是个孤儿,当你别无选择时,你只能顶上!

——[美]约翰·肯尼迪

不要到处诉说世界有负于你,世界不欠你什么,因为它先你而存在。

——马克·吐温

何为富贵？无需向别人折腰,则为贵;无须向别人伸手,则有富。因此,不能以地位高低论贵,不能以财富多少论富。
　　　　　　　　　　　　　　　　　　　　　　——史玉柱

财富不会改变一个人的本性,只会让人露出本性。

我不能灰色地活着,不能黑色地活着,我得亮色地活着。　　——黄宗江

荣誉是所有误解的总和,幸福则是所有想象的总和。前半句是里克尔说的,后半句是我加的,加在一起,或许就是人生。
　　　　　　　　　　　　　　　　　　　　　　——吴晓波

人不是单一的或好或坏,每个人都是高尚与平凡、善良与邪恶的混合物。
　　　　　　　　　　　　　　　　——[英]毛姆《毛姆读书随笔》

人所有受苦的根源就是来自不清楚自己是谁,而盲目去攀附、追求那些不能代表我们的东西。
　　　　　　　　　　　　　　——张德芳《预见未知的自己》

做痛苦的人,不做快乐的猪。　　　　　　　　　　——苏格拉底

你担心什么,什么就控制你。　　　　　　　　　——约翰·洛克

当我们专注地研究人类生活的空虚,并考虑荣华富贵空幻无常时,也许我们正在阿谀逢迎自己懒惰的天性。
　　　　　　　　　　　　　　　　　　　　——大卫·休谟

世界上有两件东西能震撼人们的心灵:一件是我们心中崇高的道德标准;另一件是我们头顶灿烂的星空。
　　　　　　　　　　　　　　　　　　　　　　——康德

只有那些躺在坑里从不仰望高空的人,才不会再掉进坑里。　——黑格尔

一个人只有在独处时才能成为自己。谁要是不爱独处,那他就不爱自

由,因为一个人只有在独处时才是真正自由的。

——叔本华

人生实如钟摆,在痛苦和倦怠之间摆动。

——叔本华

我们最终都要远行,最终都要与稚嫩的自己告别,告别是通向成长的苦行之路。

——海子

先行者是孤独的,他们往往没有留下姓名。留下歪歪斜斜的脚印,为后来者签署通行证。

——舒婷

他们保持着青年的全部特征:爱冒险,爱生活,爱争斗,精力充沛,头脑活跃,无论他们多么年老,到死也是年轻的。好像鲑鱼迎着激流,他们天赋的本性就是迎向岁月的激流。

——丹麦 勃兰克斯《人生》

死亡是生命最伟大的发明。很多时候,尽管生命依然在进行新陈代谢,但是我们并没有活着,或者说并没有真正活着。只是在死亡刹那,或者经过死亡体验后,我们才开始有了真正的生命。

——乔布斯

预先考虑死亡就是预先考虑自由。

——蒙田

只有认知死亡,才可以树立正确、健康的价值观。

——巴雷特

提早认识死亡才会深刻人生。

——冉克雷维

生命之所以有意义是因为它会停止。

——[奥地利]弗兰兹·卡夫卡

我们感到绝望,但是因为年纪轻,还不相信自己已经彻头彻尾地垮了。

——卡夫卡

人不会浪费时间,人只会被时间浪费掉。

——陈耶门

生命就像一个雪球,重要的是找到湿雪和一道长坡。

——巴菲特

不论我们多么富有,多么有权势,在生命结束之时,所有的一切,都只能留在世界上。唯有灵魂跟着你,走下一段旅程。

——稻盛和夫

生命哪,并不是你活了多少日子,而是你记住了多少日子。要使你过的每一天,都值得回忆。

——许渊冲

我要开花,是为了完成作为一株花的庄严生命。不管你们怎么看我,我都要开花!

——林清玄《百合花开》

人的一生,总是在寻找一种平衡。忠贞的人,永远会得到忠贞;勇敢的人,最后也是用勇敢来结束。

——麦家

我慢慢去想奶奶讲的那个神话,我慢慢相信,每一个活过的人,都能给后人的路途中添些光亮,也许是一颗巨星,也许是一把火炬,也许只是一支含泪的蜡烛。

——《奶奶的星星》

岁月永远年轻,我们慢慢老去。总有一天你会发现,童心未泯是一件值得骄傲的事情。

——[日]宫崎骏

真正的成熟是你在经历过太多事情后,依然能够将内心与这个世界进行剥离。享受人生而不沉湎、经历苍凉而不消极。

——木心

天真的人,不代表没有见过世界的黑暗,恰恰因为见到过,才知道天真的好。

——三毛

不需要努力就能得到的东西只有一样,那就是年龄。

——魏武挥

爱侣没有到来,跟着心灵去找,不要让大脑束缚得太多;事业没有辉煌,不必等待,就把今天当作顶峰。当你全身心跟着心灵去感受生命美妙,死亡还有什么可怕的? 当死亡到来时,你也许会说:生我已经完全感受过了,现在是时候感受一下神秘的死亡了。

——田利平《心灵的海洋》

他们起得早,因为有许多事情要做;睡得也早,因为没什么事好想。

——王尔德

年轻人得有点儿个性,不对抗就会陷入消沉。单有好的法规不等于一切。人们首先要懂得爱,要满怀激情。我们不想把这个世界搞乱,而是要砸碎人类自己制造的锁链。

——[德]赫尔曼·黑塞

成功的果实属于那些能爱、能宽容、能容纳他人的人,而不属于那些热衷教训别人和专会指手画脚给人下断语的人。

——[德]赫尔曼·黑塞

人与其他生物不同的是:他有一个永远也填不满的器官,这器官看不见也摸不着,那就是"欲壑"。

——韩美林《生命》

有几样东西可以毁灭我们:一,没有责任感的享乐;二,不劳而获的财富;三,没有是非观的知识;四,不道德的生意;五,没有人性的科学;六,没有牺牲的崇拜。

——印度前总理甘地

愚昧、贪欲、恐惧,是人性的三个最大的缺点。人类不能靠心理学、宗教去面对,要读书的人、受教育的人找出一条路,自己给自己找到安身立命之所,可以不慌、不忙、不糊涂。

——著名史学家 许倬云

人生,说到底,简单的只有生死两个字,但由于有了命运的沉浮,有了人

世的冷暖,简单的过程才变得跌宕起伏、纷繁复杂。　　　　——马德《简单与复杂》

人一生的三个阶段——被人欺,欺人,自欺。　　　　——南怀瑾

梦想对失败者是许可的,回忆则属于孤独的人。　　　　——雨果

我一直以为人是慢慢变老的,其实不是,人是一瞬间变老的。

——村上春树

我注意过,即便是那些声称"一切都是命中注定的而且我们无力改变"的人,在过马路之前都会左右看。　　　　——斯蒂芬·霍金

持而盈之,不如其已。揣而锐之,不可长保。金玉满堂,莫之能守。富贵而骄,自遗其咎。功遂身退,天下之道。　　　　——《老子·第九章》

每天都想象这是你最后的一天,尽情地去体验和发现吧!不期而遇的明天,将会带给你更多的惊喜与快乐。　　　　——古罗马诗人 贺拉斯

现在我常有这样的感觉:死神就坐在门外的过道里,坐在幽暗处,凡人看不到的地方,一夜一夜耐心地等我。不知道它什么时候就会站起来,对我说:嘿,走吧。我想那必是不由分说。但不管是什么时候,我想我大概仍会觉得有些仓促。但不会犹豫,不会拖延。　　　　——史铁生《记忆与印象》

我总有印象是生活在大海上,受到威胁,然而心中存在巨大的幸福。

——[法]加缪《反与正·婚礼集·夏天集》

千变万化的是人心,纹丝不动的是命运。　　　　——独木舟《我亦飘零久》

最怕的就是特认真地干了一件特没意思的事。　　　　——陆川

成功是一种了不起的除臭剂,它能带走所有你过去的味道。

——伊丽莎白·泰勒

人活一世,一半是为了生存,一半是为了证明。

——顾良骏

要有勇气做一个平凡的人,不要追求轰轰烈烈。

——梅贻琦

人生是一趟旅行。去哪里?怎么去?指引方向的叫"理想",规范方式的叫"价值观"。这两样东西在时下非常稀缺。

——路金波

只有两种人最具有吸引力,一种是无所不知人,一种是一无所知的人。

——王尔德《道连·葛雷的画像》

长大成人这件事最恐怖的地方在于,你或许会变成自己曾经最看不起的那种人。而哪怕全世界最洒脱的人,也未必承受得住来自自我深处的鄙夷。

不要指望麻雀会飞得很高。高出的天空,那是鹰的领地。麻雀如果摆正自己的位置,它同样会过得很幸福!

——刘心武

少年的时候,要修理自己;青年的时候,要正视自己;壮年的时候,要扩大自己;老年的时候,要圆满自己。

——星云大师

你不可能充满预见地将生命的片段串联起来,只有在回顾的时候才会发现这些点点滴滴的联系。所以你必须坚信你的经历会在未来的某一天连在一起。

——史蒂夫·乔布斯

人不能圆满,圆满就要缺,求缺者才平安,才持静守神。

——贾平凹《房子是囚人的》

当我在一个恶人身上发现一个美德,我就原谅他的一千件恶行;

当我在一个善人身上发现一个伪善,我决不肯因为它的一千件善行而原谅他的这一个伪善。

——周国平

人生是一个容器,可这个容器的容量实在非常有限。愁苦和畏惧多了,欢乐与勇气就少了;局促和紧张多了,潇洒和轻松就少了;傲慢和骄傲多了,恭谨和谦虚就少了。一些不需要的话语存放太多,一些箴言就会无处落脚。让有些话穿耳而过吧。

——段奇清《让有些话穿耳而过》

我们从遥远的地方来,到遥远的地方去……我们是地球上的朝拜者和陌生人

——凡·高给提奥的信

人出于本性,往往更加相信和畏惧没有见过、秘密陌生的东西。 ——恺撒

奔跑吧,用绝望追不上的速度。

——叔本华

如果我们内在丰富的话,我们就不会对运气有太多的要求。 ——叔本华

我从来不曾有过幸运,我的最高原则是:不论面对任何困难都决不屈服!

——居里夫人

将爱带进居所,你所拥有一个温暖之家;把正义引入城镇,你将驻留在一方和谐社区;用真理垒起红砖,你将拥有传播知识的学校;将敬畏带入谦卑的广厦,你将拥有庄严的圣殿;把公正引入人们百折不挠的追求,你将拥有人类的文明。然后,将它们放在一起,超越现实,提升完美。加上人类对自我救赎,永恒自由的努力和憧憬,我们将拥有七彩希望之光朗照的未来。

——[美]普利斯特里《生命的意义》

时代像筛子,筛得每一个人流离失所,筛得少数人出类拔萃。

——《一方阳光》

愿我们的有情之眼,看无情人生,看出感动,看出感悟,看出共鸣,看出希望。

——王鼎钧

如果人能快乐地归去,死亡就不能杀人,反而是人杀掉了死亡。

——林清玄

生命中最重要的事不仅仅是活着,而是我们给他人的命运带来何种不同。这才是生命的意义。

——曼德拉

老年时最大的安慰莫过于意识到,已把全部青春的力量都献给了永不衰老的事业。

——叔本华

死并非作为生的对立面,而是作为生的一部分永存。

——[日]村上春树《挪威的森林》

人生最底层有一个好处,就是无论朝哪个方向努力,都是向上。

——二月河

沿着大路走,你可能会走出一条小路;沿小路走,你可能会走出一条大路。

——尚德琪

我说命,这就是个人先天质地,今云遗传;我说运,就是后天的影响,今云环境;两者相乘的结果就是数。

——周作人

世人啊!我知道,人们都期望寄居山顶,殊不知,真正的快乐是怎样攀登山峰。

——[哥伦比亚]马尔克斯

你能看到多远的过去,就能看到多远的未来。 ——温斯顿·丘吉尔

二十岁不狂是没有志气,三十岁犹狂是没有头脑。 ——钱钟书

生命在你手里像是一条蹦跳的鱼,你又想抓住它又嫌它腥气。

——张爱玲《小团圆》

成功是一个相关名词,它会给你带来很多不相关的亲戚。 ——加菲猫

让你成功的不是你的第一份职业,而是你的最后一份职业。世界上没有庸才,只有放错岗位的人才。 ——郑翔洲

一个人不必行走在高原大漠,但内心一定要海阔天空。 ——漫画家 魏克

死了才随波逐流,活着就要做自己。 ——漫画家 蔡志忠

人生如牌戏,发给你的牌代表决定论,你如何玩手中的牌却是自由意志。

——尼赫鲁

生命有裂缝,阳光才照的进来。
暗透了,更能看得见星光。 ——德国谚语

人一辈子首先要解决人与物的关系,再解决人和人的关系,最后解决人和自己内心的关系。 ——梁漱溟

你可以逃避这世上的痛苦,这是你的自由,也与你天性相符。但或许,准确地说,你唯一能逃避的,只是这逃避本身。 ——卡夫卡

摆渡者反反复复选择彼岸,结果徘徊了一生。 ——冯骥才

生活累,一小半源于生存,一大半源于攀比。　　　　　　　——郑辛遥

一个人如果遵循他的内心去活着,要么成为一个疯子,要么成为一个传奇。
　　　　　　　　　　　　　　　　　　——电影《燃情岁月》的台词

不要试图给你的生命增加时间,而要向你的时间赋予生命。
　　　　　　　　　　　　　　　——雷达表全球总裁 罗兰·施丘勒

上天只给你一丁点儿疯狂,绝对不能丢掉。　　——好莱坞影星罗宾·威廉斯

有3%的人为未来做详细的规划,而97%的人不为未来做什么规划。
通常来说,做规划的人有自己的事业,没有规划的人则为那些有规划的人工作。
　　　　　　　　　　　　　　　　　　　　　　　　——崔西如

"过去,无论在哪里,我都算得上是个幸运的人。"所谓幸运,就是一种好运气,好运气无非来自灵魂赋予的好的脾气、好的动机、好的行为。
　　　　　　　　　　　　　　　　　　　——[古罗马]马可·奥列留

活着和有生命大不一样。有些人就是生命本身,而另一些人,只是寄居在自己的生命里。他们像惴惴不安的房客,从来弄不清哪些东西算是自己的财产,也不知道什么时候住房契约就会到期。　　　——[美]苏珊·桑塔格

人生就是一万米长跑,如果有人非议你,那你就要跑得快一点,这样,那些声音就会在你的身后,你就再也听不见了。　　　　　　——黄永玉

永远不要以为我们可以逃避,我们的每一步都决定着最后的结局,我们的脚正在走向我们自己选定的终点。　　　　　　　　——米兰·昆德拉

人这一生中,最光辉的一天并不是功成名就的那一天,而是从悲叹和绝

望中奋起,勇往直前的那一天。

——[法]福楼拜

内心贫乏和感到自己无用,促使我抓住英雄主义舍不得放下。　　——萨特

我们手中的金钱是我们保持自由的一种工具,我们追求的金钱是我们成为奴隶的一种工具。

——卢梭

生命只是一连串孤立的片刻,靠着回忆和幻想,许多意义浮现了,然后消失,消失之后又浮现。

当一个人不能拥有的时候,他唯一能做的便是不要忘记。

任何一样东西,你渴望拥有它,它就盛开。一旦你拥有它,它就凋谢。

当岁月流逝,所有的东西都消失殆尽的时候,唯有空中飘荡的气味还恋恋不散,让往事历历在目。

我终将遗忘梦境中的那些路径、山峦和田野,遗忘那些永远不能实现的梦。

——普鲁斯特《追忆似水年华》

人最宝贵的是生命,生命对人来说只有一次。人的一生应当这样度过:当他回首往事时,不会因为碌碌无为、虚度年华而悔恨,也不会因为为人卑劣、生活庸俗而愧疚。

钢是在烈火里燃烧、高度冷却中炼成的,因此它很坚固。我们这一代人也是在斗争中和艰苦考验中锻炼出来的,并且学会了在生活中从不灰心丧气。

要抓紧时间赶快生活,因为一场莫名其妙的疾病,或者一个意外的悲惨事件,都会使生命中断。

人应当支配习惯,而绝不能让习惯支配人。

——奥斯特洛夫斯基《钢铁是怎样炼成的》

人只有经历自己的渺小,才能达到高尚。　　　　——卡夫卡《箴言》

不必给我爱，不必给我钱，不必给我名誉，给我真理吧。 ——梭罗

我们大部分人都是在拼死拼活寻觅自己剩下那一半的过程中笨拙地送走人生的。 ——村上春树《海边的卡夫卡》

对未来真正的慷慨，是把一切献给现在。 ——加缪《反抗者》

人生是一所医院，每个病人都渴望调换床位。 ——波德莱尔

奈何一个人随着年龄增长，梦想便不复轻盈。他开始用双手掂量生活，更看重果实而非花朵。 ——叶芝《凯尔特的薄暮》

生活如同一朵玫瑰，每片花瓣代表一个梦想，每根花刺昭示一种现实。
——[法]作家 阿尔弗莱德·缪塞

人生的种种，无论悲喜顺逆，最后难免都是"水过无痕"。 ——傅佩荣

人生经验比知识更宝贵，年轻编剧毕业头10年应该去开出租车，关心世界，保持愤怒，40岁时就能写出杰作。 ——[美]好莱坞"编剧教父"罗伯特·麦基

人生并不像一年四季那样分明，40岁的时候，相扑选手就算老，50多岁的政客还会被称为菜鸟。很难确切区分多少岁算是老人，我们必须自己决定自己老了没有。 ——[日]北野武《虚伪的真心话》

当你选定一条路，另一条路的风景便与你无关。 ——摩西奶奶。

人大概要到最后才会觉得，重要的不是要什么，而是不要什么。 ——蒋勋

命运是给那些颓丧、自私、头脑简单、迷失、永远孤单的人的——渺远的

光,永远不会趋近,也永远不会彻底消失。　　——西蒙·范·布伊《美,始于怀念》

时光,浓淡相宜;人心,远近相安;流年,长短皆逝;浮生,往来皆客。

——[明]陈继儒

人生激越之处,在于永不停息地向前,背负悲凉,仍有勇气迎接朝阳。

——萧红

在你感到最无助最无力的时候,才是你真正觉醒的时候。

——电影《悟空传》台词

谁也不应该一开始就拒绝一切。应该陷入泥淖,然后得以明白,生命如梦幻泡影。

——博尔赫斯

在重大事件中人们表现的是自己的理想形象,在琐事中他们才暴露出本来面目。

——[法]杂文家 尚福尔

人一经长大,那一切就成为身外之物,不必让种种记忆永远和自己同在,就让它留在它形成的地方吧。

——杜拉斯《物质生活》

这是一个奴隶的时代,我们一不小心就成了金钱的奴隶,工作的奴隶,爱情的奴隶,孩子的奴隶。

——朱德庸

在哪里存在,就在哪里绽放。不要因为难过,就忘了散发芳香。

——渡边和子《就在你所在的地方生根开花》

许多事情越是想努力做好效果就越糟,比如爱情,入睡,举止自然。

——[英]著名学者 C·S·刘易斯

这世上永远有两种人:一种人生命的目的,并不是为了存在,而是为了燃烧,燃烧才有光亮,哪怕只有一瞬的光亮也好;另一种人却永远只是看着别人燃烧,让别人的光芒来照耀自己。

——古龙

一个人的价值不应该用他们最坏的那一天来衡量。 ——[美]海伦·普雷金

你内心肯定有某种火焰,能把你和其他人区分开来。

——库切

为了不让真理的路上人满为患,命运让大多数人迷失方向。 ——余华

所有漂泊的人生都梦想着平静、童年、杜鹃花,正如所有平静的人生都幻想着伏特加、乐队和醉生梦死。

——萨冈

幸运之神的降临,往往只是因为你多看了一眼,多想了一下,多走了一步;也是因为你早看了一眼,早想了一下,早走了一步。 ——麦家

像生于深海中的鱼族,若不自燃,便只有漆黑一片。 ——[日]导演 大岛渚生

说人生无悔那是赌气话,人生若无悔,该多无趣。 ——电影《一代宗师》台词

人这动物啊,每成功一次,智商就下降一截;每失败一次,智商就上升一截。

——史玉柱

在你生命的最初 30 年中,你养成习惯;在你生命的最后 30 年中,你的习惯决定了你。

——乔布斯

有可以浪掷的东西,也有很想珍惜的人,有追寻,也有坠落,醉过一场,也清醒地看过人间色相,人生才不是空中鸟迹,飞过不留痕。

——张小娴《谢谢你离开我》

人变老其实并不是意味别的,只意味着不再对往事感到害怕。

——斯蒂芬·茨威格

如果你越来越冷漠,你以为你成长了,其实不是。长大应该是变温柔,对全世界都温柔。成熟,是对很多事物都能放下,都能慈悲,愿以善眼看世界。

——麦洛洛

重要的不是一个人生下来是怎样的,而是他会长成什么样。

——《哈利·波特》

时局动荡,时代变迁,你可以把自己关在小圈圈内,却不可能永远阻止外人进来。

——《魔戒》

所有的人都从生活中得到了一切,可是大多数人自己却不知道。

——博尔赫斯

把人分成好和坏是荒谬的,人要么迷人,要么乏味。

——王尔德

每个人心中都有一团火,路过的人只看到烟。

——凡·高

一个群体的性格和命运,往往由其最低劣的成员决定。

——埃里克·霍弗《狂热分子》

人只要还有追求,他就不会老;一旦遗憾取代了梦想,他就变老了。

——约翰·巴里摩尔

不管我们踩什么样的高跷,没有自己的脚是不行的。

——语言学者 布埃斯特

一个人终其一生的努力,就是在他自童年时代起就已经形成的性格。

——荣格

如果一个人想做一件真正忠于自己内心的事情,那么往往只能独自去做。

——理查德·耶茨《革命之路》

美好的人生,不外乎个人顺其性格,做好分内之事。 ——《毛姆读书笔记》

生命可以归结为一种简单的选择:要么忙于生存,要么赶着去死。

——斯蒂芬·金

在世人中间不愿渴死的人,必须学会从一切杯子里痛饮;在世人中间要保持清洁的人,必须懂得脏水也可以洗身。 ——尼采《查理图施特拉如是说》

人的本能是追逐从他身边飞走的东西,却逃避追逐他的东西。 ——伏尔泰

不必讨好所有人,正如不必铭记所有"昨天";时光如雨,我们都是雨中行走的人,找到属于自己的伞,建造小天地,朝前走,一直走到风停雨住,美如晴天。

——半生素衣《陆小曼传》

努力想得到什么东西,其实只要沉着镇静、实事求是,就可以轻易地,神不知鬼不觉地达到目的。而如果过于使劲,闹得太凶、太幼稚,太没有经验,就哭啊、抓啊、拉啊,像一个小孩子扯桌布,结果却是一无所获,只不过把桌上的好东西都扯到地上,永远也得不到了。 ——卡夫卡《城堡》

人生四然:来是偶然,去是必然,尽其当然,顺其自然。 ——莫言

人,生当有品,如哲、如仁、如义、如智、如忠、如悌、如孝。吾儿此次西行,非其夙志,当青青然而归,灿灿然而返。

——当年钱学森远行时,其父塞给他一张纸条作礼物

无论你犯了多少错,或者你进步有多慢,你都走在了那些不曾尝试的人前面。

——神之右眼

在你人生中永远不要弄破四样东西:信任、关系、诺言和心,因为当它们破了,不会发出任何声响,却异常痛苦。

——[英]狄更斯

人生最大的痛苦,莫过于心里深埋着无法诉说的故事。

——[美]作家 艾伦·安杰罗

其实,你们到我这个年纪的时候就会发现,衡量能成功的标准就是有多少人,在真心关心你、爱你。

——沃伦·巴菲特

时隔多年,你终于回到故乡,这才发现你想念的不是这个地方,而是你的童年。

——山姆·尤因

老师问我长大想做什么,我说"快乐的人",老师说我不懂问题。我告诉老师,是他不懂人生。

——约翰·列侬

"人的眼睛是由黑白两部分组成的,可是神为什么要让人只能通过黑的部分去看东西呢?"因为人生必须透过黑暗,才能看到光明。 ——《塔木德》

老子是儿子的通行证,儿子是老子的墓志铭。 ——《新周刊》

真正成熟的人,能够重新找回小时候玩游戏的那种认真。 ——尼采

我研究过很多赚了钱的人,后来发现赚钱最多的人实际上是追求理想、顺便赚钱的人。但他们顺便赚的钱比那些追求金钱、顺便谈谈理想的人赚得要多。

——冯仑

不要可怜逝者,可怜生者吧,特别是那些心中无爱的人。

——《哈利·波特与死亡圣器》

人生就是你身边睡着一只老虎,你会恐惧、逃避,如果你不知道这一切是幻象就成问题。你要骑在它上面,抚顺它的毛,人生的目的是要和老虎睡觉。

——宗萨钦哲仁波切

我们就像鸡蛋,但我们不能永远是鸡蛋。要么孵化,要么变臭蛋。

——域外箴言

我来不及认真地年轻,待明白过来,只能选择认真地老去。　　——三毛

你也许不清楚自己是个什么样的人,但当你面对金钱、权力和人生是非的选择时,你会知道真正的自己是个什么样的人。　　——朱德庸

命运赠送的礼物,暗中都标着价格　　——茨威格

人生就八个字:喜怒哀乐忧愁烦恼,喜和乐只占两个,看透了就好。

——叶云燕

年轻人玩命,中年人用命,老年人认命。　　——陈军荣《命运》

人生不能承受的,不是存在,而是作为自我的存在。生活,并没有任何幸福可言。生活就是在这尘世中带着痛苦的自我。然而存在,存在就是幸福。

——米兰·昆德拉《不朽》

中年是站在分水岭上,一老一少两条河左右奔流而去,激荡在我们脚下,使我们一方面欣赏风景的壮丽,一方面又担心被冲走。

——刘墉《人到中年恨难忘》

年轻人回首往事是由于没有经历太多的人世沧桑,这种回首常有某种浪漫和虚荣的成分。真正尝遍人世间的酸甜苦辣后,大约是不屑回头遥望的。

——作家 迟子建

生命中某些珍贵的片段,其实都是来自一些微不足道的小事,

——马克·李维《偷影子的人》

其实,任何人在经历时,都不会知道自己在经历一生中最幸福的时刻。

——奥尔罕·帕穆克《纯真博物馆》

最富有的人常是最不会享受财富的人,那些大肆享受财富的人,却常是最不会创造财富的人。

——一鸣

生活还在苟且,就别惦记诗和远方了,不然只能用自己的理想去拖垮亲友的钱包。

——如小果

人一生要做的两件事就是防患于未然和豁达大度。前者是为了使他避免遭受痛苦和损失,后者是为了避免纷争和冲突。

叔本华

人生就是一列开往坟墓的列车。路途上会有很多站,很难有人可以自始至终陪着你走完。当陪你的人要下车时,即使不舍也该心存感激,然后挥手道别。

——宫崎骏

我来到这个世界,为了看看太阳和蓝色的地平线。　　——北岛《城门开》

凡永恒伟大的爱,都要绝望一次,消失一次,一度死,才会重获爱,重新知道生命的价值。

——木心《文学回忆录》

不要把自己当作了不起的存在,你不过是整个世界很微小的一个粒子,

生命本身是个偶然,个体的"生或死"都不会对时空长河造成任何影响。

——陆谷孙

身体不仅仅有恶意愿,它还渴望行动。身体里充满了所有意志所欠缺的东西:力量、能量、耐力、活力。我们的躯壳期望更多的挑战,寻求更多的突破,我们缺少的是身体里的能量。燃料就在那里,等着我们去引燃。我们需要一点点星星之火来点燃,那种让我们真正能付诸行动的什么东西。

——乔治·希思《跑步圣经》

旅行,活着就是旅行。我从一天到另一天,一如从一个车站到另一个车站,乘坐我身体或命运的火车,将头探出窗户,看街道,看广场,看人们的脸和姿态,这些总是相同,又总是不同,如同风景。　——费尔南多·佩索阿《不安之书》

那不存在时间的童年啊! 一天、几个小时就是永远。一个孩子的几小时里包含了多少个世纪?

——塞尔努达《奥克诺斯》

不要害怕过去。如果有人告诉你过去是不可回复的,你不要相信他的话。过去、现在和将来在上帝眼里都只是一瞬间,在他眼里,我们都应努力去生活。

——奥斯卡·王尔德《自深深处》

我们唯有面对死亡,才能看清人生到底是什么。人终究会死,人生只是一个追求人生意义的过程。　　　　　——柯文哲《生死的智慧》

青春的真正珍贵之处还在于对世界的感觉,在青春的眼睛中,世界是美妙的。之前的童年和少年对世界充满了好奇,但还没有足够的知识和经历去感受世界的美妙;而步入中年后,世界就像你长年居住的房间,即使装修得再华丽,每天都看,也麻木了。

——刘慈欣《青春珍贵》

每个人都是他自己的祖先,也是他自己的后人,他设计了自己的未来,也继承了自己的过去。

——弗雷德里克·亨利·赫奇

为自己活着的人,低劣;为别人意见活着的人,渺小;为别人的幸福活着的人,高尚。

——托尔斯泰

我们要学会珍惜生活中的每一天。因为,这一天的开始,都是我们余下生命中的第一天。

——电影《美国美人》

如果人生的第一幕是成长和学习,第二幕是立业和获得,那么第三幕是不是该做些超越自身欲望、造福他人的事情呢?

——[美]专栏作家 皮兹

如果你想永远做个雇员,那么下班的汽笛吹响时,你就可以暂时忘掉手中的工作;如果你想继续前进,去开创一番事业,那么,汽笛仅仅是你开始思考的信号。

——[美]亨利·福特

悄然而逝的时光之中到处可以发现一些珍贵的东西使人高兴一上午,一生,一世。

——张爱玲

人生的最高境界是不受人打扰,也不去打扰他人。

——[美]作家 琼·狄迪思

如果你在小事上苟且,那么你在大事上、你在一生中一定也是一个苟且的人。

——李亦非

父亲问我人生有什么追求,我回答金钱和美女,父亲凶狠地打了我;我回答事业与爱情。父亲赞赏地摸摸我的头。

——《赖宝日记》

世界上有四种人:堕入情网者、雄心勃勃者、旁观者和愚笨者。最幸福的是愚笨者。

——[法] 历史学家、文学评论家丹纳

我们登山的人流三种眼泪:一种是成功的,一种是失败的,一种是失败后活着回来庆幸还可以接着再来的。

　　　　　　　　　　　　　　　　　　——有登山者如此感慨道

相信自己,再蹩脚的故事也是自己的人生路,相信自己的创意和计划,一定能让我的人生发光发亮。

　　　　　　　　　　　　　　　　　　　　　　——吴淡如

说得再多也掩饰不了我这个老男人对青春的羡慕嫉妒恨,不过唯一让我欣慰的是:你们也不会年轻很久。

　　　　　　　　　　　　　　　　　——王朔《你们也不会年轻很久》

别妒忌成功,别怜悯失败,因为我们不知道在灵魂的权衡中,什么算成功,什么算失败。遇事别称其为灾难或欢乐。除非我们已经确定或见证它的用途。永远走自己的路,同时允许别人走他们的路就可以了。　　——清少纳言

当你变老了,你的身材越来越短,而你的故事却越来越长。

　　　　　　　　　　　　　　　　——[美]幽默作家 罗伯特·基廷

有一些人凭他们的缺点得势,有一些人因他们的优点失宠。

　　　　　　　　　　　　　　　　　　　　——拉罗什富科

去生活,去犯错,去堕落,去胜利,去在生命中创造出生命。

　　　　　　　　　　——詹姆斯·乔伊斯《一个青年艺术家的画像》

没错,各种各样的妖魔鬼怪就生活在我们的内心里,稍不留神,它们就赢了。

　　　　　　　　　　　　　　　　　　——[美]作家 斯蒂芬·金

小孩是简单的,他们不知道,不用多想;老人是简单的,他们都知道了,不用多想。

　　1. 唯婴儿最容易养成习惯,也最容易改掉习惯。

2. 平凡人的生活，如春日的江南；伟大者的生活，如寒冬的沙漠。

3. 人往往在没有智慧的时候碰到幸福，在不幸的时候得到智慧。

4. 人人都崇敬智慧，但并非人人都热爱它。　　　　——聂绀弩《我的金句》

生活是一篇草稿。每个故事都是下个故事的草稿，人们涂改来涂改去，当弄得干干净净没有什么差错时，就结束了。　　　　——法国小说《没什么要紧》

可以活出闪光点来，不管是锈铜烂铁，还是新型钛合金躯体，能让你闪光的，永远是你内心的勇气和智慧　　　　——美国影片《机器人历险记》

如果拿橘子来比喻人生，一种橘子大而酸，一种橘子小而甜，一些人拿到大的就会抱怨酸，拿到甜的又会抱怨小。而我拿到了小橘子会庆幸是甜的，拿到酸橘子会感谢它是大的。　　　　——漫画家　蔡志忠

你说时间飞驰而去吗？不！不！时间停驻，是我们飞驰而去！
　　　　——奥斯丁·道布林

人不会老去，直到悔恨取代了梦想。　　　　——约翰·巴里英尔

所有的人都是平凡的，有些人因为知道了这一点而成了非凡的人。
　　　　——切斯特尔顿

上帝会把我们身边最好的东西拿走，以提醒我们得到的太多。
　　　　——电影《四根羽毛》

见过磕长头的人吗？他们的脸和手都很脏，可是心灵却很干净。
　　　　——电影《可可西里》

对于中年人来说，十年八年弹指一挥间；而对于年轻人来说，两年三年就

好像是一生一世。 ——张爱玲《半生缘》

我们对于人生可以抱着比较轻快随便的态度:我们不是这个尘世永久房客,而是过路的旅客。 ——林语堂

人生的第一要义便是生活,人必须生活着,爱才有所附的。 ——鲁迅

人们通常都死在常识上面,一次浪费一个机会。生活就是这一个机会,没有后来,所以,让你的生命之火永远闪耀着最灿烂的火花吧。 ——卡萨诺瓦

向前走吧,沿着你的道路,鲜花将不断开放。 ——泰戈尔

我的生活主题是,面对复杂,保持欢喜。 ——E·B·怀特

气度宽宏的人无论遭遇命运为善为恶,皆能适度以应之。成功不以为喜,失败不以为悲,外界的毁誉褒贬,概不介怀,只是为所当为,为所可为而已。 ——亚里士多德

做人就要像蝴蝶般飞舞,像蜜蜂般蛰人。 ——[美] 穆罕默德·阿里《我是最棒的》

每当失败和挫折来临时,你应当怀着好奇去看待它,试图弄明白它的目的:难道这是一次提醒? 难道我应该做出一个更好的决定? ——白岩松《漂亮的失败是另一种成功》

如果你身陷地狱,那就继续潜行。
你有敌人? 很好。那意味着在你一生的某一时刻,你曾经站出来维护过某样东西。
勇气意味着站起来说话,勇气意味着坐下来倾听。

悲观主义者在每一个机会中看到困难,乐观主义者在每一个困难中看到机会。

所有伟大到事情都是简单的,它们大都可以用这些词来表达——自由、正义、荣誉、职责、慈悲、希望。

成功就是从失败到失败,也依然不改热情。

——丘吉尔

人一辈子,相随心转,如水在河,岸宽则波平,岸窄则浪激,没一定的。只要心地好,何愁无前程。

——野夫《琐语》

岁月不饶人,我亦未饶过岁月。

世界的太小,人生的苦乐,心绪的好坏,全取决于你所处的位置。

别让自己活得那么累。如果重来一次,还是会选择一样的生活。因为不这样去选择,那就不是你了。

不后悔,莫过于做好三件事:一是知道如何选择,二是明白如何坚持,三是懂得如何珍惜。

生命里复杂的不光是人与人之间,在生活中,总是会有一些事不尽如人意。

享受每一分每一秒,即使你在最艰难的时候,因为时光如梭,转瞬即逝。

孤单是你心里没有人;寂寞是你心里有人却不在身边。

不要拿自己到错误去惩罚别人,因为当你伤害别人时,自己也会再受到伤害;不要拿自己到错误来惩罚自己。

——木心

年轻时得奖,应该跟老头子一同得,表示已经成名;而年老时得奖,应该跟年轻人一同得,表示尚来落伍。

——余光中

每个人至少有九种智能,即语言、数学、逻辑、音乐、身体、空间、人际关系、内省和自然观察,以此衡量,“差生”几乎不存在。

——[美]哈佛大学教授 霍华德·加德纳

机会就像一扇迅速旋转的转门,当那个空档转到你面前时,你必须迅速挤进去。

——陈天桥

你有信仰就年轻,疑惑就年老;有自信就年轻,畏惧就年老;有希望就年轻,绝望就年老;岁月使你皮肤起皱,但失去了热忱,就损伤了灵魂。

——[美]卡耐基

人生不是一次期终考试,而是天天不断的突击测验。——作家安·克里滕登

有些失望是不可避免的,但大部分的失望都是因为你高估了自己。

——张小娴

没有音乐,生命是一种缺憾;没有爱心,生命是一种多余。

——《联合报》副刊 吴微

我热爱生活热爱到了有失体面的地步。

——达利

行动吧,在行动的过程中就形成了自身。人是自己行动的结果,此外什么都不是。

——萨特

人们只在梦中生活,唯有哲人挣扎着要觉醒过来。

——柏拉图

要知道以后的路,那就不叫人生了,那叫认命。

——刘同

人生最遗憾的,莫过于轻易地放弃了不该放弃的,固执地坚持了不该坚持的。

——柏拉图

一个人一生中会死三次,第一次是脑死亡,意味着身体死了;第二次是葬礼,意味着在社会中死了;第三次是遗忘,这世上再也没有人想起你了,那就

是完完全全地死透了。　　　　　　　　　　　　　　　　——张爱玲

　　梦想,可以天花乱坠;理想,是我们一步一个脚印踩出来的坎坷道路。
　　　　　　　　　　　　　　　　　　　　　　　　　　——三毛

　　在无限的时间的河流里,人生仅仅是微小又微小的波浪。　　——郭小川

　　生活的理想,就是为了理想的生活。　　　　　　　　　　——张闻天

　　上帝从不埋怨人们的愚昧,人们却埋怨上帝的不公平。

　　只做第一个我,不做第二个谁。　　　　　　　　　　　　——吴丰秀

　　人生最终的价值在于觉醒和思考的能力,而不只在于生存。
　　　　　　　　　　　　　　　　　　　　　　　　——亚里士多德

　　人生是疾病,世界是医院,而死是我们的医生。　　　　　　——海涅

　　生活只有在平淡无味的人看来才是空虚和平淡无味的。
　　　　　　　　　　　　　　　　　　　　　　——车尔尼雪夫斯基

　　正如恶劣的品质可以在幸运中暴露一样,最美好的品质也是在厄运中被
显示的。　　　　　　　　　　　　　　　　　　　　　　　——培根

　　人的一生可能燃烧也可能腐朽,我不能腐朽,我愿意燃烧起来。
　　　　　　　　　　　　　　　　　　　　　　——奥斯特洛夫斯基

　　人生不是一种享乐,而是一桩十分沉重的工作。　——列夫·托尔斯泰

　　无穷的伟大,也是从一开始的。　　　　　　　　　　　　——张晓慧

人生的价值,并不是用时间,而是用深度去衡量的。　　——列夫·托尔斯泰

在我们了解什么是生命之前,我们已将它消磨一半了。　　——赫伯特

生命从来不曾离开过孤独而独立存在。无论是我们出生、我们成长、我们相爱还是我们成功失败,直到最后的最后,孤独犹如影子一样存在于生命一隅。

——加西亚·马尔克斯

你知道,故事的结尾并不重要,生活唯一确保我们的就是死亡,所以我们最好不要让那结尾夺走了故事的光芒。　　——雷蒙德·钱德勒

令我惊奇的不是这世界如何存在,而是它竟然存在。　　——维特根斯坦

对爱情的渴望,对知识的追求,对人类苦难不可遏制的同情心,这三种纯洁而无比强烈的激情支配着我的一生。这三种激情就像飓风一样,在深深的苦海上,肆意地把我吹来吹去,吹到濒临绝望的边缘。

——[英]罗素《我为什么而活着》

人生有三个坡道:上坡道、下坡道,以及没想到。　　——电视剧《四重奏》

人的一生会有很多意外,意外的幸福,意外的灾难,总想得到意外幸福的人,很难没有意外的灾难。　　——海岩《长安盗》

有些人想成功,有些人渴望成功,有些人努力实现成功。

——迈克尔·乔丹。

打死也不能放弃,穷死也不能叹气,要让笑话你的人成为笑话。　　——韩寒

我们听过无数的道理,却仍旧过不好这一生。　　——韩寒

填不满的是欲海,攻不破的是愁城   ——乔治·桑

虽然明天还会有新的太阳,但永远不会有今天的太阳了。   ——林清玄

这个世界就这么不完美,你想得到些什么就不得不失去些什么。
——柏拉图

人,真正的名字是欲望。   ——史铁生

生命中曾经拥有过的所有灿烂,原来终究都需要用寂寞来偿还。
——《百年孤独》

人活在世界上快乐和痛苦本就分不清,所以我只求它货真价实。
——王小波

人生最痛苦的是梦醒了,无路可走。做梦的人是幸福的;倘没有看出可走的路,最要紧的是不要去惊醒他。   ——鲁迅《娜拉走后怎么样》

天地无穷期,生命则有穷期,去一日便少一日。富贵有定数,学问则无定数,求一分便得一分。   ——[清]王永彬《围炉夜话》

人生境遇无常,须自谋一吃饭本领;人生光阴易逝,要早定一成器日期。
——[清]王永彬《围炉夜话》

我出生前就已经有着无穷的时间,我死后仍然有无穷无尽的时间。活着的时候我根本不想这些,一直以来在两团永恒的黑暗之间,我生活在明亮的世界里。   ——奥尔罕·帕慕克《我的名字是红》

岁月以往者不可复,未来者不可期,见在者不可失。为善则善应,为恶则

恶报,所以成名灭身,惟自取如何耳。

——宋 林逋《省心录》

行天下而后知天下之大也,我不可以自恃;行天下而后知天下之小也,我亦不可自馁。

——清 申涵光《荆园小语》

过去从未消亡,它甚至从未过去。

——威廉·福克纳

一个人如果正确地了解到终止生存并没有什么可怕,对于他而言,活着也没什么可怕的……所有一切恶中最可怕的——死亡——对于我们是无足轻重的,因为当我们存在时,死亡对于我们还没来,而当死亡时,我们已经不在了。

——[古希腊]伊璧鸠鲁

人,是自然的居民,而不是社会的一员。

——[美]亨利·梭罗

犬吠,而驼队继续向前。

——土耳其谚语

上帝给每只笨鸟准备了一根矮树枝。

——土耳其谚语

十年和一百年不同,一百年同千年万年是相同的。生命是一把尺子,可被丈量的是生活,其余是永恒。

——肖春雷《箴言》

应当仔细掂量一下:一般来说,伟大的爱情和辉煌的成就,都伴随着相当大的危险,我接受命运,但我怀疑生活。我不想活成别人,我只想在离世时,成为全世界唯一的自己。

——余华《我接受命运,但怀疑生活》

生命属于每个人自己的感受,不属于任何其他人的看法。被命运碾压过,才懂时间的慈悲。

——余华《我接受命运,但怀疑生活》

人的一生,说起来就是一个加和减的过程。先是加,加到一定年龄后,就开始减,减到一无所有为止,每个人都会经历这样一个渐渐淡出的过程。

——李国文《茶余琐话》

孩子时期我们什么都相信,于是有了幻想。成年后我们有的相信有的不相信,于是有了理想。老年后,我们只有一点的相信和一大片怀疑,于是凝集成许多思想。从人生角度来看,从孩童到老人是个进步。但是,从人类生命角度来看,幻想变成思想却可能是一个退步。

——朱苏进

大自然赋予我们生命的贷款,没有确实偿还日期。倘若自然在其愿意的时候收回贷款,人们有什么可抱怨的呢?

——[古罗马]西塞罗

成功就是当洋溢的生命力突然冲决堤坝而汇入一条合适的渠道。

——何怀宏《若有所思》

甘苦参半是一种好口味,因为纯粹的甜是给孩子和傻子准备的。

——《葛拉西安箴言》

青少年时需多结俊友高朋,成年后则当与凡人为伴。　——《葛拉西安箴言》

我现在已经老了,人越老想得越深,水面上的事情我已经抓不住了,我在水底思想。

——[法]著名导演 让·吕克·戈达尔

生活是一出悲剧。在这悲剧中,我们先是冷眼观察片刻,然后就扮演起自己的角色。

——斯威夫特

生活是走向厌倦的漫长过程。

——塞缪尔·巴特勒

高尚的生活是受爱激励的并由知识引导的生活。

——罗素

只要有一双忠实的眼睛与我一同哭泣,就值得我为生命而受苦。

——罗曼·罗兰

人世间充塞着悲剧。而属于个人的悲剧,莫过于后半生的自己,全盘否定前半生的自己——其实从乐观者的角度观之,这未尝不是一幕喜剧。

——隐地

没有所谓命运这个东西,一切无非是考验、惩罚或补偿。　　——伏尔泰

前进的理由只要一个,后退的理由却要一百个。许多人整天找一百个理由证明他不是懦夫,却不用一个理由证明他是勇士 。　　——李敖

生活如同一根燃烧的火柴,当你四处巡视以确定自己的位置时,它已经燃烧完了。

——[保加利亚]阿·达尔切夫

如果人们都是完美的,他们之间就没有了差异。由此看来,个性便是出自非完美性了。

——[保加利亚]阿·达尔切夫

人生的神圣就体现在它的一次性当中,任何成功与失败都被时光卷走,不可追回。正是由于有许许多多遗憾,才使得人生珍贵。重复生命是对生命的污辱。假如人还有一次人生,实际上就是对此生的否定。　——朱苏进

一切伟大的创造,实际上都是暗含着乞使生命永恒的意图。一切伟大的创造在生命意义上也呈现出矛盾状态:忠实于生命又想战胜生命。 ——朱苏进

智慧、友爱,这是照明我们的黑夜的唯一光亮。　　——罗曼·罗兰

老者明白自由青春不再,年轻人忘了自己会老。

——马文·托卡雅《犹太格言》

虽然辛苦,我还是会选择那种滚烫的人生。　　　——[日]演员 北野武

一生当中,真正属于你自己的时光就那么几次。大多数时光里,我们不是在重复自己的生活,就是在重复别人的生活。有人甚至干脆将自己的生存目标确定为:追求别人那样的生活。　　——朱苏进《面对无限寂静感觉人生》

老人在一个夕阳把他的银发照成金发的黄昏里,忽然悟到:全部人生,不过是为了创造几件刻骨铭心的往事而已。

我们今天为之努力的,都是为了明天的回忆。

在现实中告别的,都在回忆中相聚。　　——冯骥才

请相信这句话:奇迹也许在别人需要的时候出现,但永不会在你需要的时候出现。　　——林振强《一个人在床上》

成就也许会带来满足感,但不劳而获却可获得爆炸性的快感。　　——林振强《一个人在床上》

胜利和眼泪,这就是人生。　　——巴尔扎克

要是已经活过来的那一段人生只是个草稿,另有一段誊写的人生,该有多好!　　——契诃夫

人的真谛是理想和希望。　　——希佩尔

人生是各种不同的变故、循环不已的痛苦和欢乐组成的。那种永远不变的蓝天只存在于心灵中间,向现实的人生去要求未免是奢望。　　——巴尔扎克

人生好比挑着重担走远路,不要急。　　——德川家康

在命运的颠沛中,最可以看出人们的气节。

——莎士比亚

喜爱人生的人绝不是失败者。

——费德罗

生的快乐不是生命本身的,而是我们向更高生活境界上升前的恐惧;生的痛苦不是生命本身的,而是那种恐惧引起的我们的自我折磨。 ——卡夫卡

不论是人、是鬼、是神,都要被历史的巨手紧紧地抓住,要他们接受检验。都得交出自己的账本,捧出自己的灵魂。都得把双手伸在阳光下,看看上面沾染的是血迹还是灰尘。

——戴厚英

人一辈子都在高潮—低潮中沉浮,唯有庸碌的人,生活才如死水一般;或者要有极高的修养,方能廓然无累,真正地解脱。只要高潮不过分使你紧张,低潮不过分使你颓废就好了。

——傅雷《傅雷家书》

累累的创伤,便是生命给予我们的最好的东西,因为在每个创伤的上面,都标志着前进的一步。

——罗曼·罗兰

人爱说自己是人生的过客,题目太大。只是书、爱情、政治、酒、年少的美貌……的过客而已。

——黄永玉《斗室散步》

大自然塑造了我,然后把模子打碎了。

——卢梭

是的,对于宇宙,我微不足道,可是对于我自己,我就是一切。

——辛涅科尔

一个人是一个谜,人是不可知的。

人独自在自己的奥秘中流连,没有旅伴。 ——[印]泰戈尔《一个人是一个谜》

一生有可惜事:幼无名师,长无良友,壮无善事,老无令名。

——[清]史震林《西清散记》

人生本来就是一大串的奇妙组合,就像一首交响乐,快乐或悲伤,都令人不明白那些鬼玩意会弄出那么又怪又美的声音。人生是莫名其妙的交响乐。

——季季《属于十七岁的》

人生的恶风浪固然令人经受不住,静若止水的生活也一样是不堪消受的。

——孟瑶《一心大厦》

有两种人才是真正的老:一种是心境苍凉,一种是意气消沉。

——苏伟贞《人生自是有情痴》

一个人真正的价值首先决定于他在什么程度和在什么意义上从自我解放出来。

——爱因斯坦

为了惩罚我蔑视权威,命运使我自己竟成为一个权威。 ——爱因斯坦

失恋、痛苦、挫折、失败……如果这些从来没有经历过,人生未免不丰富,若是次数太多,又丰富了别人。

——《我的限量青春》

无论是什么样的生命,都在竭尽全力活着自己的时间

——电影《小狐狸海伦》

每个人都有他的路,每条路都是正确的。我想,现在有50亿人,就有50亿条正确的路。人的不幸在于他们不想走自己的那条路,总想走别人的路。

——[奥地利]作家 托马斯·伯恩哈德

对于感受的人来说,生活是一出悲剧,对于思考的人来说,生活是一出喜

剧。

　　　　　　　　　　　　　　　——[英]18 世纪作家 华尔浦尔

　　昨天是张被退回的支票,明天是张信用卡,只有今天才是现金,要善加利用。

　　　　　　　　　　　　　　　　　　　　　——凯·里昂

　　人生所不能承受的,不是存在,而是作为自我的存在。

　　　　　　　　　　　　　　　　——米兰·昆德拉《不朽》

　　人的一生是短的,但如果卑劣地过这一生,就太长了。　　——莎士比亚

　　欢乐是人生的驿站,痛苦是人生的航程　　　　——汪国真《我知道》

　　失去的东西总会回到我们身边,虽然有时并不是以我们希望的方式。

　　　　　　　　　　　　　　——J·K·罗琳《哈利·波特》

　　没有比人生更难的艺术,因为其他的艺术和学问,到处都可以找到很理想的老师。

　　　　　　　　　　　　　　　——古罗马哲学家 塞涅卡

　　生活就是用一种焦虑代替另一种焦虑,用一种欲望代替另一种欲望的过程。只要不觉得羞辱,人完全可以长期过着艰苦的生活而毫无怨言。

　　　　　　　　　　　　——《身体的焦虑》作者阿兰·德伯顿

　　所有生命,不管在哪度过,都具有同样价值。　　——盖茨基金会宗旨

　　今天很残酷,明天更残酷,后天很美好,但是绝大部分人都死在明天晚上。所以,你必须每天努力,才能看见后天的太阳。　　　　——马云

　　生活中重要的不是凯旋而是奋斗,其精髓不是为了获胜而是使人类变得更勇敢、更健壮、更谨慎和更落落大方。　　　　——[法]顾拜旦

就人性来说，唯一的向导，就是人的良心；就死后的名声而言，唯一的盾牌，就是廉洁的行为和真挚的感情。

——丘吉尔

我们的出生没有什么了不起，但我们的死亡早已开始。

——爱德华·扬《夜思》

如果你想做成一件事，有三点很重要：合作、尝试和机遇。合作是基本的，是否去尝试取决于你自己，至于机遇——据我所知，一直都在那儿。

——好莱坞影星 葛丽亚·嘉逊

生活并不在于你拿到了多少好牌，而在于你必须打出手中所有的牌。

——乔希·比林斯

唯有勇敢者才能不裹着糖衣地将生活这丸药咽了。　——塞缪尔·约翰逊

最美满的生活，就是符合常人范例的生活，井然有序，但不含奇迹，也不超越常规。

——蒙田

人类尽管有这样那样的缺点，可是我们还得原谅他们，因为他们就是我们。

——马长山

人无非就是人打算要做的东西，人实现自己有多少，他就有多少存在。因此，他就是他的行动的总和，他就只是他的生活。

——萨特

人生的许多道理不是靠聪明能够理解的，要靠一生沉浮后的彻悟。

——柯云路

过一模一样的生活，品尝早已品尝过的快乐，就算真有快乐吧，也味同嚼蜡。

——[新加坡]尤今

扎实的期待往往是无言的,只有无望的期待才常常伴以浮躁的喧闹。

——孙传泽《缤纷的落英》

出名的意义在于,可以连自己也不认识自己。

——陈村

有人总盯着尚不明确的明天而忘了昨天。其实昨天更值得重视,因为它不仅是可见的存在,还孕育着尚来到来的明天。

——周翼南《三多居琐记》

你不去选择命运,命运才选择了你。

——冯骥才

我之所谓生存,并不是苟活,所谓温饱,不是奢侈,所谓发展,也不是放纵。

——鲁迅

生活是种律动,须有光有影,有左有右,有晴有雨,滋味就含在这变而不猛的曲折里。

——老舍

人生的道路,靠自己一步步走去,真正能保护你的,是你自己的人格选择和文化选择。那么反过来,真正能伤害你的,也是一样,自己的选择。

——余秋雨

没有什么比时间更有说服力了,因为时间无需通知我们就可以改变一切。

——余华

未来将属于两种人:思想的人和劳动的人。实际上这两种人是一种人,因为思想也是劳动。

——雨果

我从不想未来,它来得太快。

——爱因斯坦

最糟糕的不是未能实现年轻时的梦想,而是年轻时根本没有梦想。

——吉恩·加利特

在我的人生观里,并没有成功与失败的绝对准则。总认为:不断的自我提升、自我调整、自我修正、自我快乐就叫作渐进的成功。

——三毛

凡事都有偶然的凑巧,结果却又如命运的必然。

——沈从文《边城》

无论命运有多坏,人总应有所作为,有生命就有希望。

——斯蒂芬·霍金

生活的悲剧性,不在于一个人输了,而在于他差一点赢了。

——海德伍·布朗

我们注定是扎根于前半生的,即使后半生充满了强烈的和令人感动的经历。

——米兰·昆德拉

我有权承担的唯一任务,是不论何时都从事我认为是正义的事业。

——梭罗

我来世上就是看树怎样生长,河水怎么流,白云怎么飘,甘露怎么凝结。

——舞者杨丽萍《艺术人生》中说

失败者的共同行为方式:小处着眼,大处着手。

——钱海燕

挫折对于一个人的生命有重大好处,比如说,可以让它显得长一些。

——钱海燕

往往在逃避命运的路上,却与命运不期而遇。

——《功夫熊猫》

我们向前走了很远,才回头。旧时光是个美人,温软娴静,眼深如潭水。我们追溯的时候,就为她画眉。她的眉太淡,面容太模糊,如何敌得过岁月稀释、情爱挥发。

——张悦然《旧时光是个美人》

你的命运一如他人，每个生命都会下雨。

——朗费罗

站在高跟鞋上，我才能看见真正的世界，使脚不舒服的不是鞋子的高度，而是欲望。

——《欲望都市》扮演凯丽的莎拉·杰西卡·帕克

写得完美的传说跟活得完美的人生一样罕见。

——[英]作家 卡莱尔

死亡是凉爽的夜晚。

——[德]海涅

有了钱我很高兴，但是钱并不能改变我是谁，我的脚还是踩在地球上，不同的是我的鞋子可能比别人的稍贵点。

——[美]脱口秀女皇奥普拉·温弗莉

不管是什么样的水，只要它到达海洋，它就是海洋了。

不管是什么样的水，只要它到达阴沟，它就是阴沟了。本以为是这样，却成了那样……

——徐风《命运》

失落是因为你老在和人家比较。

心在沼泽，身在沼泽。换一个角度，风景就不一样了。

你就是世界，你就是幸福，你就是你的未来，你就不失落了。

——徐风《失落》

人总要把自己生命的精华都调动起来，倾力一搏，像干将莫邪一样，把自己炼进自己的剑里，这，才叫活着。

——汪曾祺

人们在面临获得时，往往小心翼翼，不愿冒风险；而在面对损失时，人人都成了冒险家了。人们对损失和获得的敏感度是不同的，损失的痛苦要远大于获得的快乐。

——2002 年诺奖获得者 心理学家卡曼尼

跃跃欲试是一个人的生命力还没有衰退的标志。

喷泉的高度不会超过它的源头，一个人的事业也是这样，他的成就绝不会超过她的信念。

——林肯

重要的是过程，是的——没达到预期目标的人都会这么说。　——钱海燕

可怜人必有可恨处——所谓命运者，多咎由自取。　——钱海燕

人生只有三件事：这就是诞生、生存、死亡。诞生是在无知中发生的，死亡却会遭受无限的痛苦，而存在往往又被忘怀。

——[意]伽利略

最凄凉的不是失败者的哀鸣，而是成功者的悲叹。在失败者心目中，人间尚有值得追求的东西：成功。但获得成功仍然悲观的人，他的一切幻想都在破灭了，他已无可追求。失败者仅仅悲叹自己的身世；成功者若悲叹，必是悲叹整个人生。

——周国平

要记住：历史上所有伟大的成就，都是由于战胜了看来是不可能的事情而取得的。

——[美]卓别林

时间是用来流浪的，身躯是用来相爱的，生命是用来遗忘的，而灵魂，是用来歌唱的。

——吉普赛人这样说

人类的问题总结起来只有两个，一个是吃不饱饿出来的问题，即生存问题；另外一个是吃饱了撑出来的问题，比如探讨终极意义，人生价值等等。

——王蒙

人类，犹如一支浮标，任何风浪也无法使它沉没，相反，它终将找到自己的安全港。

——[美]亨利·戴维·梭罗

即使通过一丝裂缝或一个小小的节孔来观察，这个世界毕竟还是无比美

好的。
——[美]亨利·戴维·梭罗

　　如果我们生活的全部仅仅在于个人的幸福,而我们的个人幸福又仅仅在于爱情,那么生活就会变成一片荒芜枯寂和破碎心灵的真正的荒原,变成一座可怕的地狱。
——[俄]别林斯基

　　对于运用理智的人来说,人生乃一喜剧;对于诉诸感觉的人来说,人生乃一悲剧。
——英国谚语

　　在人生战场上,唯有日日前进不屈不挠始能获胜。
——英国谚语

　　青年时种下什么,老年时就收获什么。
——易卜生

　　没有上天的云梯也就算了,但不能没有拥抱月亮的手臂。
——刘墉

　　生活是无数烦恼组成的一串念珠,但得微笑着数完它。
——大仲马

　　人简单就会年轻,一世故就会老。
——周国平

　　人活着最要紧的是寻觅到那一个代表着生命绿色和人类希望的丛林,然后选一高高的枝头站在那里观览人生,消化痛苦,孕育歌声,愉悦世界。
——[美]本杰明·拉什

　　人生试题一共四道题目:学业、事业、婚姻、家庭,平均分高才能及格,切莫花太多时间精力在任何一题上。
——亦舒

　　世界任何事只得两流,一流与末流,当中的全不算数。
——亦舒

　　死亡自有一种美和安静,一种不会令我惧怕的变形。
——海明威

一个人找不到自己的远方才是可怕的。有了远方就有了人生追求和高度，而一旦有了追求，远方也就不再遥远。

——陈勇《不远的地方》

出发之前，永远是梦想；当上路之后，永远是挑战。

——巴黎—达卡尔汽车拉力赛发起人萨宾的名言

成功的人生一开始是观众，接着是演员，最后才是后台老板。失败的人生反其道而行之。

——李敖

尚未成熟才有成长的空间；一旦成熟，接下来只会走向衰退。

——麦当劳公司创始人雷·卡洛克

生命是一束纯净的火焰，我们依靠自己内心看不见的太阳而生存。

——托马斯·布朗爵士

如果我们知道怎样利用相遇的话，那么，我们所处的这个时代，就会和其他任何时代一样，是一个非常有利于自己发展的时代。

——拉尔夫·瓦尔多·埃默生

好的木材并不在顺境中生长，风越强，树越壮。 ——马里欧特

人的一生只有5%是精彩的，也只有5%是痛苦的，另外90%是平淡的；人们往往被5%的精彩诱惑着，忍受着5%的痛苦，在90%的平淡中度过。

——白岩松

你最好在太阳升起的时候做些什么，不要在太阳西下的时候幻想些什么。

——泰戈尔

人都是崇高一瞬间，平庸一辈子。 ——周国平

按本色做人,按角色办事,按特色定位。

——人生三原色

不要害怕你的生命会结束,而要害怕它从未开始。

——格雷斯·汉森

没有天生的强者,一个人只有站在悬崖边的时候才会真正坚强起来。

——武田麻弓自传《抗争》

野心是永恒的特效药,是所有奇迹的萌发点。某些人之 所以贫穷,大多是因为他们有一种无可救药的弱点,即缺乏野心。

——刘燕敏《随笔三则》

人的一生中会有很多理想,短的叫念头,长的叫志向,坏的叫野心,好的叫愿望。正是有了这些理想的存在,大部人才能容忍现实生活的平庸,并不断努力改善。

——周怡情《生命就是奇迹》

永远不要对少部分有头脑、有责任心的人可以改变世界表示怀疑。

——人类学家 玛格丽特·米德

生命就像一支淡而无味的香烟。除了把它抽完,我一事无成。

——葡萄牙诗人佩索阿

人生——下课啦,放学啦 ,放假啦,毕业啦 ,混够啦,老啦,后悔啦 ,死啦
。

——《十七岁不哭》里对人生的素描

预测未来的最好方法就是把它创造出来。

——尼葛洛庞帝

在生命高潮的波峰,享受它;在生命低潮的波谷,忍受它。
享受生命,使我感受到自己的幸运,忍受生命,使我了解自己的韧度。两都皆令我喜悦不尽。

——张晓风

我只知道一种兴奋剂,一种咸味的兴奋剂,它叫汗水。

——日本著名足球运动员 中村俊辅

没有什么是美的,只有人是美的。在这一简单的真理上建立了全部美学,它是美学的第一真理。

——尼采

真正的道路在一根绳索上,它不是绷紧在高处,而是贴近地面的。它与其说是供人行走的,毋宁说是用来绊人的。

——卡夫卡

如果人生是无涯的嵯峨山脉,那么活着就是一连串对远方的向往和朝对,我们到了一个远方,却又有另外一个远方在呼唤。无穷的远方,有限的生命,令人抱老饮恨。

——许达然《远方》

把个人的生命联系在群体的生命上面,在人类繁荣的时候,我们只看见生命的延续,哪里还有个人的灭亡?

——巴金

过去,我愿意同样的生命再次重演。

现在,我不要了。我有信心,来生的另一种生命也不会差到哪里去。

——三毛《假如还有来生》

如果你信用好,做事对多于错;如果你获得儿女尊敬、儿孙爱戴、朋友信赖;如果你能抬头对神明说"我已全力以赴",那么,你就是个成功的人。

——专栏作家 安·蓝德斯

生活就像洋葱,你一片一片剥开,终有一片会让你流泪。——C·桑德伯格。

所谓失败就是说一个人已经做错事情,却又不能以错误中得到教训。

——E·哈伯德

除了要知道如何把握机会之外,一生中最重要的事只要知道应该在什么时候放弃好处。

——B·迪斯雷利

我们这一个时代,是一个以能用机器来思考而深以为傲的时代,但也是一个怀疑人类能否思考的年代。

——H·芒福德

从尿布到尊严,又从尊严到解体,只不过是短短的一段岁月而已。

——赫罗尔德

从远处看,人生的不幸还很有诗意呢;一个人,最怕庸庸碌碌的生活。

——罗曼·罗兰

要探究个人或一切生物存在的意义和目的,宏观上看来,我始终认为是荒唐的。

——爱因斯坦

从哲学意义上,我根本不相信人类的自由。人们所做的事情,不仅是由于外界的强制,而且与内在的需要一致。

——爱因斯坦

我望不见山顶,只知道有山顶;然而,我还是要攀登。 ——刘再复《山顶》

世界上没有任何事情比得上昨天那么遥远。

——罗伯特·内森

人生的长链不论是金铸的也好,铁打的也好,荆棘编成的也好,花朵串起来的也好,要不是你自己在终生难忘的某一天动手去制作那第一环,你也就根本不会过上这样的一生了。

——狄更斯

生命虽万变,不会飞跑。

希望虽消减,不会死掉。

真理给遮盖,还有燃烧。

爱虽被拒绝,还会投入怀抱。

——雪莱《希望》

由于有记忆,我们才相信有这一个世界;
由于有遗忘,我们才猜想还有另一个世界。

——朱正琳《砍大山》

人类能梦想,这是非常重要的,而同样重要的是有时能嘲笑一下自己的梦想。

——林语堂《生活的艺术》

如果人们能用诗意的眼光来看人生,也许就会把人生中的落日时期视为最快乐的时期。他不但不会竭力延迟老年的到来,进而会积极地盼望它来临,并使这段时光成为他生活中最美好的、最快乐的一段。

——林语堂《生活的艺术》

我不去寻找好运——我就是好运!

——瓦尔特·惠特曼

为了看到人生微弱的灯火,你必须走进最深的黑暗。

——《玉树荒野》

我越热爱自己,就越不想麻烦别人。

——[英]教育家 柯蒂斯

承认自己的平凡吧,生命里没有奇迹,很多时候你只是在咀嚼你自己。

——罗刚

受到乌托邦声音的迷惑,他们拼命挤进天堂的大门,但当大门在身后砰然关上时,他们却发现自己在地狱里。这样的时刻使我感到,历史总是喜欢开怀大笑。

——米兰·昆德拉《玩笑》

许多人认为成功会毁掉人,使他们虚荣、自负、自鸣得意——这种观点是错误的。与此相反,成功大抵会使人谦卑、宽容和仁慈,而失败却使人滋生怒恨,变得残忍。

——毛姆

· 77 ·

聪明人在寻找机会之外,还会制造更多的机会。　　——弗朗西斯·培根

如果辛勤工作是打开成功之门的钥匙,那我宁愿破锁而进。

——亨尼·杨曼

只要在生活中葆有天真和信心,成功就在望了。　　——马克·吐温

别为那些不属于你的观众,去演绎不擅长的人生。　　——张德芬

如果你只是等待,发生的事情只会是你变老了。　　——犹太谚语

我们坚持一件事情,并不是因为这样做了会有效果,而是坚信这样做是对的。

——哈维木

人生包括两部分,过去的是一个梦,未来的是一个希望。　　——霍桑

应该笑着面对生活,不管一切如何。　　——伏契克

理想使你微笑地观察生活,理想使你倔强地反抗着命运;理想使你忘记鬓发早白,理想使你头白仍天真。　　——流沙河

梦想一旦被付诸行动,就会变得神圣。　　——阿·安·普罗克特

走得最慢的人,只要他不丧失目标,也比漫无目的地徘徊的人走得快。

——莱辛

对待生命要认真,对待生活要活泼。　　——盖伊

世上真不知有多少能够成功立业的人,都因为把难得的时间轻轻放过而

致默默无闻。

——莫泊桑

生活就这样继续着,表面气势很大地喧哗,下面却沉默着自行其是。

——阿来

不愿长大的人,总是在瞬间长大。

——林海音《城南旧事》

其实,生活就要像疯子一样的过,才能忘记生命给我们的颠簸。不管你今后如何重要,总会有一天从热闹中逃亡,孤舟单骑,只想与高山流水对晤。走得远了,也许会遇到一个人,像樵夫,像隐士,像路人,出现在你与高山流水之间,短短几句话,使你大惊失色,引为终生莫逆。

——余秋雨

我们生活着,应该像要永远活下去的样子,尽管在内心中深知,我们的生命时间是短暂的。

——[莫]杰拉尔德·布瑞南《人生手记》

上帝那里没有银行,每个人都是赤裸裸地诞生,最后又孑然而去,没有人能带走自己一生苦苦经营的财富与盛名。

——慈善家 查克·费尼

恐惧、愤怒、悲伤都是生命能量的自然流动,它们会来,就一定会走。

——张德芬《遇见未知的自己》

生命中真正重要的不是你遭遇了什么,而是你记住了哪些事,又是如何铭记的。

——加夫列尔·加西亚·马尔克斯

一无所有的人是有福的,因为他们将获得一切。

——罗曼·罗兰

有的人认为坚持会让我们变得更强大,但有时候放手也会。

——[德]赫尔曼·黑塞

我们生而破碎,用活着来修修补补。　　　　　——[美]剧作家 尤金·奥尼尔

上帝给了人们有限的力量但却给了人们无限的欲望。

——[美]剧作家 尤金 奥尼尔

做有用的事,说勇敢的话,渴望美好的事,一生足矣。

——[英]诗人 托马斯·艾略特

人生到世界上来,如果不能使别人过得好一些,反而使他们过得更坏的话,那就太糟糕了。　　　　　　　——[英]诗人 托马斯·艾略特

我笑,是因为生活不值得用泪水去面对。　　——[波兰]亨利克·显克维支

世界正是如此,那些无足轻重的人,那些听任自己变得无足轻重的人,在这个世界上没有位置。　　　　　　　——[西印度]作家 维·苏·奈保尔

当一个人开始拿他从事的事业逗乐时,你很难知道他是在笑还是在哭。

——[西印度]作家 维·苏·奈保尔

你活着就谈不上不幸。　　　　　　　　——[法]诗人 苏利 普吕多姆

生命本身就是一种徒劳。　　　　　　　——[日]小说家 川康端成

时间以同样的方式流经每个人,而每个人却以不同的方式度过时间。

——[日]小说家 川康端成

生命是力无止境的,不能仅以年龄去衡量;有的人在瞬间过完一生,有些人则在朝夕之间突然衰老。　　　　　　　　　　　——拿破仑

人一生的任务恰恰是既要实现自己的个性,同时又要超越自己的个性。

——[美]弗洛姆

人生而平等,但个性又生来各有千秋。 ——[美]弗洛姆

人,真正的名字是欲望。所以你知道,消灭恐慌最有效的办法就是消灭欲望。

——史铁生

我们害怕最终会走到虚无里去,却常常忘了我们本从虚无中来。

——史铁生

别走太快,请停下来等一等你的灵魂。

死是一件不必要急于求成的事,死是一个必然会降临的节目。 ——史铁生

所谓命运,就是说,这一出"人间戏剧"需要各种各样的角色,你只能是其中之一,不可以随意更换。 ——史铁生

死亡没什么大不了,但是不活下来又太残酷。 ——[法]维克多·雨果

我荒废的今日,正是昨日殒身之人祈求的明日。 ——哈佛大学图书馆训言

命运给予我们的不是失望之酒,而是机会之杯。 ——[美]理查德·尼克松

不要放弃你的幻想,当幻想没有了以后,你还可以生存,但是你会虽生犹死。

——[美]马克·吐温

一个人只要还有所追求,他就没有老。直到后悔取代了梦想,一个人才算老。

——J·巴里穆尔

一个人的一生是否有价值,应用一条较为高尚的标准来衡量:这就是行动,而不是岁月。

——[英]谢里丹《皮扎罗》

一个人在世界上受到的重视或轻视,取决于他的行动,取决于他自己。

——[印]《五卷书》

一切行为来源于欲望和压力,欲望产生自愿的行为,压力则导致非自愿的行为。

——[波]帕斯卡尔《思想录》

没有人会感觉到,青春正在消逝,但任何人都会感受到,青春已经消逝。

——小塞涅卡

身体是革命的本钱,但对我们这些男人们,革命才是身体的本钱!你的企业你的事业停步了,你还有什么本钱?

——冯仑

从今以后,别再过你应该过的人生,去过你想过的人生吧!

——梭罗

为什么我们越长大,越孤单,越不安,越不快乐?因为我们在追求快乐的过程中,离真实的自己越来越远。

——张德芬

人生就像一条抛物线,幸福的顶点,往往也是厄运的开端。

——罗曼·罗兰

人生只是一个美丽而苍凉的手势。

——张爱玲

人们只在梦中生活,唯有哲人挣扎着要觉醒过来。

——柏拉图

我们的时代迷上了速度魔鬼,由于这个原因,这个时代也容易忘怀。

——米兰 昆德拉

铁杵能磨成针,但木杵只能磨成牙签。材料不对,再努力也没用。

——李敖

时间的步伐有三种:未来姗姗来迟,现在向箭一样飞逝,过去永远静立不动。

——席勒

生命中曾经有过的价值,原来终究,都需要用寂寞来偿还。 ——马尔克斯

生命的红酒永远榨自破碎的葡萄,生命的甜汁永远来自压干的蔗茎。

——张晓风

做事情可以失败,但不可以在没有第二次机会的时候失败。 ——南派三叔

我总觉得,生命本身应该有一种意义,我们绝不是白白来一场的。

——席慕蓉

人生至简,大爱无言。是我们,把日子过得那样惊心,把岁月看得那般无常。

——白落梅

很多时候,成败与否取决于见识的高低,而不是简单的努力。

——吴军《见识》

出生是最明确的一场旅行,死亡难道不是一场出发? ——三毛

青春时种下什么,年老时就收获什么。 ——[挪威]易卜生

生命不可能有两次,但许多人连一次也不善于度过。 ——吕凯特

人间寂静,无非慈悲喜舍,无需唱经落泪、春秋祭扫。既造种种业,须尝

种种果。留偈在此:风华如梦,倏忽百年,鸟归夕阳,月满青山。

——慕容雪村《中国,少了一味药》

君子之交,其淡如水。执象而求,咫尺千里。问余何适,廓尔忘言。华枝春满,天心月圆。

——弘一法师

活着是世界上最罕见的事,大多数人只是存在,仅此而已。 ——王尔德

生命的意义,不仅在于不断实现人生的目标,更在于不断提升人生的目标。

生命就像一盘棋,对手就是时间!

成功者只是一位继续前进的失败者。

——拿破仑·希尔

生活就是一张问卷,你没有回答,它会一直追问下去,而且你不回答这个问题,就永远看不到的下一个问题。

——蔡崇达《皮囊》

从本质意义上讲,我们都是既失去家乡而无法抵达远方的人。

——蔡崇达《皮囊》

最不好玩的游戏就是:轮到你上场时,规则却改变了,人生经常如此。

——韩寒

是的,命运是掌握在自己手中;只是这手,有时却在别人的掌里握着。

——韩寒《三重门》

生命是充满缺陷的,消除所有的缺陷就等于夺取了故事的生命,一个有瑕疵但活生生的故事远比一个"完美"的故事更加有力量。

——[法]司汤达《红与黑》

做一个圣人,那是特殊情形;做一个正直的人,那却是为人的正轨,你们尽管在歧路徘徊,失足,犯错误,但是总应当做个正直的人。

——[法]维克多·雨果《悲惨世界》

世上没有什么东西能拿我们怎么样,可是我们自己要是老想恢复失去的东西,老想着过去,就会毁了我们自己。

——[美]玛格丽特·米切尔《飘》

不被嘲笑的梦想,是不值得去实现的。

——罗永浩

惶恐才能生存,偏执才能成功。

——任正非

谁都不是一座孤岛,自成一体。任何人的死亡都使我有所缺损,因为我与人类难解难分。所以,千万不要去打听丧钟为谁而鸣,丧钟为你而鸣。

——海明威

年龄一大,相信的东西就越来越少,和牙齿磨损一个样。既非玩世不恭,又不是疑神疑鬼,只是磨损而已。

——村上春树《世界尽头与冷酷仙境》

人们怀旧,实则是寻找新鲜。因为当天天过的现实生活不新鲜了,又创造不出新鲜时,便将远去的古老充作新颖。

怀旧和厌旧其实是一回事,怀旧就是厌现实之旧。

——吴冠中

当你年轻时以为什么都有答案,可是老了的时候,你可能又觉得其实人生并没有所谓的答案。

——《堕落天使》

最近几年的经历教会我一个道理,那就是,只要你努力,世界上没有什么事搞不砸的。

——尼克·霍恩比

所谓的听天由命,是一种得到证实的绝望。

——梭罗

一个人怎么看待自己,往往暗示着自己的命运。　　　　　——梭罗

人想恢复青春,只消重演过去干的蠢事就够了。　　　　　——王尔德

老年人的悲剧,不在于他身体的衰老,而在于他的心依然年轻。

——王尔德

死亡是一场永恒无梦的睡眠。　　　　　　　——艾萨克·阿西莫夫

目的虽有,却无路可循;我们称之为路的,无非是踌躇。　——乔治·华盛顿

人变老其实并不意味别的,只意味着不再对往事感到害怕。　——茨威格

除了我们自己的思想之外,没有一样事情可以完全由我们做主。

——笛卡尔

人生难道还有什么事,会比寻找答案更令人感到振奋?

——艾萨克·阿西莫夫

大多数人过着一种平静的绝望生活,他们心中的歌和他们一起埋进坟
墓。　　　　　　　　　　　　　　　　　　　　　　　　　——梭罗

我愿我行我素,不愿涂脂抹粉,招摇过市,我也不愿——我不愿生活在这
个不安的、神经质的、忙乱的、琐细的世纪生活中,宁可或立或坐,沉思着,听
任这世纪过去。　　　　　　　　　　　　　　　　　——梭罗《瓦尔登湖》

检验一个人的标准,就是看他把时间花在哪儿。别自欺欺人;当生命走
到尽头,只有时间不会撒谎。　　　　　　　　　　　　　——余华《活着》

时间带走一切,长年累月会把你的名字、外貌、性格、命运都改变。

——柏拉图

如果你不想一死就被忘记,要么写点值得读的东西,要么做点值得写的东西。

——富兰克林《穷查理宝典》

人人都需要一项爱好,每个人都需要一两个奇迹,只是为了证明人生不只是从摇篮到坟墓的漫长跋涉。

——[美]斯蒂芬·金

我们来自一个谜,我们又走向一个谜。

——[美]斯蒂芬·金

所有的人都是从生活中得到了一切,但大多数人自己却不知道。

——博尔赫斯

死亡就像水消失在水中。

——博尔赫斯

上年纪我是并不高兴,可也不想再年轻一次。

——村上春树

我所理解的生活,就是和喜欢的一切在一起。

——韩寒

死亡是一场永恒无梦的睡眠。

——艾萨克·阿西莫夫

我每天都在问自己一个问题:我现在做的是我所能做的最重要的事情吗? 只有在获得肯定的答案之后,我才会感到舒适,感觉自己的精力没有白费。

——[美]马克·扎克伯格

人最大的痛苦就是心灵没有归属,不管你知不知觉,承不承认。 ——柴静

一个人只拥有此生此世是不够的,他还要应该拥有诗意的世界。

——王小波《万寿寺》

死亡是唯一一座永远亮着的灯塔,不管你向哪里航行,最终都得转向它指引的方向。一切都会逝去,只有死神永生。

——刘慈欣《三体》

人生不是一场物质的盛宴,而是一次灵魂的修炼,使它在谢幕之时比开幕之初更为高尚。

——[日]稻盛和夫

命运的力量真是伟大,而它最伟大的地方莫过于让一个低三下四的人,平地一声雷,竟变成了皇亲国戚。

——《十日谈》

命运往往让品德高尚的人从事卑贱的行业,而造化也常常在丑陋的相貌下面隐藏非凡的才能。

——《十日谈》

这时,一种精神上的感慨油然而生,认为人生是由啜泣、抽噎和微笑组成的,而抽噎占了其中绝大部分。

——《欧·亨利短篇小说选》

因寒冷而打颤的人,最能体会到阳光的温暖。经历了人生烦恼的人,最懂得生命的可贵。

——[美]惠特曼《草叶集》

你想成为什么样的人,你将成为什么样的人。

——[法]居伊·德·莫泊桑《漂亮朋友》

命运总是迎着强有力的任务而不可一世者走去。多少年来,命运总是使自己屈从于这样的个人:凯撒、亚历山大、拿破仑,因为命运喜欢这些像自己那样不可捉摸的强权人物。

——[奥地利]斯蒂芬·茨威格《人类群星闪耀时》

命运鄙视地把畏首畏尾的人拒之门外。命运——这世上的另一位神,只愿意用热烈的双臂把勇敢者高高举起,送上英雄们的天堂。

——茨威格《滑铁卢的一分钟》

死亡是活过的生命,生活是在路上的死亡。 ——博尔赫斯

你的肉体只是时光,不停流逝的时光。你不过是每一个孤独的瞬息。

——博尔赫斯

我们对于人生可以抱着比较轻快随便的态度:我们不是这个尘事的永久房客,而是过路的旅客。 ——林语堂

生活的智慧在于逐渐澄清滤除那些不重要的杂质,而保留最重要的部分——享受家庭、生活文化与自然的乐趣。 ——林语堂

尘世是唯一的天堂。我们都相信人总是要死的,我认为这种感觉是好的。它使我们清醒,使我们悲哀,也使某些人感到一种诗意。它使我们能够坚定意志,去想办法过一种合理的真实的生活,它使我们心中感到平静。一个人心中有了那种接受最坏遭遇的准备,才能获得真正的平静。

——林语堂《生活的艺术》

谁都不会喜欢那个自己看不清楚的未来。 ——阿来《尘埃落定》

人生如梦,我投入的却是真情。世界先爱了我,我不能不爱它。

——汪曾祺《人间草木》

时间——那是人类努力加以打发,然后到头来却被它毁灭掉的东西。

——斯宾塞

命运女神总是向不把她放在眼里的人大献殷勤。 ——[匈牙利]莫尔

回首往事或者怀念故乡,其实只是在现实里不知所措以后的故作镇定,即便有某种感情伴随着出现,也只不过是装饰而已。你凭什么要我接受已经

逃离了的现实。

——余华《在细雨中呼喊》

人生最终的价值在于觉醒和思考的能力,而不只在于生存。

——亚里士多德

如果人生真有意义与价值的话,其意义与价值就在于人类发展的承上启下,承前启后的责任感。

——季羡林

人活一世,就像作一首诗,你的成功与失败都是那片片诗情,点点诗意。

——季羡林

你的目标确定了,你的脚步也就轻快了。

——[法]哲学家 哈伯特

你必须以你自己的方式去揭示你生存的意义。

——马丁·布伯

要记住,人的生命只有目前这么一段时间,其余的不是业已过去,便是可能永远不会来。

——[古罗马]马克·奥勒留《沉思录》

最合于享受人生的理想人物,就是一个热忱的、悠闲的、无恐惧的人。

——林语堂

只有两种方式度过你的人生,一种是把什么都不当奇迹,另一种是把什么都当作奇迹。

——爱因斯坦

人是一小堆可怜的秘密。

——[法]安德烈·马尔罗《反回忆录》

人若从容淡定的生活,一年之间可以过得安然漫长;若贪婪到斤斤计较,即便活上千年,也觉得生命短暂如黄粱一梦。

——[日]吉田兼好《徒然草》

人生有四十年,便足够了。超过四十岁,就会慢慢失去羞耻心,越来越挤进人群交际。到了晚年,又溺爱子孙,因为期待他们成家立业,就更加希望长命百岁,愈加贪图世俗名利。这样的人生,毫无品味。　　　　——《徒然草》

其实我们都是海滩人,沙子只把我们的脚印保留几秒钟。

　　　　　　——2014 年诺贝尔文学奖获得者帕特里克·莫迪亚若

一个人不能和自己战斗,因为这场战斗只有一个失败者。

　　　　　　——2010 年诺贝尔奖获得者马里奥·巴尔加斯·略萨

生活不仅充满了喧嚣和愤怒,它也有蝴蝶、花朵、艺术品。

　　　　　　　——1985 年诺贝尔奖获得者君特·格拉斯

对于过去我无能为力,但我永远能够改变未来。　　——让·保罗·萨特

我不喜欢从未跌倒或绊倒的人,他们的美德毫无生气,同时并没有多大价值。生活没有向他们展示它的美丽。

　　　　　　——1958 年诺贝尔奖得主鲍里斯·帕斯捷尔纳克

只要是石头到哪里都不会发光。

最可怕的是看见你过去憎恶的一切披着未来的外衣又回到你面前。

　　　　　　　　　　　　　　　　　——让·罗丝唐

如果有一天:你不在寻找爱情只是去爱;你不在渴望成功,只是去做;你不再追求成长,只是去修;一切才真正开始!

我用尽了全力,过着平凡的一生。　　——[英]毛姆《月亮与六便士》

世界是无情的,残酷的。我们生到人世间没有人知道为了什么,我们死后没有人知道到何处去。我们自甘卑屈。我们必须看到冷清寂寥的美妙。在生活中我们一定不要出风头、露头角,惹起命运对我们注目。让我们去寻求那些淳朴、敦厚的人的爱情吧。他们的愚昧远比我们的知识更为可贵。让我们保持沉默,满足于自己小小的天地,像他们一样平易温顺吧。这就是生活的智慧。

——毛姆《月亮与六便士》

人生有两宝,一是思想自由,二是行动自由。　　——毛姆《人生的枷锁》

人只有见识过若干种活法,对自己能拥有的活法才具备了想象力。

人生其实没有什么好迷茫的,走的随意一点潇洒一点,反正终点都是定好的,又不用怕迷路。

生命就像是一疗伤的过程,我们受伤、痊愈、再受伤、再痊愈。每一次的痊愈好像都是为了迎接下一次的受伤,或许总要彻彻底底地绝望一次,才能重新再活一次。

——余华《第七天》

作为一个词语,"活着"在我们中国的语言里充满了力量。它的力量不是来自叫喊,也不是来自进攻,而是忍受,去忍受生命赋予我们的幸福和苦难、无聊和平庸。

——余华《活着》

所谓辉煌的人生,不过是欲望的囚徒。　　　　　　　　——叔本华

对有信仰的人,死是永生之门。　　　　　　　　　　——《失乐园》

好好活着! 活着就要记住,人生最痛苦最绝望的那一刻是最难熬的一刻,但不是生命结束的最后一刻;熬过去撑过去就会开始一个重要的转折,开始一个新的辉煌历程;心软一下熬不过去就死了,死了一切就都完了。好好

活着,活着就有希望。

——陈忠实《白鹿原》

人生的态度是,抱最大的希望,尽最大的努力,做最坏的打算。 ——柏拉图

一个人只要败的漂亮,走的洒脱。那败又何妨,走又何妨。

——古龙《楚留香传奇》

身若浮云,心如止水,随心所欲,无牵无挂,这种人才真的是了不起!

——古龙《多情剑客无情剑》

人生每多失望,能把思想寄托在高贵的性格、纯洁的感情和幸福的境界上,也就大可自慰了。

——[法]居斯塔夫·福楼拜

生命可以归结为一种简单的选择:要么忙于生存,要么赶着去死。

——《肖申克的救赎》

我的梦想,值得我本人去争取,我今天的生活,绝不是我昨天生活的冷淡抄袭。

——司汤达《红与黑》

反正无论你今生做过什么,葬礼上的人数最终是天气决定的,所以看开点。

——高晓松

反正你知道你会成熟的,既然你知道你有一天会成熟,而且会成熟很久很久,那为什么着急呢? 那就先不成熟的这样过吧。 ——高晓松

当身体依旧健壮时,就已在人生之路上蹒跚跟跄,这是灵魂的羞耻。

——[古罗马]马可·奥勒留

日子如果没有目标地过下去,只不过是几段散乱的岁月。但如果把努力

凝聚到每一日,去实现自己的某一个梦想,散乱的日子就积成了生命的永恒。

——俞敏洪《一堆散乱的砖头》

有更多挑选的机会同时也意味着有更多犯错的机会。 ——格非

人的一生,总是在寻找一种平衡,忠贞的人,永远会得到忠贞;勇敢的人,最后也是用勇敢来结束。 ——麦家

大自然就是这样在告别的过程中完成它的季节轮替的,其实人类社会也一样:其实这个天空下,不是山也不是水,是什么? 是满满的各种各样的告别。 ——曹文轩

人生据说是一本大书。假使人生真是这样,那么,我们一大半作者只能算是书评家,具有书评家的本领,无须看得几页书,议论早已发了一大堆,书评一卷写完交卷。 ——钱钟书

人生第一快乐是做到自己认为自己做不到的事,人生第二快乐是做到别人认为自己做不到的事。 ——李敖

人生难免受伤,但别在逃跑时伤在背上。 ——李敖

永远不要相信苦难是值得的! 苦难就是苦难,苦难不会带来成功。苦难不值得追求,磨炼意志是因为苦难无法躲开。 ——余华《活着》

我觉得人的脆弱和坚强都超乎自己的想象。有时,我可能脆弱得一句话就泪流满面;有时,也发现自己咬着牙走了很长的路。 ——莫泊桑《一生》

从现在起,我开始谨慎地选择我的生活,我不再轻易让自己迷失在各种诱惑里。我心中已经听到来自远方的呼唤,再不需要回过头去关心身后的种

种是非与议论。我已无暇顾及过去,我要向前走。

——米兰·昆德拉《生命中不能承受之轻》

这世界有两个我,一个在光明中沉睡,一个在黑暗里醒着。　　　　——毕夏

"这个年龄放弃梦想,太年轻了,不是吗?"　　　　——《那些最伟大的比赛》

死亡不是真正的逝去,遗忘才是。　　　　——《寻梦环游记》

不要愁老之将至,你老了一定很可爱。而且,假如你老了十岁,我当然也同样老了十岁,世界也老了十岁,上帝也老了十岁,一切都是一样。

——《朱生豪情书》

所谓活着并不是单纯的呼吸,心脏跳动,也不是脑电波,而是在这个世界上留下痕迹。要能看见自己一路走来的脚印,并确信那些都是自己留下的印记,这才叫活着。　　　　——[日]东野圭吾《变身》

生命中的全部偶然,其实都是命中注定。是为宿命。　　——东野圭吾《宿命》

人的一生无论看上去多么波澜壮阔,在到达终点回首往事时,却显得如此平平庸庸。当然,哪种活法都会有遗憾,不过,至少不应该在临死的时候,才想到"糟糕","应该早点做"等等悔不当初的。　　　　——[日]渡边淳一

我们这个时代的人,先被贫穷毁坏一切,再被富裕毁坏另一次。

——朱德庸

你若要喜欢你自己的价值,你就得给世界创造价值。　　　　——歌德

人生就是大闹一场,悄然离去。　　　　——金庸

我们必须接受失望，因为它是有限的；但千万不可失去希望，因为它是无穷的。

——马丁·路德·金

志行万里者，不中道而辍足；图四海者，匪怀细以害大。 ——《三国志》

狂妄的人自称命运的主人，谦卑的人甘为命运的奴隶。除此之外还有一种人，他照看命运，但不强求；接受命运，但不胆怯。走运时，他会揶揄自己的好运；倒运时，他又会调侃自己的厄运。他不低估命运的力量，也不高估命运的价值。他只是做命运的朋友罢了。

——周国平

一个从不怀疑生活方向和目标的人，绝对不会绝望。

——1952 年诺奖得主 弗朗索瓦·莫里亚克

一个尝试错误的人生，不但比无所事事的人生更荣耀，并且更有意义。

——乔治·萧伯纳

所有的时光都是被辜负、被浪费后，才能从记忆里将其一段拎出，拍拍上面积沉的灰尘，感叹它是最好的时光。

——电影《最好的时光》

人的真正财富是拥有简单平和的心灵。

——卢克莱修

凡是真正的哲学家都会同意，从动物到人并不是一个剧烈的转变。

——拉美利特

在我们的生命的每一个时刻，我们都在死亡和诞生。

——卢梭

如果可能，就做命运的主人，不向他屈服；如果不可能，就做命运的朋友，不和它较劲。

——周国平

一个人要及早选择便最拿手、最喜欢的事,然后做到极致,无论做什么,没有不成功的。
　　　　　　　　　　　　　　　　　　　　　　　　　——蔡志忠

人生是一所学校,在那里比起幸福,不幸是更好的老师。　　——弗里奇

生活,是用来经营的,而不是用来计较的。　　——王小波《黄金时代》

人活着总要有个主题,使你魂梦系之。　　　　　　　　　——王小波

每个人活着,都该有自己的故事。　　　　　　　　　　　——王小波

人生两境界:一个知道,一个知足。　　　　　　　　——[明]徐渭

一个人如果能在清晨醒来,晚上睡去,中间的时间做他所爱的事,那就是成功的人。
　　　　　　　　　　　　　　　　　　　　　——[美]鲍勃·迪伦

我们这一代人最伟大的发现是人类可以通过改变态度来改变生活。
　　　　　　　　　　　　　　——[美]心理学之父 威廉·詹姆斯

人类存在的唯一目的是在纯粹的、自在的黑暗中点亮一盏灯。　——荣格

心若改变,你的态度跟着改变;态度改变,你的习惯跟着改变;习惯改变,你的性格跟着改变;性格改变,你的人生跟着改变。
　　　　　　　　　　　　　　——[美]著名社会心理学家马斯洛

人生就像弈棋,一步失误,全盘皆输,这是令人悲哀之事;而且人生还不如弈棋,不可能再来一局,也不能悔棋。
　　　　　　　　　　　　　　　　　　　　　　　——弗洛伊德

要么是我配不上我的时代,要么是这个时代配不上我。　　——叔本华

读书篇

丈夫拥书万卷,何假南面百城?

——《魏书·李谧传》

古人学问无遗力,少壮工夫老始成。

——陆游

书籍之事,患人不好,好之无伤也。

——《三国志》

风声、雨声、读书声,声声入耳;家事、国事、天下事,事事关心。

——明·顾宪成

风云三尺剑,花鸟一床书。

——左光斗

万卷古今消永日,一窗昏晓送流年。

——陆游

月斜诗梦瘦,风散墨花香。

——邓子龙

不作公卿,非无福命都缘懒。难成仙佛,为爱文章又恋花。

——袁牧

百尺高梧,撑得起一轮月色;数椽矮屋,锁不住五夜书声。

——郑板桥

至乐无声惟孝悌,太羹有味是读书。

——梁同书

书似青山常乱叠,灯如红豆最相思。　　　　　　　　　——纪晓岚

沧海日,赤城霞,峨眉雪,巫峡云,洞庭月,彭蠡烟,潇湘雨,武夷峰,庐山瀑布,合宇宙奇观绘吾斋壁;

少陵诗,摩诘画,左传文,马迁史,薛涛笺,右军帖,南华经,相如赋,屈子离骚,收古今绝艺置我山窗。　　　　　　　　　——邓石如

瓶花落砚香归字,风竹敲窗韵入书。　　　　　　　　——曾国荃

诗罢春风荣草木,书成快剑斩蛟龙。　　　　　　　　——黄庭坚

环壁列奇书,有史有文堪探讨;小楼多佳日,宜风宜雨足安居。——王咨臣

斗酒纵观廿四史,炉香静对十三经。　　　　　　　　——史可法

耽文艺如嗜欲,以古人为朋曹。　　　　　　　　　　——石涛

东壁图书,西园翰墨,南华秋水,北苑春山。　　　　　——刘熙载

拣茶为款同心友,筑室因藏善本书。　　　　　　　　——张廷济

仙到应迷,有帘幕几重阑干几曲;客来不速,看落叶满屋奇书满床。

　　　　　　　　　　　　　　　　　　　　　　　　——俞樾

囊无半卷书,唯有虞廷十六字;目空天下士,只让尼山一个人。——吕留良

读不尽架上古书,却要时时努力;做不完世间好事,必须刻刻存心。

　　　　　　　　　　　　　　　　　　　　　　——清·张英

为学之道，莫先于穷理；穷理之要，必在于读书。

读书之法，莫贵于循序而致精。

———朱熹

昔时贤文，诲汝谆谆。集韵增文，多见多闻。观今宜鉴古，无古不成今。

———《增广贤文》

少年易老学难成，一寸光阴不可轻

———朱熹《偶成》

明日复明日，明日何其多。我生待明日，万事成蹉跎。

———《明日歌》

博学之，审问之，慎思之，明辨之，笃行之。

———《中庸》

读书不觉已春深，一寸光阴一寸金。

———王贞白《白鹿洞二首·其一》

千淘万漉虽辛苦，吹尽狂沙始到金。

———刘禹锡《浪淘沙》

立身以立学为先，立学以读书为本。

夫读书将以何为哉？辨其大义，以修己治人之体也。察其微言，以善精义入神之用也。

———王夫之

人的气质，由于天生，本难改变，唯读书则可变化气质。古之精相法者，并言读书可以变换骨相。欲求变化之法，总须先立坚卓之志。

———曾国藩

彼何人，予何人，都是穿衣吃饭；穷亦命，达亦命，不如闭户读书。

———李石贞

真读书人天下少，不如意事古今多。

———金圣叹

早年读诗知茶苦，晚岁诵经悟茗香。

——溥心畬

胸中无三万卷书，眼中无天下奇山水，未必能文章。
纵能，亦儿女语耳。

——元·吴莱

日间功夫觉纷扰，则静坐。觉懒看书，则且看书。是亦因病而药。

——王阳明

你的问题主要在于读书不多而想要的太多。

——杨绛

由来富贵原如梦，未有神仙不读书。

——南怀瑾

"哪里有知识之树，哪里就有天堂。"——最古老和最现代的毒蛇都这样
说。

——尼采

认识自己的无知就是最大的智慧。

——苏格拉底

读书不是为了雄辩和驳斥，也不是为了轻信和盲从，而是为了思考和权
衡。

——弗兰西斯·培根

读史使人明智，读诗使人灵秀，数学使人周密，科学使人深刻，伦理学使
人庄重，逻辑修辞之学使人善辩，凡有所学，皆成性格。 ——弗兰西斯·培根

知道自己知道什么，也知道自己不知道什么，这才是真正的知识。

——梭罗

无目的读书是散步而不是学习。

——胡适

怀疑是智慧的源泉。

——笛卡尔

严肃地从事哲学、文学、艺术以及一些具有人文情怀的社会科学的人，就是文人。或者说，文人是追求独立人格与独立价值，更多地描述、研究社会和人性的人。

——张修林《读文人》

人文知识分子不应该把对知识的追求当作换取报酬的职业。追求知识和真理是不可能为他带来任何世俗世界中的物质利益的。他只能依赖另一些职业生存，例如充当灯塔守望者。

——爱默生

书房是精神的巢穴，生命的禅床。

——罗曼·罗兰

我思故我在。

——笛卡尔

我只知道一件事，就是我什么都不知道。

——苏格拉底

学到很多东西的诀窍，就是不要一下子学很多的东西。

——约翰·洛克

如果试图改变一些东西，首先应该接受许多东西。

——萨特

读书多了，容颜自然改变，许多时候，自己可能以为许多看过的书籍都成了过眼烟云，不复记忆，其实它们仍是潜在的。在气质里，在谈吐上，在胸襟的无涯，当然也可能显露在生活和文字里。

——三毛

没有诗歌，生活很空洞。放眼望去，满大街都是好看的人，可有几个是美丽的灵魂呢？

——余秀华

当现实生活过于逼仄，物质过于贫乏的情况下，人会本能地去（书里）寻找一个超现实的所在。

——梁晓声

每一个人都有现实的家园，书本可以构建一个精神家园。书架是一个家

庭最好的不动产,最好的家风是阅读。 ——梁晓声

坚持阅读,收益无穷。在触屏时代,不要做网络的奴隶。 ——王蒙

读书的意义大概就是用生活所感去读书,用读书所得去生活吧。——杨绛

世界上任何书籍都不能带给你好运,但是它们能让你悄悄成为你自己。

——德国作家 赫尔曼·黑塞

我喜欢读书的女人。书不是胭脂,却会使女人心颜常驻。书不是棍棒,却会使女人铿锵有力。书不是羽毛,却会使女人飞翔。书不是万能的,却会使女人千变万化。 ——毕淑敏《我所喜欢的女人》

有时间读书,有时间又有书读,这是幸福;没有时间读书,有时间又没有书读,这是苦恼。 ——莫耶

一个爱书的人,他必定不至于缺少一个忠实的朋友,一个良好的老师,一个可爱的伴侣,一个温情的安慰者。 ——巴罗

我一生的嗜好,除了革命之外,就是读书。我一天不读书,就不能够生活。 ——孙中山

要是童年的日子能重新回来,那我一定不再浪费光阴,我要把每分每秒都用来读书。 ——泰戈尔

如果人类的生生不息,伴随着阅读,它将变得伟大,变得深刻,变得欢愉。

——毕飞宇

斯是陋室,惟吾德馨。苔痕上阶绿,草色入帘青。谈笑有鸿儒,往来无白

丁。可以调素琴,阅金经。无丝竹之乱耳,无案牍之劳形。 ——刘禹锡《陋室铭》

自己的书斋不可给人看见,因为这是危险的事,怕被别人看去了自己的心思。

——周作人

一切人类所思、所做、所得或所成,都已神秘地保存于一张张书页之中。

——托马斯·卡莱尔

读书要读到有乐而无苦。能做到这地步,书中便有无穷。 ——胡适

读书之乐,起于一时,而著书之乐,则流于一世。古人云:"好纸用以垂世,好笔用以生花,好墨用以焕彩。"对读书人而言,用精雅文房,著得一本好书,供世人咏诵,才是此生最快意之事。

读书给我更多的憩息,引导我散步在别人的知识与灵魂中。 ——尼采

士之读书治学,盖将以脱心志于俗谛之桎梏,真理因得以发扬。

——陈寅恪

最好的学区房,是你家的书房。 ——六神磊磊

柳宗元得韩愈所寄诗,先以蔷薇露灌手,薰玉蕤香后发读。曰:"大雅之文,正当如是。"

——《云仙杂记》

读诗的用处也就在随着诗人所指点的方向,见我们所不能见。

诗是培养趣味的最好的媒介,能欣赏诗的人们不但对于其他种种文学可有真确的了解,而且也绝不会觉得人生是一件干枯的东西。 ——朱光潜

读书读到最后,是为了让我们更宽容地去理解这个世界有多复杂。

——梁文道

诗是讲我们心里东西的,若心里龌龊,怎能作出干净的诗,心里卑鄙,怎能作出光明的诗。所以学诗便会使人走上人生的另一境界去。

——钱穆《我们如何读古诗》

诗意创造了人的特别本性。

——[德]海德格尔

挣钱再多全在身外,读书再少都在心里。那些坚持读书的人,心一定是饱满生动的,最终也会获得自己想要的人生。

——麦家

读书到底能得到什么?其实什么都得不到。就像拿着竹篮去打水,无论你打多少次,都得不到水。但最终你会发现,篮子变得越来越干净。你才明白,整件事情从一开始,意义就在于把篮子洗干净。

——在下行之

喜欢读书,就等于把生活中寂寞的辰光换成巨大享受时刻。 ——孟德斯鸠

读书的意义是使人虚心,较通达,不固陋,不偏执。 ——林语堂

要热爱书,它会使你的生活轻松;它会友爱地帮助你了解复杂的思想、情感和事件;它会教导你尊重别人和你自己;它以热爱世界、热爱人类的情感来鼓舞智慧和心灵。

——高尔基《论青年》

阅读的最大理由是想摆脱平庸。
早一天就多一份人生的精彩;迟一天就多一天平庸的困扰。 ——余秋雨

读书使人得到一种优雅和风味,这就是读书的整个目的,而只有抱着这种目的的读书才可以叫作艺术。

——林语堂

诵读有真趣,不玩味终为鄙夫;山水有真赏,不领会终为漫游;吟咏有真得,不解脱终为套语。

——[明]陆绍珩

什么是文化:根植于内心的修养;无需提醒的自觉;以约束为前提的自由;为别人着想的善良。

——梁晓声

无知要比知识更容易产生自信。

——达尔文

人而不学,虽无忧,如禽何!

——[汉]杨雄《法言·学行》

读书是磨炼每个人的磨刀石,一个人如果要让自己保持锐利的话,就需要读书。

——梁文道

为学大病在好名。

——王阳明《传习录》

独是之语,高士不舍,俗夫不好;惑众之书,愚者欣颂,贤者逃顿。

——汉代王充《论衡·自纪》

夫不学而求知,犹愿鱼而无网焉。

——《抱朴子·勖学》

读书不能有目的,学习才是有目的的。学习是为了提高技巧,而读书是为了提高素质。

——洪晃

美人含怒夺灯去,问郎知是几更天。

——袁枚《寒夜》

今天的学人,没有前辈们活的那么纯粹。知识是一种积累,而在今天,知识常常是一种谋生的手段,稍稍学了一点皮毛,就迫不及待地拿去换钱。

——叶兆言《陈旧人物》

大学培养各种才能,包括愚蠢在内。

——契诃夫

如果没有诗,吻只是触碰,画只是颜料,酒只是有毒的水。　　　——王鼎钧

当然我们不得不承认,为一群傻瓜而写作的作者通常是拥有许多读者的。
　　　　　　　　　　　　　　　　　　　　　　　　　——叔本华

世界无边,人的认识有限。
生活先于书籍。
　　　　　　　　　　　　　　　　　　　　　　　　　——叔本华

您何苦读这种昙花一现的东西?大多数现代书籍只不过是对今天的短暂耀眼的反映。这点光芒很快就会熄灭。您应当多读古书、古典文学、歌德。古典的东西把它最内在的价值表露到了外面——持久性。时新的东西是短暂的,今天是美好的,明天就是可笑的。这就是文学的道理。　　　——卡夫卡

书籍是人类知识的总结。书籍是全世界的营养品。　　　——莎士比亚

书籍是朋友,虽然没有热情,但非常忠实。　　　　　　　　——雨果

一个创作者,从他成名的那一刻起,他的才华便岌岌可危了。受到的尊重和得到的财富,这两个都是创作的死敌。
　　　　　　　　　　　　　　　　　　　　　　　　　——陈耶门

一切人为恶,犹可言也,惟读书人不可为恶,读书人为恶,更无教化之人矣;一切人犯法,犹可言也,惟做官人不可犯法,做官人犯法,更无禁治之人矣。
　　　　　　　　　　　　　　　　　　——[清]金缨《格言联璧》

许多书只是外表像书罢了。不过,你不必愤慨,倘若你想到这一点:许多人也只是外表像人罢了。
　　　　　　　　　　　　　　　　　　——周国平《书与人生》

无事此静坐,有福方读书。
　　　　　　　　　　　　　　　　　　——阮葵生《茶余客话》

凡是伟大的作品,初看时必让人觉得不十分舒服。　　　　——卡莱尔

知识只有消化了以后才有能量,不然就是智商中的脂肪。　　——洪晃

名人的言论如果风趣,就会成为名言;如果枯燥,就会成为文献。

——马长山

不会怀旧的社会注定沉闷、堕落,没有文化乡愁的心井注定是一口枯井。

——董桥

怀旧情绪被一些人看作是心理疾病。但实际上,怀旧是人类用于抑制孤独感和摆脱日常难题的重要策略。　　　　——[英]蒂姆·维尔德其

一个民族的阅读水平,决定了这个民族的精神境界;一个人的阅读史,就是他的精神发育史。　　　　——朱永新

贫穷、身体弱、学习能力差是成功的源泉:贫穷使人勤奋,身体弱让人明白身体健康的重要性,而学习能力差则让人明白要向所有人学习。

——松下幸之助

人类文明得以缔造的整个通道,不是因为我们有知识,而是因为我们无知。　　　　——赫拉利《人类简史》

我们高估对事物运行规则的理解能力,即使一窍不通也笃信自己无所不能。　　　　——《知识的错觉》

读书有三到,谓心到,眼到,口到。　　　　——朱熹

玉不琢,不成器;人不学,不知道。　　　　——《礼记·学记》

知不足者好学,耻下问者自满。

——林逋《省心录》

万卷虽多,而提要钩玄不过数语。

——曾国藩

万古不磨意,中流自在心。

——饶宗颐

若能常保数百卷书,千载终不为小人也。

——《颜氏家训》

真正有读书风气的时代,读书是个人的事情。

——周国平

我们写作的理由,归根结底只有一个,那就是让个人灵魂的尊严浮现出来,将光线投在上面,敲响警钟,以免我们的灵魂被世俗纠缠和贬损。

——村上春树

我是在书堆里开始我的生活的,就像我将在书堆里结束我的生活一样。

——萨特

'写作的欲望包含着对生活的欲望。

——萨特

有几位文艺界的领导在那儿议论,古有楚辞、汉赋、唐诗、宋词、元曲、明清小说,到了咱们这儿该怎么办? 有位领导说,咱们现在有小品和短信。

——王蒙在《锵锵三人行》里说

过去我们读书的时候有句话,叫书中自有黄金屋,书中自有颜如玉。现在审批部门很明白这个道理,所以审批手续越来越多。

——经济学者许小年

这一张文凭,仿佛有亚当、夏娃下身那片树叶的功用,可以遮羞包丑;小小一方纸,能把一个人的空疏、寡陋、愚笨都掩盖起来。

——《围城》里方鸿渐对文凭的看法

一个国家陷入封闭状态,必然有三热:语言热、历史热、健康热。

——[日]小说家井上厦

有两样东西能治病,一是语言,二是药物。 ——[古希腊]希波克拉底

艺术作品用最小的面积惊人地集中了最大量的思想。 ——巴尔扎克

知识之岛越大,好奇的岸线越长。 ——刘易斯·卡罗尔《爱丽丝漫游奇境》

你直到停止读书,才真的开始变老。每本书都会教给我一些新东西,或者帮我以不同的眼光看待事物。

——比尔·盖茨

知道在哪儿,世界就变得像一张地图那么小了;
不知道在哪儿,感觉世界才广阔。 ——刘慈欣

从来没有人读书,只有人在书中读自己,发现自己或检查自己。

——[法]罗曼·罗兰

文章怎么写很重要,怎么读也很重要。有时将无耻的文章反过来读,也能读到真理的语句。 ——余华

在功利主义的世界里,阅读维系着超脱,而超脱有利于我们的思考。读书毫无用处。正因为这个,读书才是一件大事。 ——夏尔·丹齐格《为什么读书》

知识分子应只服膺于真理,而不是屈从于立场。 ——梁文道

总盯着过去,你会瞎掉一只眼;然而忘却历史,你会双目失明。

——索尔仁尼琴

一个人已堕落到宣传他所不信奉的东西,那么,他做好了干一切坏事的准备。

——托马斯·潘恩《常识》

最狂热地维护某科学,不能忍受一丝一毫怀疑它的眼光的人,通常是在这一科学领域没有多少建树,而且暗暗意识到自己的缺陷的人。

——利希滕贝格《格言集》

清人笔记像奶粉一样,现代人拿水一冲冲出一大碗,就是一篇论文。

——陈垣

真正限制我们的,是我们思维里看不见的墙,而这堵墙很大部分来自内心的不安全感。

——傅盛

哲学是全部科学之母,哲学活动的本质就是精神还乡,凡是怀着乡愁的冲动到处寻找精神家园的活动皆可称为哲学。　——[德]浪漫主义诗人 诺瓦利斯

就这样养成旧习惯。飘雨的夜,我坐在书房,他站在老地方。偶尔目遇,好像一个在看上辈子,一个在看下辈子。

——简媜

我们正在经历的是,回到文明演进的早期;我们从个人知识的耕种者变成数字数据丛林里的打猎者和采集者。我们从网络上得到的知识的宽度,失去的是深度。

——尼古拉斯·卡尔《浅薄·网络在怎样改变我们的大脑》

鉴资力和判断力,才是智慧的真正体现。坚定的主见和公正的立场,独立的人格和自由的思想,更是不可或缺的品德。

——石琳

宁可写出散文来让人说是诗,不可写出诗来让人说是散文。在时髦的诗人看来,写别种文章的都是傻子——他们不会分行。　——聂绀弩《我的金言》

经验丰富的人读书用两只眼睛，一只眼睛看到纸面上的话，另一只眼睛看到纸的背面。

——歌德

布衣暖，菜根香，诗书滋味长。

——寿镜吾"三味书屋"之三味

它就像雪花一样轻柔而静悄悄地，但却不停息、厚厚地落在你的周围。人们怀着无比的信赖走近这些文字。这本书的平和越来越吸引着人…… 他被所述事件和千变万化的语词不可名状地吸引住了。当他站起身时，身上盖满了一层层由阅读过的语词组成的雪花。

——瓦尔特·本雅明对文学魅力的经典描绘

如果没有诺贝尔奖插了一杠子，新作早就出来了，但现在怕给父老乡亲丢脸，总是再想想、再修改一下，越想写好就越写不好。

——莫言

诗不能注解，一注解，就煞风景。

——木心

你读了再多书，生活都改善不了，那才是耻辱。

——连岳

中国人的性格历史如同黄河。先秦是上游，清澈见底；汉唐是中游，虽泥沙俱下，毕竟有波涛汹涌之雄壮气象；明清是下游，已干涸萎缩、奄奄一息了。

——张宏杰

文学和流言，是彼此不相认的两兄弟，但他们都做同一件事；挖掘别人的秘密——在那扇关闭的门背后，在厨房或者卧室，人们如何相爱？如何争吵？彼此讳莫如深的秘密是什么？但流言只关心"谁和谁上床了"，而文学会关心"为什么是他俩"。比起流言，文学更能住进我们的内心。

——[以色列] 作家奥兹

在所有童话的结尾处，让我们这样理解吧：上帝为锤炼生命，将布设下一个残酷的谜语。

——史铁生

我们可能走得太远了,以至于忘记当初出发的目的。

——R·G·科林伍德《历史的观念》

存在两种不同类型的无知,粗浅的无知存在于知识之前,博学的无知存在于知识之后。

——[法]思想家蒙田

有位智者被人问道:"为何你能成为智者?"智者闻言答道:"因为直到目前为此,我在灯油方面所花的钱,比起食用油方面还要来得多。" ——犹太格言

我藏在书斋里五十年,出来晒两年太阳不行吗?

——阎崇年

搞学问就像滚雪球,越滚越大,不滚就化。

——贾兰坡

在 20 世纪 80 年代要不写诗,那你简直就是一个很荒唐的人,因为全国青年都在写诗。到 20 世纪 90 年代以后,你要再写诗,人家就会觉得你简直有病。

——西川

经常读书,尤其是多而杂的读书就如同洗脸,能使我们更精神地去面对新的局面与问题。读书人的精神境界与不读书的人很难类比,正如蓬头垢面者与神采飞扬者很难类比一样。

——品牌营销专家袁岳

就理解和领会能力而言,头脑中塞满东西和头脑中空空如也同样糟糕。

——美前总统比尔·克林顿 论信息泛滥之害

把狂欢和爱情放在文字里是明智的,因为它们别无居处。 ——福克纳

离开书店的时候,我留下了一把伞,希望拿了它回家的人,是你。

——张国荣

科学和艺术于哲学恰好似树叶于树干。秋风乍起,万叶凋落,树干上却添了一圈年轮。

——赵鑫珊《零星的哲学思考》

看出谬误比发现真理要容易得多,因为谬误是在明处,也是可以克服的;而真理藏在深处,并不是任何人都能发现它。

——歌德

若要有读书、写作的时间,必须任由庭草乱长。

——[美]S·威尔逊

投身写作不是一种职业,而是一种命运。所以劝人放弃这种劳心淬形的、播种与收获往往不成比例的工作是没用的。

——黄克全《随想录》

阅读分两种,一种是公事上的必要,另一种则是奢侈的享受。第二种才给人几分悦然自得的乐趣。仿佛漫步林中,而不是走向市场。由此而带回家来的不是一大堆罐头,而是开朗的容颜、满胸的清气。

——林语堂

世上的一切都是艺术化的,因为自然本身是上帝的艺术。

——托马斯·布诺恩

谁有好的结尾,谁便能写得十分简洁;谁没有这些,谁就只好用华丽的辞藻装点自己的作品。

谁有生活理想和实现它的计划,谁便善于沉默;谁没有这些,谁便只好夸夸其谈。

谁善于爱,谁就能爱;不善于爱者,只好来谈论爱,并要求别人的爱。

——[德]埃尔温·斯特里马特《随想录》

古典大师们之所以伟大,是因为他们死了。

——[日]芥川龙之介

不要只把你的脚尖浸在名著这潭深水中,要跳进去,像前面一代代聪明人一样,你会觉得自己的灵魂深处被那些历史上最有天赋的作家的思想和洞察力鼓舞着。

——斯蒂夫·爱伦

教堂里听众极少时,从教堂里走出去就很快;但若教堂里坐满了人,一散场时人都挤在门口,要想走出教堂就没那么快了。同样,脑子里东西装的少的人说话就快;头脑里装满了学问的人,说话却很吃力。

——[英]斯威夫特《杂集》

哲学是穿着盛装的常识。

——布拉斯登

要精通某一问题的最佳办法,是写一本有关该问题的书。 ——斯雷利

有关家国书常读,无益身心事莫为。 ——徐特立

板凳要坐十年冷,文章不写一句空。 ——范文澜

书从疑处翻成悟,文到穷时自有神。 ——郑板桥

与肝胆人共事,于无字处读书。 ——周恩来

如果当时认出来它是灵感,那就不是真灵感。真灵感总是悄然而来,要过些时候才能充分认识到它的重要。 ——伯特勒

如果你把所有的错误都关在门外时,真理也要被关在外面了。

——泰戈尔《飞鸟集》

书籍给我们描绘了自然界的奇观壮景,千姿百态,书籍指引我们渡过难关,书籍能安慰我们的心灵,使我们摆脱悲哀和痛苦的羁绊;书籍可以使枯燥乏味的岁月化作愉快的时日,书籍将各种信念注入我们的脑海,使我们的脑海充满崇高欢乐的思想从而使我们入神忘情,灵魂升华。

——[英]约翰·卢保克

书籍在我们日常生活中所赋予我们的规劝和慰藉,质同金玉,价值无量。我们读书时,有如同最高尚的先哲们携手共游,飞越无数迷人的仙境和神奇的国土。

——[英]约翰·卢保克

最美丽最奥妙的情绪是神秘感。所有的真知灼见都是这种感觉赋予的。体验不到,人便不能探奇钩玄,虽生犹死。

——爱因斯坦

书犹如装在衣袋里随身携带的花园。

——阿拉伯谚语

所谓大师,就是这样的人:他们用自己的眼睛去看别人见过的东西,在别人司空见惯的东西上能够发现出美来。

——奥古斯特·罗丹

每一个研究人类灾难史的人可以确信,世界大部分的不幸都来自无知。

——爱尔维修

科学的探索研究,其本身就含有至美,其本身给人的愉快就是报酬。

——居里夫人

人情必有所寄,然后能乐。

情之至语,自然感人。

——[明]袁宏道

学如弓弩,才如箭镞,识以领之,方能中鹄。

——袁枚《续诗品·尚识》

书非借不能读也。子不闻藏书者乎? 七略四库,天子之书;然天子读书者有几? 汗牛塞屋,富贵家之书,然富贵人读书者有几? 其它祖父积,子孙弃者无论焉。

——袁枚《黄生借书说》

爱好由来下笔难,一诗千改始心安。阿婆还似初笄女,头未梳成不许看。

——袁枚《遣兴》

诗者由情生者也。有必不可解之情,而后有必不朽之诗。 ——袁枚《遣兴》

物在天地间,有散也有聚;唯有书藏胸臆间,鬼难风灾吹不去。

——[清]袁枚《题蒋元葵进士藏书楼》

看书多撷一部,游山多走几步。倘非广见博闻,总觉光阴虚度。 ——袁枚

好叠花笺抄稿去,天涯沿路访斯人。 ——袁枚

即使通过自己的努力知道一半真理,也比人云亦云地知道全部真理还要好些。

——罗曼·罗兰

一本新书像一艘船,带领我们从狭隘的地方,驶向无限广阔的生活海岸。

——凯勒

我认为人生最美好的主旨和人类生活最幸福的结果,无过于学习了。

——巴尔扎克

在真埋和认识方面,任何以权威者自居的人,必将在上帝的戏笑中垮台!

——爱因斯坦

认识真理的主要障碍不是谬误,而是似是而非的真理。

——列夫·托尔斯泰

真正的读书使瞌睡者醒来,给未定目标者选择适当的目标。正当的书籍指示人以正道,使其避免误入歧途。 ——卡耐基

人类真正的敌人并非是无畏且不可靠的思想家,无论他的思想是对还是错。真正的敌人是那些试图为人类精神套上桎梏让它不敢展翅飞翔的人。

——[美]亚拉伯罕·弗莱克斯纳

假如一个作家只写作只有他的民族才能理解的作品,那他是有罪的,因为它造成了这个民族的短视。

——米兰·昆德拉

物之传者必以质,文之不传,非曰不工,质不至也。树之不实,非无花叶也;人之不泽,非无肤发也,文章亦尔。行世者必真,悦俗者必媚,真久必见,媚久必厌,自然之理也。

——[明]袁宏道

江河之水,非一水之源也;千镒之裘,非一狐之白也。

——《墨子》

真相面前,没有权威。

——石琳《寻觅真相》

许多许多的历史,才可以培养一点点传统,许多许多的传统,才可以培养一点点文化。

——陈之潘《剑桥岛影》

真正独立思考的人,才是精神的君主。

——叔本华

趣,得之自然者深,得之学问者浅。

——袁宏道

我们读书时,是别人在代替我们思想,我们只不过重复他们思想活动的过程而已。我们的头脑实际上成为别人思想的运动场了。

——[德]叔本华

读书是一种境界,爱书又是一种境界,正像结婚的是多数人,但能永远保存一份初恋般的爱情,却是少数人拥有的奢侈了。

——扬之水

我从来不记在辞典上已经印有的东西。我的记忆力是运用来记忆书本上还没有的东西。

——爱因斯坦

人的影响短暂而微弱,书的影响则广泛而深远。

——[俄]普希金

话不要多,要做到诗里没有废字。任何一朵花都不会因为多了一个花瓣而显得更美丽。

——高尔基

学习必须如蜜蜂一样,采过许多花,这才能酿出蜜来。

——鲁迅

我每一次阅读那些伟大的作品都会被他们带走。我就像是一个胆怯的孩子,小心翼翼地抓着它们的衣角,模仿着它们的步伐,在时间长河里缓缓走去,那是温暖和百感交集的旅程。它们将我带走,然后又让我独自回来。当我回来之后,才知道它们已经永远和我在一起了。

——余华

书籍只有被理解时才算被发现。

——歌德

不学而求知,犹愿鱼而无网焉,心虽勤而无获矣。

——[晋]葛洪《抱朴子·外篇·勖学》

人之不学,若登天而无阶。学而智远,若披祥云而睹青天,如登高山而望四海。

——庄子

勿谓今日不学而有来日,勿谓今年不学而有来年。日月逝矣。呜呼,老矣! 是谁之愆?

——朱熹

学也好,不学也好,学者如禾如稻,不学者如蒿如草。如禾如稻兮,国之精粮,世之大宝。如蒿如草兮,耕者憎嫌,锄者烦恼。他日面墙,悔之已老。

——[宋]赵佶

我和我的书,在同一个公寓里,就像一根泡在醋里的酸黄瓜。

——[法]福楼拜

雨窗作画,笔端便染烟云;雪夜哦诗,纸上如洒冰霰。是谓善得天趣。

——[清]朱锡绶《幽梦续影》

华藻见于外者谓之文,古今积于中者谓之学。苟见道不明,用心不正,适足以文过饰非,文学所以在德行政事之下。

——[宋]林逋《省心录》

学问以先入为主,故立志欲高,如文必秦、汉,字必钟、王,诗必盛唐之类,骨气已成,然后顺流而下,自能成家。若入手便学近代,欲逆流而上,难矣。

——[清]申涵光《荆园小语》

一个人有能力创造新词并将其注入语言的血流中,这在我看来,只是比创造光明与黑暗的人稍逊一筹。

——[以色列]阿摩司·奥兹

我是一只图书馆里的老鼠,最大的幸福是一本又一本地吞噬过许多书籍之后,发现自己吐着一点仿佛遥远世纪芬芳那样奇妙的东西,发现了任何人不曾注意的东西。

——[法]作家 法朗士

好的书籍像好的乳牛,供应丰富。一本书就像一头乳牛,应该挤干它的奶才对。

——[波兰]学者 哈维兰

第一类读者好比计时的沙漏,读书像把漏沙注进去,又漏出来,到头来一点痕迹也没有留下;第二类读者好像海绵,什么都吸收,挤一挤,流出来的东西原封不变,甚至还脏了些;第三类读者像滤豆浆的布袋,豆浆都流走了,留下的只有豆渣;第四类读者像是宝石矿床里的苦工,把矿渣甩在一旁,只要纯净的宝石。

——[英]诗人柯勒律治

舆论只存在于没有思想的地方。

——[英]王尔德

在所有艺术中,音乐待人最忠厚;不管什么文化程度的人,都可以说自己听懂了。

——原野《脱口而出》

无暇人品清于玉,不俗文章胜似仙。

千万别借书给您的朋友,因为我书架上的书都是借来的。　——马克·吐温

诗不是一种表白出来的意见。它只从一个伤口或一个笑容涌出的一首歌曲。
——[黎巴嫩]哈·纪伯伦

能唱出我们的沉默的,是一个伟大的歌唱家。　——[黎巴嫩]哈·纪伯伦

能识无字之书,方可出惊人妙句;能会难通之解,方可参最上禅机。
——《幽梦影》

我的诗,甘愿让一个读者读一千遍,而不愿让一千个读者只读一遍。
——法国诗人保罗·瓦雷里

一本书不管从哪页看起,5分钟后还不能吸引你,请毫不犹豫地扔掉它。
——郑渊洁《奔腾验钞机》

一个平凡普通的人,以想象为翼,让思想在寒冷的冬夜飞过万家灯火。
——《三体》作者 刘慈欣

结屋三间藏万卷,挥毫一字值千金。　——[宋]戴复古《望江南·有说未尽处》

诗人是语言的情人。没有感情的诗,是没有感情的情人。　——黄永玉

幻想的自由只是幻想;自由的幻想才是自由。　——黄永玉《汗珠里的沙漠》

世界上最动人的皱眉是读书苦思的刹那;世界上最自得的一刻是在读书时那会心的微笑。
——希均《阅读,终生的承诺》

最庸俗的人是不读书的人;最吝啬的人是不买书的人;最可怜的人是与

书无缘的人。

——希均《阅读，终生的承诺》

诗得一字之师，如红炉点雪，乐不可言。

——《随园诗话》

托尔斯泰倘若是一尾鱼，他一定是在大海里游泳，绝不会游进内海，更不会游进淡水河里。

——高尔基

歌德的诗歌有一种不可思议的魔力，这是无法言传的。那和谐的诗句像一个温柔的情人一样缠住你的心，当它的思想吻你的时候，它的诗句就拥抱着你。

——海涅

文化修养不高的人对各种理论趋之若鹜，真正的学者把事实看得重于一切。

——[保加利]亚阿·达尔切夫

穷凶霸道的人，读一辈子诗，也不会变得温柔敦厚。 ——施蛰存《雨窗短句》

真正能笑的人，一定不愿意在别人面前显示他的笑容的。

——施蛰存《雨窗短句》

读书须有胆识，有眼光，有毅力。胆识二字拆不开，要有识，必敢有一自己的意见，即使一时与前人不同亦不妨。前人能说得我服，是前人是；前人不能服我，是前人非。人心之不同如其面，要脚踏实地，不可舍己耘人。

——林语堂《论读书》

过去的书由文人来写，被大众阅读。如今的书由大众来写，无人阅读。

——[英]王尔德

文学是一种理智之光，它和阳光一样，有时能使我们看到我们不喜欢的东西。

——塞缪尔·约翰逊

自己不睡觉而让读者睡觉的作者,公众从来没有同情过。

——查尔斯·科尔顿

不描写内心专描写内分泌。   ——作家余华批评的某些作家作品

艺术家可以分为两类,一种是奔人的灵魂而去的,给人以信念和抚慰。一种是奔人的肉体而去的,给人以抚摩和精力的宣泄。   ——陈村

乘兴所至,心无旁及,从师交友,亦当如读书游山般,乃真乐也。   ——钱穆

读诗是我们人生中一种无穷的安慰。一本书是一面镜子:如果一只猿望进去,很难会有一个圣徒望出来。我们没有可以用来跟愚人讲的话。理解智者的人,本身也是智者。   ——[德]利希滕伯格《杂记簿》

吼叫是狼的安慰,鸟鸣是森林的安慰,爱情是女人的安慰,箴言是哲学家的安慰。   ——雨果

我用一句格言就能戳穿一个大人物,就像用大头针能钉住蝴蝶一样。

——伏尔泰

文化其实体现在一个人如何对待自己,如何对待他人,如何对待自己所处的自然环境。在一个文化厚实的社会里,人懂得尊重自己——他不苟且,因为不苟且所以有品位;人懂得尊重别人——他不霸道,因为不霸道所以有道德;人懂得尊重自然——他不掠夺,因为不掠夺所以有永续的生命。

——龙应台《什么叫做文化》

依照文人的酸话,有书胜于有钱,所以藏书多者称为"坐拥百城"。读书多者称为"学富五车"。

——王力

索物于暗室者,莫良于火;索道于当世者,莫良于典。

——[汉]王符《潜夫论》

心旌摇曳不可读书,功利浮躁不可读书,灵魂纷乱不可读书。读书需要静下心来,心无旁骛,仿佛人于树下禅定,风声雨声车声马声,无一入其耳;酒色财气,无一入其心。

——祝勇《三更有梦书当枕》

正像人们掘井时会发现水源一样,人类迟早会发现,到处都有深奥难解的事物。

——[德]利希腾伯格

历史有三种,一种是印在书上的,一种是存在档案里的,一种是当事人所经历的,另外还有一种是藏在老百姓心里的。

——吴营洲《由生活感悟历史》

书籍一面启示着我的智慧和心灵,一面帮助我在一片烂泥塘里站了起来,如果不是书籍的话,我就沉没在这片泥塘里,我就要被愚蠢和下流淹死。

——高尔基

是读书种子,也是江湖伶人。也曾粉墨涂面,也曾朱墨为文。甘作花匦于菊圃,不厌蠹鱼于书林。书破万卷,只青一衿;路行万里,未薄层云。宁俯首于花鸟,不折腰与缙绅。步汉卿而无珠帘之影,仪笠翁而无玉堂之心,看破实未破,作几番闲中忙叟;未归反有归,为一代今之古人。

——著名戏剧家翁偶虹《自志铭》

人类是一个病入膏肓的梦游者,作家是唤起梦中记忆的通灵师　——摩罗

思想是一种卑微的野草,只适合在低洼处生长和蔓延。那些高处招摇的,往往不是藤类就是花朵。

——魏剑美《思想的独舞》

思想的自由是一切自由中最幸福的自由,它不可能因为金钱和权势而得

到,却经常因为金钱和权势而失去。 ——魏剑美《思想的独舞》

很多学者、专家、理论家的田地里,生长的都是些季节性的作物,常常可以随时就市,买个不错的价钱。 ——魏剑美《思想的独舞》

我们真正的出生地是那个自己有生以来第一次用智慧的眼睛关注自身的地方。对于我来说,我的第一故乡就是我的书籍。 ——法国作家尤瑟纳尔

每个人都是一本书,父母是我们的出版社,生日是我们的出版时间,身份证是我们的书号。老人是史书,军人是兵书,僧人是经书,多胞胎是丛书,离退休是闲书,良朋净友是参考书,那些以刺青、纹身、彩绘为时髦的年轻男女是图画书。如果你身高体胖,那是大开本;如果你小巧玲珑,那是袖珍本……每个人都是一本书,让坏人成为禁书,让好人成为畅销书。让我们用心研墨写好自己,因为我们的印数只有一册,因此每个人都是绝无仅有的孤本珍籍。 ——南航《每个人都是一本书》

拼命地、不断气的阅读你心爱的作家的著作吧,连续一个星期。如果这个作家仍然没有使你厌倦,大概是一个了不起的作家。 ——王蒙

一句漂亮话之所以漂亮,就在于所说的东西是每个人都想得到过的,而且所说的方式却是生动的、精妙的、新颖的。 ——布瓦洛《布瓦洛文集序言》

真理尽管稀少,总是供过于求。 ——乔希·比林斯 1865

文化似乎不直接关系国计民生,但却直接关联民族的性格、精神、意识、思想、言语和气质。抽出文化这根神经,一个民族将成为植物人。 ——冯骥才

盐是咸的,但对菜肴不可少;真理是苦的,但对未来有益处。 ——蒙古谚语

读书之乐恰似男女之事：一、夜晚最惬意；二、多半在床上；三、其中佳趣不易向外人道也。

——钱海燕《小女贼在惦记》

告诉孩子们，让他们崇拜有学问的人，不要崇拜我，我只读过小学，只读过小学的人是一头驴子。

——球王马拉多纳

所谓独特的作家，不是说他从不模仿，而是说谁也无法模仿他。

——贾平凹

时常怀疑世上若干名词是人类虚设来自我安慰的，对短暂、虚无、痛苦的生命作一点调剂——像朋友、爱情、希望这些术语，不外是骗我们好好地活下去。

——亦舒

知识是外在的，是我们对所见事物的认识；智慧则是内涵的，是我们对无形事物的了解；只有二者兼备，你才能成为一个全面发展的人。 ——洛克菲勒

小心那些只读过一本书的人。 ——圣·托马斯·阿克那斯 1250 年

那学习是我们唯一的永恒的动力，没有什么能够使我们停下来，除非生命走向了终结。

——孟德斯鸠

怕什么真理无穷，经营一寸有一寸的欢喜。 ——胡适

作诗能把眼前风景、胸中情趣，一笔写出，便是作手，不必说唐说宋。

——陈继儒《小窗幽记》

读书补天然之不足，经验又补读书之不足。 ——培根

读书使人充实，思考使人深邃，交谈使人清醒。 ——富兰克林

倘若说,作品愈高,知音愈少,那么,推论起来,谁也不懂的东西,就是世界上的绝作了。

——鲁迅

人的影响短暂而微弱,书的影响广泛而深远。

——普希金

读书是学习,使用也是学习,而且是更重要的学习。

——毛泽东

诗是由真实经过想象而出来的,不单是真实,亦不单是想象。

——戴望舒

思考可以形成一座桥,让我们通向新知识。

——普朗克

一部人类的文明史就是规则与自由的探索。

——罗素

士大夫三日不读书,则义理不交于胸中,对镜觉面目可憎,向人亦语言无味。

——黄庭坚

讨论犹如砺石,思想好比锋刃,两相砥砺将使思想更加锋利。

——培根

使人们宁愿相信谬误,而不愿热爱真理的原因,不仅由于探索真理是艰苦的,而且是由于谬误更能迎合人类某些恶劣的天性。

——培根

文学,如果不能成为当代社会的呼吸,不敢传达那个社会的痛苦与恐惧,不能对威胁着道德和社会的危险及时发出警告——这样的文学是不配成为文学的。

——[俄]亚历山大·索尔仁尼琴

外物之味,久则可厌;读书之味,愈久愈深。

——程颢

不读书就没有真正的学问,没有也不可能有欣赏的能力、文采和广博的学问。

——赫尔岑

能读无字之书，方可得惊人妙句；能会难通之解，方可参最上禅机。

——[清]张潮《幽梦影》

有一技之长者鄙读书，无知者羡读书，唯明智之士用读书，然书并不以用处告人，用书之智不在书中，而在书外，全凭观察得之。

——弗兰西斯·培根《培根随笔》

写作开始于：摆脱外在的世界，创想自己的世界。　　　　——斯蒂芬·金

阅读在一个作家的生活里就是他的创作核心。　　　　——斯蒂芬·金

你四处寻觅，欲得一席宁静之地，但你只有在书海的一角才能找到它。

——[意]翁贝托·埃科《玫瑰的名字》

如果有人在看小说集，就说明这个世界还没有糟糕到难以收拾的地步。

——邓雪涛《飞行家》

咬定几句有用书，可忘饮食；养成数竿新生竹，直似儿孙。

——郑板桥自题书斋联

一切经得起再度阅读的语言，一定值得再度思索。　　　　——梭罗

人不能停下来，如果你是一只大书虫，那就无所谓了，看书的人有自己的宇宙，旁的事，太渺小了。　　　　——蔡澜

如果你只读每个人都在读的书，你也只能想到每个人都能想到的事。

——村上春树

如果过了若干年，你半夜醒来发现自己已经好长时间没读书，而且没有任何负罪感的时候，你就必须知道，你已经堕落了。不是说书本本身特了不

起,而是读书这个行为意味着你没有完全认同于这个现世和现实,你还有追求,还在奋斗,你还有不满,你还在寻找另一种可能性,另一种生活方式。说到底,读书是一种精神生活。

——陈平原

我不应把我的作品全归功于自己的智慧,还应归功于我以外向我提供素材的成千成万的事情和人物。

——歌德

真正的无知不是知识的缺乏,而是拒绝获取知识。

——卡尔·波普尔

从我们获得知识的方式看,足以证明人类的知识从来就不是天赋的,而是来自经验和感觉。

——洛克

如果读一本书,找不到一些词、句子、段落,使你想抄下来,记下来,那么这本书基本就是一本没有文脉的书,那么就让它去它该去的地方吧。

——曹文轩

喜欢读书,就等于把生活中寂寞的时光换成巨大享受的时刻。 ——莫泊桑

善读者曰攻、曰扫。攻则直透重围,扫则了无一物。 ——郑板桥

读书时,我愿在每一个美好思想的面前停留,就像在每一条真理面前停留一样。

——爱默生

书籍是在时代的波涛中航行的思想之船,它小心翼翼地把珍贵的货物运送给一代又一代。

——培根

思想虽然没有实体的,也要有个支点,一失去支点它就开始乱滚,一团糟地围着自己转;思想也忍受不了这种空虚。

——斯蒂芬·茨威格

治学不易,要有才、学、识、德、勇、毅、果、静、谦……也要有悟。悟有顿、渐之分:顿是一见即晓,当下即悟;渐是涵咏玩味,积功既久,忽一旦开窍,洞彻光明。

——周汝昌

人类只有在物质极为匮乏的时代里才容易与书籍亲情紧密。　——梁晓声

作家更关心的是了解人性,而不是判断人性。　——毛姆《月亮与六便士》

读书人必须不加指导而能独立思考,他必须多多少少是个思想家,而不是模仿者。

——[古罗马]塞涅卡

什么是悲剧? 悲剧就是善的冲突。

——黑格尔

美是高级的善,创造美是最高级的乐趣。

——叔本华

从来如此,便对吗?

——鲁迅

思想的动摇并非正确与错误之间左右不定,而是一种理智与非理智之间徘徊。

——荣格

文化的最后成果是人格。

——荣格

一个不怀偏见的人,即哲学上的外行。

——叔本华

我这一辈子认识的所有智者,没有不爱看书的,我和巴菲特看书之多都能吓着你。我的孩子取笑我说我就是一本伸出两条腿的书。　——查理·芒格

尊重传统,把传统所包含的永远富有生命力的东西区别出来——对"自然"的爱好和真挚,这里天才作家的两种强烈的愿望。

——[法]奥古斯都·罗丹《遗嘱》

莎士比亚说诗人和疯子都不属红尘十丈的人间。诗人隐居在疯子的隔壁，疯子却闯进诗人的花园。

——余光中

有人一看书就卖弄，多看几遍再卖弄吧……多看几遍就不卖弄了。

——木心

中国文化精神的最高境界是欲辩已忘言。欧陆文化精神的整体表现是忘言犹欲辩。

——木心

活水源流随处满，东风花柳逐时新。

金鞍玉勒寻芳客，未信我庐别有春。

——[清]于谦《观书》

人心如良苗，得养乃滋长；苗以泉水灌，心以理义养。一日不读书，胸臆无佳想。一月不读书，耳目失精爽。

——[清]萧抡谓《读书有所见作》

思想是这样一把双刃剑：它是社会进步之源，却也可能成为破坏的力量。

——[德]莱克斯·德文斯基

世有三种人：其一为无诗亦不知诗者，即浑浑噩噩之芸芸众生；其二为知诗而未入诗者，此即有追求而未能免俗之士；其三则是化入诗中者。

——张中行

蹉跎莫遣韶光老，人生唯有读书好。 ——[元]翁森《四时读书乐·春》

宁为真白丁，不做假秀才。

——陶行知

漂亮和美丽是两回事。一双眼睛可以不漂亮，但眼神可以美丽。一幅不够标致的面容可以有可爱的神态，一幅不完美的身材可以有好看的仪态和举止。这都在于一个灵魂的丰富和坦荡。或许美化灵魂有不少途径，但我想，

阅读是其中易走的、不昂贵的、不须求助他人的捷径。 ——《读书与美丽》

庸俗是一个人开辆豪华奔驰车,但连买本书的钱也花不痛快。

——《波西米亚楼》

错误像稻草浮在水面,而寻珍珠就要潜入水底。 ——德莱敦

你应该小心一切假知识,它比无知更危险。 ——萧伯纳

知识不存在的地方,愚昧就自命为科学。 ——萧伯纳

对于有心人来说,没有什么东西是无用的。 ——法国谚语

嗜好是获得知识的第一步。 ——葡萄牙谚语

常问路的人不迷失方向。 ——芬兰谚语

你为什么读书呢? 难道只是为了消磨时间吗? 如果读完一页,接着就忘了的话,难道你仅仅是为了训练自己的忘性吗? ——[日]小说家大江健三郎

读书是学习,摘抄是整理,写作是创造。 ——吴晗

读书之法无他,惟是笃志虚心,反复详玩,为有功耳。 ——朱熹

了解一页书,胜于匆促地阅读一卷书。 ——麦考利

少而好学,及壮有为;壮而好学,及老不衰;老年而学,及死不朽。

——[日]佐藤一斋

书籍是年轻人不可分离的生活伴侣、导师、忠告者和好友。

——[苏联]高尔基

见不尽者,天下之事;读不尽者、天下之书;参不尽者、天下之理。

——《警世通言》

涉浅水者见虾,其颇深者察鱼鳖,尤甚者观蛟龙。　　——[汉]王充

敬教劝学,建国之大本;兴贤育才,为政之先务。　　——[明]朱舜水

好的文学,能唤醒人的批判精神,创造一批更难被操纵的公民。

——[秘鲁]马里奥·巴尔加斯·略萨

幻想是诗人的翅膀,假设是科学的天梯。　　——歌德

真正的科学不知道同情,也不知道厌恶,它的唯一目的就是真理。

——格罗夫

我想不出诗歌改变世界的例子,但是它们所做的是,改变人们对世界的
理解。　　——1995 年诺奖得主谢默思·希尼

我最高兴的事情就是人家说我像鲁迅。　　——1994 年诺奖得主大江健三郎

对于诗人来说,成为他那个时代的负罪感就足够了。

——1960 年诺奖得主圣约翰·珀尔斯

作家这辈子最开心的事,就是面前有一张空白页在等着你。
作家这辈子最害怕的事,还是面前有一张空白页在等着你。

——J·K·罗琳

读书是灵魂的壮游，随时可以发现名山巨川，古迹名胜，深林幽谷，奇花异卉。

——法郎士

书宜读杂，业宜精钻。

——梁启超

我是一个独行者，我不喜欢团体、流派和文学圈子……在日本，我没有任何作家朋友，因为我想……保持距离。

——村上春树

那种用手触摸精装书的美好触感，电子阅读永远无法替代。经典作品还是要靠纸质媒介呈现，就像满汉全席，能用塑料盘子装吗？

——易中天

读书到最后，是为了让我们更宽容地去理解这个世界有多复杂。

——梁文道

经济只能保证我们的今天，科技可以保证我们的明天，只有教育才能保证我们的后天。

——成思危

在精神世界经历既久，物质世界的豪华威严实在无足惊异。凡为物质世界的豪华威严所震慑者，必是精神世界的陌路人。

——木心

阅读有什么好处，不读书的人是不知道的。因为不读书，你可能连自己都不认识；因为读书，你可能了解所有人，包括五百年前和五百年后的。

——麦家

时代，不就是看一天报纸就能知道的东西吗？

——苏童

读书的好处在于：他总能发现原来他的感受早已被世上某个人明白地说清楚了。他终于明白，他并不是一个独特的他，他只是他们中模糊的某个。

——梁冬

读一下无用的书，做一些无用的事，花一些无用的时间，都是为了在一切已知之外，保留一个超越自己的机会。人生中一些很了不起的变化，就是来自这种时刻。

——梁文道《悦己》

　　诗人是无权的权力，无家的家园，无言的语言。

——北岛

　　我们长期以来的想法和感受，有一天将会被某个陌生人一语道破。

——爱默生

修身篇

仁者以财发身，不仁者以身发财。　　　　　　　　　　　　　　——《大学》

大学之道，在明明德，在亲民，在止于至善。　　　　　　　　　——《大学》

知识之败，慕虚名而不务潜修也；品节之败，慕虚荣而不甘枯淡也。

——哲学家 熊十力

论至德者不和于俗，成大功者不谋于众。　　　　　　　　　——《战国策》

人生耐平贱易，耐富贵难；安勤苦易，安闲敬难；忍痛难，忍痒难。能耐富贵，安闲散，忍痒者，必有道之士也。　　　　　　　　　——《东坡志林》

身要严重，意要闲定，色要温雅，气要和平，语要简练，心要光明，量要阔大，志要果毅，机要缜密，事要妥当。　　　　　　　　　——[明]陈继儒

眼不高，不能越从；气不充，不能作势；胆不大，不能驰骋；心不死，不能入木。　　　　　　　　　——[清]诗人黄之云

勿谓无知，居高听卑。勿谓何害，积小就大。
乐不可极，乐极生哀。欲不可纵，纵欲成灾。　　　——[唐]张蕴古《大宝箴》

喜怒哀乐之未发,谓之中,发而皆中节,谓之和;中也者,天下之大本也;和也者,天下之达道也。致中和,天地位焉,万物育焉。

——《中庸》

知其不可奈何而安之若命,德之至也。

——《庄子·人间世》

玉不琢,不成器。人不学,不知道。然玉之为物,有不变之常德,虽不琢以为器,而犹不害为玉也。人之性因物则迁,不学则舍君子而为小人,可不念哉。

——欧阳修《诲学说》

君子之自行也,敬人而不必见敬,爱人而不必见爱

——《吕氏春秋》

学古之志未衰,每日必拥书早起;干世之心已绝,无夕不把酒高歌。

——[清]申涵光《荆园小语》

凡不能俭于己者,必妄取于人;当省而不省者,必至当用而不用。

——[清]·魏禧《目录里言》

人能无故学吃亏,无故习劳苦,无故淡嗜欲,皆是求福弭灾之道。

——[清]·魏禧《目录里言》

一生之计在于勤,一年之计在于春,一日之计在于寅。幼而不学,老无所知。春若不耕,秋无所望,寅若不起,日无所办。

——《孔子三技图》

君子惠而不费,劳而不怨,欲而不贪,泰而不骄,威而不猛。

——孔子

君子所以异于人者,以其存心也。君子以仁存心。仁者爱人,礼者敬人。爱人者人恒爱之,敬人者人恒敬之。

——孟子

静一分,慧一分;忙一分,愦一分。

——[清]朱锡绶《幽梦续影》

有深谋者不轻言,有奇勇者不轻斗,有远志者不轻干进。

——[清]朱锡绶《幽梦续影》

闻善言则拜,告有过则喜,有圣贤气象。坐密室如通衢,驭寸心如六马,可以免过。心不清则无以见道,志不确则无以立功。　　——[宋]林逋《省心录》

人之有过失,犹身之有疾病,攻之以药石,诲之以廉耻,虽过失不害为贤者,虽疾病不失为全人。好名而立异,立异则身危,故圣人以名为戒。

——[宋]林逋《省心录》

为己重者不仁,好广积者不义。足恭者无礼,贪名者无智。

——[宋]林逋《省心录》

天讨有罪,生来幸免马驴;世弃不才,隐去敢云鸿豹。

——[清]屠隆《婆罗馆清言》

贫贱时累心少,宜学道;富贵时施予易,宜济人。若夫贫贱而存济人之心,富贵而坚学道之志,尤加人一等。　　——申涵光《荆园小语》

常有小不快事,是好消息。若事事称心,即有大不称心者在其后,知此理可免怨尤。　　——林逋《省心录》

得失有定数,求而不得者多矣,纵求而得,亦是命所应有。安然则受,未必不得,自多营营耳。　　——曾国藩

就筋力未衰,尚可读书而寡过;幸家门再振,敢望积德以承先。

——[清]申涵光《荆园小语》

宁详毋略,宁近毋远,宁下毋高,宁拙毋巧。　　——[宋]朱熹

古人修身以避名,今人饰己以要誉。所以古人临大节而不夺,今人见小利而易守。君子则无古今无治无乱,出则忠,入则孝,用则智,舍则愚。

——《景行录》

傲不可长,欲不可纵,志不可满,乐不可极。

——《礼记 曲礼》

心可逸,形不可不劳;道可乐,身不可不忧。形不劳,则怠惰易蔽;身不忧,则荒淫不定。故逸生于劳而常休,乐生于忧而无厌。逸乐者忧,忧劳其可忘乎?

——《景行录》

福生于清俭,德生于卑退。道生于安乐,命生于和畅。

——紫虚元君诚谕心文

自知者不怨人,知命者不怨天。怨人者穷,怨天者无志。失之己,反之人,岂不亦迂哉!

——荀子

务善策者无恶事,无远虑者有近忧。

——《素书》

博学切问,所以广知;高行微言,所以修身。

——《素书》

用诚似愚,用默似讷,用柔似拙。

——《道经》

贪是逐物于外,欲是情动于中。

——《景行录》

恭主容,敬主事。恭见于外,敬主乎中。

——朱熹

财者,君子之所轻。死者,小人之所畏。

——《说苑》

贤人多财损其志,愚人多财益其过。

——苏武

留有余不尽之功,以还造化;留有余不尽之禄,以还朝廷;留有余不尽之财,以还百姓;留有余不尽之福,以遗子孙。 ——[宋]王安石《四留铭》

欲而不知止,失其所以欲;有而不知足,失其所以有。 ——《史记》

人生之善止,可防危境出现,不因功名而贪欲,不因感极而求妄。
——曾国藩

少年人要心忙,忙则摄浮气;老年人要心闲,闲则乐余年。 ——《小窗幽记》

势不可使尽,使尽则祸必至;福不可受尽,受尽则缘必孤;话不可说尽,说尽则人必易;规矩不可行尽,行尽则人必繁。 ——[宋]法演禅师

夫德者人之所严,而才者人之所爱。爱者易亲,严者易疏,是以察者多蔽于才而遗于德。自古昔以来,国之乱臣、家之败子,才有余而德不足,以至于颠覆者多矣! ——《资治通鉴·周纪一》

进德修业在少年,道明德立在中年,义精仁熟在晚年。
——[明]吕坤《呻吟语》

境遇休怨我不如人,不如我者尚众;学问休言我胜于人,胜我者还多。
——[清]李惺《西沤郊集·药言剩稿》

吃苦是良图,做苦事,用苦心,费苦劲,苦境终成乐境;偷闲非善策,说闲话,好闲游,做闲事,闲人就是废人。 ——山湖纪人《中华圣贤经》

为学要专心,心无旁骛,才不会被声色迷惑;做人要单纯,心没杂染,才能不为葛藤缠绕。 ——星云大师《佛光菜根谭》

敬为入德之门，傲为聚恶之府。　　　　　　　　——[清]申居郧《西岩赘语》

有所许诺，纤毫必偿；有所期约，时刻不易，所谓信也。——[宋]袁采《世范》

终日行善，善犹不足；一日行恶，恶自有余。　　　　　　——[东汉]马援

不自重者取辱，不自畏者招祸，不自满者受益，不自是者博文。

——《景行录》

修身之要：言忠信，行笃敬，惩忿窒欲，迁善改过。　　　——《性理书》

凡修身为学，不在文字言语中，只平日待人接物便是。取非其所有谓之盗，欲非其所有谓之贼。

——《景行录》

素食则气不浊，独宿则神不浊，默坐则心不浊，读书则口不浊

——[清]朱锡绶《幽梦续影》

德之不修，学之不讲，闻义不能徙，不善不能改，是吾忧也。　　——孔子

如水如镜，不示物以情。物之鉴者，妍媸自生。勿浑浑而浊，勿皎皎而清；勿汶汶而闇，勿察察而明。

——[唐]张蕴古《大宝箴》

不辱于人谓之贵，不取于人谓富。　　　　　　　　　　——[隋]王通

勿以己之长而盖人，勿以己之善而形人，勿以己之多能而困人。

——《了凡四训》

文章做到极处，无有他奇，只是恰好；人品做到极处，无有他异，只是本然。

——《菜根谭》

古之所谓豪杰之士者,必有过人之节。人情有所不能忍者,匹夫见辱,拔剑而起,挺身而斗,此不足为勇也。天下有大勇者,卒然临之而不惊,无故加之而不怒。此其所挟持者甚大,而其志甚远也。 ——[宋]苏轼《留侯论》

不患位之不尊,而患德之不崇;不耻禄之不伙,而耻智之不博。 ——张衡

贤人君子,明于盛衰之道,通乎成败之数,审乎治乱之势,达乎去就之理。故潜居抱道以待其时。 ——《素书》

漫其所敬者凶,貌合心离者孤,亲馋远忠者亡,危莫危于任疑,败莫于多私;吉莫于知足,苦莫于多厚。短莫短于苟得,幽莫于贪鄙。 ——《素书》

独立不惭影,独寝不愧衾。 ——刘昼

仁者虽怨不忘亲,虽怒不弃礼。 ——冯梦龙

力胜贪,谨胜祸,慎胜害,戒胜灾。 ——刘向

人静而后安,安而能后定,定而能后慧,慧而能后悟,悟而能后得。 ——《大学》

是故体道者,不哀不乐,不喜不怒,其坐无虑,其寝无梦,物来而名,事来而应。 ——[汉]刘安《淮南子·缪称训》

凡人之论,心欲小而志欲大,智欲圆而行欲方。 ——《淮南子·主术训》

子曰:"君子食无求饱,居无求安,敏于事而慎于言,就有道而正焉,可谓好学也已。" ——《论语》

子曰:"三人行,必有我师焉;择其善者而从之,其不善者而改之。"

——《论语》

君子居必择邻,游必就士,择居所以求士,求士所以辟患也。

——《晏子春秋·内篇杂上》

静处远虑,见岁若月,学问不厌,不知老之将至,安用从酒!

——《晏子春秋·内篇杂下》

无事且从闲处乐,有书时向静中观。

——[清]·方薰

士不可以不弘毅,任重而道远。

——《论语·泰伯》

心一松散,万事不可收拾。心一疏忽,万事不入耳目。心一执著,万事不得自然。

——[明]吕坤

度德而处之,量力而行之。

——《左传》

天之道,利而不害;圣人之道,为而不争。

——《道德经》

且举世誉之而不加劝,举世非之而不加沮。

——《逍遥游》

至人之用心若镜,不将不迎,应而不藏,故能胜物而不伤。

——《庄子·应帝王》

天地有大美而不言,四时有明法而不议,万物有成理而不说。

——《庄子·知北游》

其不可奈何而安之若命,德之至也。

——《庄子·人间世》

丧己于物,失性于俗者,谓之倒置之民。

——《庄子·缮性》

独与天地精神往来而不傲睨于万物;不谴是非,以与世俗处。

——《庄子·天下》

众人重利,廉士重名,贤人尚志,圣人贵精。

——《庄子·刻意》

至人无己,神人无功,圣人无名。

——《庄子·逍遥游》

仁义礼善之于人也,辟之若货财粟米之于家也。

——荀子

今人病痛,大段只是傲。千罪百恶,皆从傲上来。傲则自高自是,不肯屈下人。

——王阳明

不合时宜,遇事触忿,此亦一病,多读书则能消之。

——明·吴麟徵

夫读书中举中进士做官,此是小事,第一要明理做个好人。　　——郑板桥

自古功名振世之人,大都早年备尝辛苦,至晚岁事权到手,乃有建树。未闻早达而能大有所成者。天道非翕聚不能发舒,人事非历练不能通晓。

——左宗棠

兄弟不可争产,志须在报国,勤学立品;君子小人,要看清楚,不可自居下流。

——张之洞

上不怨天,下不尤人。故君子居易以俟命,小人行险以徼幸。　　——《中庸》

好学近乎知,力行近乎仁,知耻近乎勇。

——《中庸》

吾日三省吾身:为人谋而不忠乎？与朋友交而不信乎？传不习乎？

——《论语》

君子和而不同,小人同而不和。

——《论语》

君子学以聚之,问以辩之,宽以居之,仁以行之。

——《周易》

汝若以厌外物之心去求之静,是反养成一个骄惰之气了。汝若不厌外物,复于静处涵养,却好。

——王阳明

舟覆乃见善游,马奔乃见良御。

——《淮南子》

德胜才,谓之君子,才胜德,谓之小人。

——《资治通鉴》

居逆境中,周身皆针砭药石,砥节砺行而不觉;处顺境内,眼前尽兵刃戈矛,销膏靡骨而不知。

——《菜根谭》

凡办大事,以识为主,以才为辅;凡成大事,人谋居半,天意居半。

——曾国藩

是故人之行善,利人者公,公则为真;利己者私,私则为假。

——《了凡四训》

但得心闲到处闲,莫拘城市与溪山。是非名利浑如梦,正眼观时一瞬间。

——宋·法演禅师

玩人丧德,玩物丧志。志以道宁,言以道接。

——《尚书》

天下难事,必做于易;天下大事,必做于细。

——《道德经》

唯天下至诚,方能经纶天下之大经,立天下之大本。

——《中庸》

君子贤其贤而亲其亲,小人乐其乐而利其利。此以没世不忘也。

——《大学》

不慕往,不闵来,无邑怜之心,当时则动,物至而应,事起而辨,治乱可否,昭然明矣。

——《荀子》

求其上,得其中,求其中,得其下,求其下,必败。

——《孙子兵法》

善念发而知之,而充之。恶念发而知之,而遏之。

——王阳明

行非常之事,乃立非常之功。

——《三国志》

一个人的前程全靠他怎样用他的闲暇时间。你用闲暇时间来打麻将,你就成了赌徒;你用闲暇来做社会服务,你也许会成为社会改革者;你用闲暇去研究历史,你也许会成为史学家。人的闲暇时间往往决定人的终生。——胡适

是故君子之用功也,如鸡伏卵不舍,而生气渐充。如燕营巢不息,而结构渐牢。如滋培之木,不见其长,有时而大。如有本之泉,不舍昼夜,盈科而后进。

——曾国藩

文者,气之所形,然文不可学而能,气可养而致。 ——苏轼《上枢密韩太尉书》

凡有非凡思想的人,是不需要与别人拥挤在一块的。

——叔本华

大丈夫喜则清风明月,怒则迅雷呼风。

——李卓吾

勤学行,守基业,修闺庭,尚闲素。如此,足无忧患。

——[南朝·齐]萧嶷《戒子》

止谤莫如自修。

——[魏]王旭《戒子侄》

奉先思孝,处下思恭;倾己勤劳,以行德义。

——唐·李世民《帝范》

藏精于晦者则明,养神于静则安。晦所以蓄用,静所以应动,善蓄者不竭,善应者无穷。

——[宋]欧阳修《示子》

人虽至愚,责人则明;虽有聪明,恕己则昏。尔但常以责人之心责己,恕己之心恕人,不患不至圣贤地位也。

——[北宋]范纯仁《戒子弟言》

贫贱而不可无者,节也贞也;富贵而不可有者,意气之盈也。

——方孝孺《家人箴》

器量须大,心境须宽。

——[明]吴麟徵《家诫要言》

沉默缓畏,遇物和而有容,语言举止务淹雅凝重,喜怒不形于色,然后可以为佳士。

——[北宋]梁焘《家庭谈训》

阿谀从人可羞,刚愎自用可恶,不执不阿,是为中道。

——[明]姚舜牧《药言》

富贵贫贱,总难趁意,知足即为趁意。山水花竹,无恒主人,得闲便是主人。

——[清]张英《聪训斋语》

养生莫善于寡欲。

——孟子

势利纷华,不近者为洁,近之而不染者为尤洁。

——《菜根谭》

一音入耳来,万事离心去。

——弘一

修身篇

147

富贵骄人固不善,学问骄人害亦不细。 ——[清]叶玉屏《六事箴言》

人常得咬菜根,则百事可做。娇养太过的,好看不中用。
——[明]姚舜牧《药言》

位之得不得在天,德之修不修在我;毋弃其在我者,毋强其在天者。
——[明]袁衷《庭帏杂录》

志之所趋,无远弗届;志之所向,无坚不入。
——爱新觉罗·玄烨《圣祖庭训格言》

吾辈用功,只求日减,不求日增。减得一分人欲,便是复得一分天理,何等轻快洒脱,何等简易! ——王阳明

志不立,天下无可成之事。 ——王阳明《教条示龙场诸生》

志不求易,事不避难。 ——[南朝]范晔《后汉书·虞诩传》

不患位之不尊,而患德之不崇;不耻禄之不伙,而耻智之不博。
——范晔《后汉书·张衡传》

大丈夫当雄飞,安能雌伏? ——范晔《后汉书·赵典列传》

骄人不如者,必浅人;疑人不肖者,必小人。 ——[清]申居郧《西岩赘语》

百年养不足,一日毁有余。 ——[宋]王安石《王文公文集》

谦者,众善之基;傲者,众恶之魁。 ——王阳明《传习录》

所以谓之圣,只论精一,不论多寡。 ——王阳明《传习录》

若真修道人,不见世间过。

——《坛经》

天下之至拙,能胜天下之至巧。

——曾国藩

君子赴势甚钝,取道甚迂,得不苟成,业不苟名,艰难错迕,迟久而后进,铢而积,寸而累,及其成熟,则圣人之徒也。

——曾国藩

处逸乐而欲不放,居贫苦而志不倦。

——[汉]王充《论衡·自记》

真正的思想家最最向往的是闲暇。与此相比,平凡的学者却回避它,因为他不知道如何处理闲暇,而此时安慰他的是书籍。

——尼采

聪明的人只要能掌握自己,便什么也不会失去。

——尼采

人性一个最特别的弱点就是:在意别人如何看待自己。

——亚瑟·叔本华

事物本身是不变的,变的只是人的感觉。

——尼采

发怒,是用别人的错误来惩罚自己。

——伊曼努尔·康德

我们可以不美丽,但我们健康;我们可以不伟大,但我们庄严;我们可以不完满,但我们努力;我们可以不永恒,但我们真诚。

——毕淑敏

要学会维持你的快乐,不停地感恩,不停地将脸朝向有光的地方。时间长了,你自然学会了和喜悦相处的诀窍。希望你一站出来就让别人能从你身上看到生命的光彩。

——毕淑敏

慧极必伤,情深不寿,强极则辱,谦谦君子,温润如玉。

——《书剑恩仇录》

男子汉大丈夫,第一论人品心肠,第二论才干事业,第三论文学武功。

——《天龙八部》

当我们是大为谦卑的时候,便是我们最近于伟大的时候。 ——泰戈尔

求个良心管我,留些余地做人。 ——清·王永彬

太上有立德,其次有立功,其次有立言,传之久远,此之谓不朽。

——《左传》

思想太少可能失去做人的尊严,思想太多可能失去做人的快乐。——度也

挣钱是技术,花钱是艺术;能不能挣钱看智慧,会不会花钱看出品——道也

对自己好点,这一生不是很长;对身边的人好点,下辈子不一定还能遇上。 ——爱也

当我们是少数时,可以测试我们的勇气;当我们是多数时,可以测试我们的宽容。 ——仁也

耐得住,伤得起,拿得下,放得开,看得准,失得安,活得透,走得畅。活在当下。 ——君也

如果不懂,就说出来;如果懂了,就别说,笑笑即可。 ——知音也

知足者不以利自累也,审自得者失之而不惧,行修于内者无位而不怍。

——《庄子·让王》

以孝悌为本,以忠信为主,以廉洁为光,以诚实为要。临事让人一步,自有余地;临财放宽一分,自有余味。

善须是积,今日积,明日积,积小便大。一念之差,一言之差,一事之差,有因而丧身亡家者,岂不可畏也!

做好人,眼前觉得不便宜,总算来是大便宜。做不好人,眼前觉得便宜,总算来是大不便宜。

——[明]高攀龙《高氏家训》

人心有真境,非丝非竹而自恬愉,不烟不茗而自清芬。 ——《菜根谭》

振衣千仞岗,濯足万里流。 ——[晋]左思《咏史八首之五》

不早熟,不是天才,但天才一定要晚成才好。 ——木心

修养是很具体的,就是一件件小事。一句话熬不住,就失了教养。
——木心

世界上哪些人最在意面子? 当然是那些除了依赖面子找不到别的来证
明自己的庸人。
——罗伯特·蒙代尔 诺贝尔经济奖获得者

人,为了不虚此生,要创造,但是它必须忍受所造之苦。我进不了天堂,
要忍受;你进得了天堂,也要忍受。 ——王鼎钧

逆运也有它的好处,就像丑陋而有毒的蟾蜍,它的头上却顶着一颗珍贵
的宝石。
——曼德拉

每个人都被幽禁在自己的意识里。 ——叔本华

有才而性缓定属大才,有智而气和斯为大智。人偏激我受之以宽容,人
险仄我持之以坦荡。缓事宜急干,敏则有功;急事宜缓办,忙则多错。
——李叔同

智而能愚,则天下之智莫加矣。 ——[明]刘基《郁离子·大智》

简单是宇宙的精髓。
就物质生活而言,我的村庄就是世界;就精神生活而言,世界就是我的村
庄。
——[印]甘地

有一面镜子,在其中你可以看到完整的自己,看到自己心中所有的感觉、动机、嗜好、冲动及恐惧。这面镜子就是关系的镜子:你与父母、老师之间的镜子;与自己思想之间的镜子……

——[印]克里希那穆提

在所有人中,唯有那些把时间花在哲学上的人是闲适从容的,唯有他们才真正活着。因为他们不满足于有生之年,他们全身心投入那无限的、永恒的、可与更优秀的人共同分享的过去。

——塞涅卡《哲学的治疗》

教养在所有财富中最昂贵,做有教养的中国人,比做有钱的中国人更重要。

——批评家 朱大可

如果你不是经常遇到挫折,这表明你做的事情没有很大的创造性。

——[美]伍迪·艾伦

有自己的眼睛,不见得有自己的眼光;有自己的头脑,不见得有自己的思想。

——尚德琪

从我们所做,我们才知道我们所是。

——叔本华

写日记的一个好处是,能够令人宽慰地、清楚地认识各种变化过程。

——卡夫卡

人心本是天然之理,精精明明,无纤介染着,只是一无我而已。——王阳明

毋矜清而傲浊,毋慎大而忽小,毋勤始而怠终。
不蹈无人之室,不入有事之门,不处藏物之所。
君子不轻受人恩,受则必报;小人专望人恩,恩过辄忘。
勿吐无益身心之语,勿为无益身心之事。

——[清]金缨《格言联璧》

别人看我是荒谬,我看自己是绝伦。

——徐悲鸿

你用镜子看到自己的脸,用艺术作品看到自己的灵魂。

——艺术家 珍·弗洛伊德

私德如内衣,脏不脏自己明白;声誉如外套,美不美由人评定。 ——余光中

生活中要达观,不要像林黛玉;艺术上要敏感,像林黛玉那样敏感。

——柯云路

不乱财,手香;不淫色,体香;不诳讼,口香;不嫉害,心香。

——汤显祖《自警》

什么叫大智慧? 大智慧就是:你若简单我比你还简单,你若复杂我比你还复杂。

——宋丹丹

做一星期正派人要比做十五分钟英雄困难得多。

——[法]作家 朱尔·勒纳尔

精神崩溃的一个最初征兆就是坚信自己的工作非常非常重要。 ——罗素

能控制好自己情绪的人,比能拿下一座城池的将军更伟大。 ——拿破仑

一个心地干净、思路清晰、没有多余情绪和妄念的人,是会带给人们安全感的。因为他不伤人,也不自伤。不制造麻烦,也不麻烦别人。某种程度上来说,这是一种持戒。

——林语堂

如果你独处时感到寂寞,这说明你没有和你自己成为好朋友。 ——萨特

真正的学者就像田野上的麦穗。麦穗空瘪时,它总是高傲地昂着头。麦穗饱满而成熟时,它总是低垂着脑袋。往往越是道行深厚的人越懂得沉静谦卑。

——蒙田

人有三个基本错误是不能犯的:一是德薄而位尊,二是智小而谋大,三是力小而任重。

——南怀瑾

懒惰是很奇怪的东西,它让你以为那是安逸、是休息、是福气;但实际上它所给你的是无聊、是倦怠、是消沉。

——罗曼·罗兰

评价一个人时,应重点考察四项特征:善良、正直、聪明、能干。如果不具备前两项,那后面两项会害了你。

——巴菲特

自我反思是一切思想的源头,人是在思考自己而不是在思考他人的过程中产生了智慧。

——笛卡尔

做人最要紧的是姿势要好看。如果恶形恶状,青筋毕露地去追求一件事,赢了也等于输了;输了呢,更加贱三成。

——亦舒

一个要教育别人的人,最有效的方法是首先教育好自己。

——丹尼尔·笛福《鲁滨逊漂流记》

无论是谁,如果以怨报德,就应该是人类的公敌,不知报恩的人,根本不配活在世上。

——《格列佛游记》

许多人所谓的成熟,不过是被习俗磨去了棱角,变得事故而实际了。那不是成熟,而是精神的早衰和个性的消亡。真正的成熟,应当是独特个性的形成,真正自我的发现,精神上的结果和丰收。

——周国平

一个人的兴趣越广泛,他拥有的快乐机会就越多,而受命运之神操纵的可能性就越小,因为即使失去了某一种兴趣,他仍然可以转向另一种。

——[英]罗素

行万里路前读万卷书,行万里路中阅人无数,行万里后思索回顾。

——哈佛女校长 德鲁福斯特

只有当思想绽放的时候,它才能自然地死去。就像花园里的花朵,思想必须开花、结果,然后凋零。思想必须获得自由,方能死去。

——[印]克里希那穆提

逆境是磨炼人的最高学府。

——苏格拉底

骄傲多半不外乎我们对我们自己的估价,虚荣却牵涉到我们希望别人对我们的看法。

——简·奥斯汀

对于我们每个人来说,在我们的才智、我们的道德、我们的气质之间,存在着某种平衡,它们毫不间断地自行发展,除非生活遭到重大的变故。

——雨果《巴黎圣母院》

一个独眼人和完全的瞎子比起来缺点更严重,因为他知道缺什么。

——雨果《巴黎圣母院》

看清楚这个世界,并不能让这个世界变得更好,但可能让你在看清楚这个世界是怎样的世界后,把自己变得比较好。

——朱德庸

我最擅长的事情,大概是独居。电话一天不响,周末无人邀约,孤独,是一个伙伴。这个伙伴,让我从不孤单。

——作家凉火斤

对我来说,生活不是去电影院和博物馆,而是作为一个孤独的阅读者。

——[奥地利]小说家 彼德·汉德克

以食之味,说出人生哲理,是有思想的人。

以食之味,说出难以开口的话,是有情调的人。

——赖甫跃

有些人能感受雨,而其他人则只是被淋湿。

——[美]鲍勃·迪伦。

人总喜欢小小地抗拒一下,对自己的良心有个交代,替不得当行为找个开脱的理由。

——巴尔扎克

脸的模样是父母的责任,脸上的表情是自己的责任。

——[日]渡边和子

勇敢的人并不是感觉不到畏惧的人,而是征服了畏惧的人。

——曼德拉

我每天必做的三件事:一件是找到我仰望的人,一件是找到我期盼的人,还有就是找到我要追赶的人。

——马修·麦康纳

你想成为哪一类人,并不取决于你的能力,而是取决于你的选择。

——J·K 罗琳《哈利·波特》

一个人安静地待在井底,是我做了一辈子的梦。

——村上春树

你必须内心丰富,才能摆脱生活表面的相似。

——王朔

如果你的出发点就是讨人喜欢,你就得准备在任何时候、任何事情上妥协,而你将一事无成。

——[英]撒切尔夫人

盲目可以使你增加勇气,因为你看不到什么危险。

——《格列佛游记》

如果一颗植物不按照自己的本性生长,那他就要死亡。人也是这样。

——梭罗

人们的愚蠢往往不在犯错的那个瞬间,而是在竭尽让自己蠢的不那么明显的时候。

　　　　　　　　　　　　　　　　　　　　　　　　——撰稿人姬霄

不要为别人不能成为你所希望的人而愤怒,因为你自己也不能成为自己希望的那个人。

　　　　　　　　　　　　　　　　　　　　　　　　——托马斯·曼

愚昧就是不知道在自己的经验范围之外,还有别的可能性。　　——贾樟柯

钱最大的用途,不是令我们更加突出。用钱用到出神入化之时,应利用它使我们比普通人更像一个普通人:不必抛头露面,从此隐姓埋名,换取最大的自由。

　　　　　　　　　　　　　　　　　　　　　　　　——亦舒

比进入他人的世界,更重要的是打开你自己的世界。　　　　——杨澜

真有才能的人总是善良的、坦白的、爽直的、绝不矜持;他们的讥讽只是一种精神游戏,并不针对别人的自尊心。

　　　　　　　　　　　　　　　　　　　　——巴尔扎克《幻灭》

高级的感情,最终形成精神和意识;低级的感情,只能沦为脾气和情绪。

　　　　　　　　　　　　　　　　　　　　——安妮宝贝《春宴》

任何能够在走动中哭泣的人,最终都能拯救自己。

　　　　　　　　　　　　　　——[以色列]鲁沙·莎莱夫《爱情生活》

人必须有志气、和气与浩然之气,志气为中,和气为表,内圣而外王。

　　　　　　　　　　　　　　　　　　　　　　　　——张文木

无论怎么样,一个人借故堕落总是不值得原谅的——越是没人爱,越要爱自己。

　　　　　　　　　　　　　　　　　　　　　　　　——亦舒

我们不快乐的原因之一,是不知道如何安静的待在房间里,心平气和的与自己相处。

——亦舒

做人三字:坦荡荡;学艺三字:傻乎乎;处世三字:小孩气。

——韩美林

弱小和无知不是生存障碍,傲慢才是。

——刘慈欣《三体》

堕落的本质,就是逆着自己的天性生活。

——帕特里夏·海史密斯《卡罗尔》

世间许多人需要的其实不是实用的忠告,而恰恰是充满暖意的附和。

——村上春树

生活所需的一切不贵豪华,贵简洁;不贵富丽,贵高雅;不贵昂贵,贵合适。

——林语堂

所谓才华,就是一种能够使我们自发地返回童年的力量。

——[法]19 世纪诗人波德莱尔

骄傲是一头野兽,居于洞穴,游于沙漠;而虚荣则是一只鹦鹉,辗转于枝头之间,聒噪于众目之下。

——朱利安·巴恩斯《福楼拜的鹦鹉》

真正的安全感来自你对自己的信心,是你每个阶段性目标的实现,而真正的归属感,在于你的内心深处,对自己命运的把控。

——李嘉诚

人的核心竞争力超过一半来自不紧急的事:读书、锻炼身体、与智者交朋友、业余爱好……

——王利芬

树不可长得太快。一年生当柴,三年五年生当桌椅,十年百年的才有可能成栋梁。

故要养深积厚,等待时间。

——毕淑敏

以忠沽名者讦,以信沽名者诈,以廉沽名者贪,以洁沽名者污。忠信廉洁,立身之本;非沽名之具也。有一于此,乡愿之徒,又何足取哉?

——[北宋]林逋

优雅是一种姿态和专注,是以精神的丰盛来对抗现实。哪怕明天依然什么改变都没有,你赢了这一天,也是胜利者。

——木心

与己和谐相处之人,则与宇宙和谐共之。

——罗马皇帝马可·奥勒留

一个人能够获取的最高自律就是无所谓地对待自己,相信自己的灵魂和肉体不过是房子和花园,命运规定了一个人必须在此度过一生。

——费尔南多·佩索阿《惶然录》

贤人有七德:一是不班门弄斧,二是不打断别人的话,三是不急于求成,四是提问要有针对性,五是解答要符合情理,六是谈话要有始有终,七是要立足于实际。

——犹太箴言

节制和劳动是人类的两个真正的医生:劳动促进人的食欲,而节制可以防止他贪食过度。

——卢梭

其实,善于寻找自己的伟大之处是弥足珍贵的人生态度。 ——《中国青年》

我愿证明,凡是行为善良与高尚的人,定能因之而担当苦难。 ——贝多芬

没有单纯、善良和真实,就没有伟大。

——托尔斯泰

善良和谦虚是永远不应令人厌恶的两种品德。 ——斯蒂文生

修身篇

人的贫穷不是来自生活的困顿,而是来自在贫穷生活中失去的尊严;人的富有也不是来自财富的积累,而是来自富裕生活却不失去人的感情。人的富有是人心灵中某些高贵物质的展现。

——林清玄《清凉菩提》

人放松的方式有三种;爱、梦想和音乐。

——古巴国家音乐学院院长奥拉霍·罗格里格斯

你应将心思精心专注于你的事业上。日光不经过透镜曲折,集于焦点,决不会使物体燃烧。

——贝尔

矛盾和不幸并非最坏的事。有什么样的经验,结果就成为什么样的人——经验越丰富,一个人的个性就越坚强。

——[印]英迪拉·甘地

不要做任何你想隐瞒的事,因为存心隐瞒任何事就是说你有所恐惧。

——[印]尼赫鲁

自尊心是一个人灵魂中的伟大杠杆。

——别林斯基

不要把手伸到缩不回来的地步。

——史考特

不幸就像一把刀子,它既能为我们服务,也能伤害我们,这就要看我们是握着刀柄还是刀锋。

——拉塞尔·洛瓦尔

每个人的虚荣心是和他的愚蠢的程度相等的。

——阿历克山德尔·波普

耐心才是一切聪明才智的基础。

——柏拉图

丧失财富的人损失很大,可是丧失勇气的人,便什么都完了。

——塞万提斯

所有的残酷都起源于懦弱。 ——辛尼加

幸运垂青于勇敢的人。 ——泰伦斯

我从不把鼻子插进别人的稀粥里，因为那不是我的黄油面包。

——塞万提斯

与别人和睦共处，却跟自己过不去，是对自己的最大障碍。 ——巴尔扎克

你不同意，别人无法令你感到自卑。 ——罗斯福夫人

你是独一无二的——这是最大的赞美。还有谁可以说的更有力？

——莎士比亚

无论是烦恼还是死亡，都不会威胁到我们的灵魂，因为我们知道更深的爱。 ——[德]赫塞

我不说我是卓越的，但是我与众不同。上帝是用模型造人的，塑造了我以后他就把那个模型捣碎了。 ——卢梭

酵母、盐和犹豫，少量则为佳品，多了就会成为灾难。 ——塔里穆得

真实是人生的命脉，是一切价值的根基。 ——德莱塞

品性是一个人的守护神。 ——赫拉克利特

羞耻心是人的第二内衣。 ——司汤达

傻瓜和聪明人都是同样无害的。最危险的是半傻不傻和半聪明不聪明

的人。
——歌德

诚实是格言的第一章。
——杰弗逊。

坦白是使人心地轻松的妙药。
——《裴斯泰洛齐教育文选》

礼貌是儿童与青年所应该特别小心地养成习惯的第一件大事。
——柏拉图

容易走的都是下坡路。
——艾夫斯

我们如此狂热寻觅的东西可能最终只是那匹我们一直在骑的马。
——哈维·考克斯

不同于机遇,诱惑总是会给你许多第二次机会。 ——O·A·巴蒂思塔

要比别人聪明,但不要告诉人家你比他聪明。 ——[英]查士德斐尔爵士

多听,少说,接受每一个人的责难,但保留你的最后裁决权。 ——莎士比亚

日中则移,月满则亏,物盛则衰。
——《战国策》

伏久者飞必高,来先者谢独早。
——《菜根谭》

凡事在成熟以前,都是有苦味的。
——西拉士

苦恼有人分担,也是一种乐趣。
——罗曼·罗兰

害怕危险的心理比危险本身还要可怕一万倍。
——笛福

由于热切地想要躲避过错,我们却常常更易陷入荒谬。　　　——贺拉斯

人对快乐的感受有逊于对痛苦的感受。　　　　　　　　　——李维

不空等适当的情绪,只要一有机会就扑在那个可能干些什么东西的位置
上。　　　　　　　　　　　　——[美]艾琳·C·卡瑟拉《成功原则》

人常被说成是不认识自己的弱点,但恐怕也没有几个人认识自己的长
处。这情况有如土地,有的地含有金矿而主人不知。 ——[英]乔纳森·斯威夫特

良知和名誉是两回事。良知是凭自己,名誉则要靠旁人。　——释迦牟尼

明智的人因为有话要说才说话,愚蠢的人则为了必须说话而说话。
　　　　　　　　　　　　　　　　　　　　　　　——柏拉图

如果你想成为一个真正的真理寻求者,在你的一生中至少应该有一个时
期,要对一切事物都尽量怀疑。　　　　　　　　　　　——笛卡尔

太阳和死亡,都不能直盯盯地加以正视。　　　　　——佛朗西斯科

我们称赞旁人,通常都是为了受到旁人的称赞。　　　——佛朗西斯科

人们宁肯讲自己的坏话,也不愿意完全不谈自己。　　——佛朗西斯科

世间最美的东西大都是最无用的东西:孔雀和百合花即其例也。
　　　　　　　　　　　　　　　　　　　　　　　——罗斯金

一个人可以承认自己有种种缺点,但决不肯承认自己虚伪、不真诚。承
认自己不真诚,这本身需要极大的真诚。　　　　——周国平《真实》

纯洁做不到,退而求其次——真实。真实做不到,再退而求其次——糊涂。可是郑板桥说:难得糊涂,还是太纯洁了。

——周国平《真实》

真实的东西是最不好看的。

——电影《胭脂扣》

只有在梦想中,人才能真正自由。

——电影《死亡诗社》

我们必须学会根据对星星的观测而不是靠着过往船只的灯光来调整自己的航向。

——奥·布莱德雷

有些人总是想尽一切办法,为的是可以什么事也不干。 ——弗朗克·泰格

当我们有所失的时候,我们才会理解得到的珍贵。同样,只有在我们得到的时候,我们才懂得我们曾经失去了那么多。

——爱伦·麦克莱特

我们可能会认为自己最了解自己,其实总有我们不了解的东西,而正是这些东西为他人所注意。

——[英]杰拉尔德·布瑞南

信仰是脑子里的真理,信念是心中的火焰。

——约瑟夫·福特·牛顿

说出来的骄傲要伤人,所以我不说出来,虽然我还是骄傲。

——何怀宏《若有所思》

当我们以为自己是大彻大悟的时候,我们往往是在坠入新的蒙昧。

——何怀宏《若有所思》

沉默是无知者最好的掩体,而沉默也是知者的骄傲。 ——[美]柯利·文丁

悟性深邃的人,即使在峡谷之底,其所见也要多于那些站在山顶上的浅

薄者。 ——[苏]尼古拉·格里巴乔夫

应记取前人的痛苦经验,勿做后人取教训的前例。 ——萨迪《蔷薇园》

善良,是一种世界通用的语言。 ——马克·吐温

良言如同蜂房,使心觉甘甜,使骨得医治。 ——《圣经》

任何值得做的事,都值得做好;任何值得做好的事,都是值得做得尽善尽美。 ——[美]沃尔特·皮特金

我宁可一天十次看到丑,只要其中有闪光、新意和智慧,而不愿意在一个月里看到一次灵魂空虚的渺小的美。 ——[黎巴嫩]阿明·蕾哈尼

聪明人不拒绝改变或纠正自己的信念,如果真理要求这样做的话。 ——[黎巴嫩]阿明·蕾哈尼

我始终遵守的信条是无日不动笔,如果我有时让艺术之神打一下瞌睡,也是为了她更有力地醒过来! ——贝多芬

除了读书以外,我不允许我自己有其他的娱乐。我从不到酒馆、赌场或其他任何娱乐场所去消磨时光。 ——富兰克林

告诉你使我达到目标的奥秘吧。我唯一的力量就是我的坚持精神。 ——巴斯德

我最大的兴趣就是终止人类的痛苦,给他们力量、财富、知识和健康。 ——齐奥尔科夫斯基

我一生的主要乐趣和唯一职务就是科学工作。对于科学工作的热心使我忘却或者赶走我的日常的不适。

——达尔文

你把自己变成蜜,苍蝇就会来叮你。

——西班牙谚语

希望会使你年轻,因为希望和青春是同胞兄弟。

——雪莱

灵感不喜欢拜访懒惰者,它只拜访那召唤它的人。

——柴可夫斯基

习惯就是习惯,没有人可以把习惯扔出窗外,但可以从楼上把它一步步地哄下来。

——马克·吐温

懒人寻找锄头总说:天哪,但愿找不到。

——马尔加什谚语

你要认识你自己,就去看别人的举动;要了解别人,就窥看你自己的心。

——席勒

对于读书与做事,都要存一种诚心。凡事只要求其尽责在我,不可过责于人。

——蔡元培

我的确时时刻刻解剖别人,然而更多的是无情地解剖我自己。 ——鲁迅

空谈之类,是谈不久,也谈不出什么来的,它始终被事实的镜子照出原形,拖出尾巴而去。

——鲁迅

一个强者要有三个基本条件:最野蛮的身体,最文明的头脑和不可征服的精神。

——罗家伦

在一天繁忙的事开始之前,诵念金刚经,日复一日,成了我的早课。我把

一天最初的时刻,最清明安静的时刻,留给自己。心安定了,才开始一天世俗的工作。

———蒋勋

锐气藏于胸,和气浮于面,才气见于事,义气施于人。

———林少波

我的不幸,恰恰在于我缺乏拒绝的能力。我害怕一旦拒绝别人,便会在彼此心里留下永远无法愈合的裂痕。

———太宰治《人间失格》

一个健全的心态比 100 种智慧更有力量。

———狄更斯

君子立身,虽云百行,唯诚与孝最为其首。

———《隋书·文帝记》

不汲汲于富贵,不戚戚于贫贱。

———《汉书·杨雄传》

留七分正经以度生,留三分痴呆以防死。

———《小窗幽记》

如果要在正确和善良中做选择,请选择善良。

———《奇迹男孩》

芝兰生于深林,不以无人而不芳。

———《孔子家语·在厄》

道得酒中,仙遇花里,虽雅不能离俗。

———《菜根谭》

利己和自爱绝不是一回事,实际上是互为矛盾的。利己的人不是太爱自己,而是太不爱自己。

———[美]弗洛姆《爱的艺术》

每个人都有魔鬼的一面。如果你自认没有,那只是因为你不肯承认,或是你还没遇上够让你成为魔鬼的事罢了。

———九把刀《楼下的房客》

成熟的标志不是会说大道理,而是开始去理解,身边的小事情,去体谅,

周遭的不得已。 ——李筱懿《灵魂有香气的女子》

勇气很有理由被当作人类德性之首，因为这种德性保证了所有其余的德性。 ——丘吉尔

进则安居以行其志，退则安居以修其所未能，则进亦有为，退亦有为也。 ——[元]张养浩

最可怕的敌人，就是没有坚强的信念。 ——罗曼·罗兰

真正的勇气不是压倒一切，而是不被一切压倒。 ——张小砚

勇气，是男人在没有危险的时候，最愿意表现出来的精神气质。 ——《魔鬼词典》

我还有改变的可能性。一想起这一点，我就心潮澎湃。 ——北野武

人们都要受自己所需之物的支配。对每一个人来说，最重要的财富是自由地支配自己。 ——西蒙娜·薇依

我对许多事情永远不想知道——智慧给认识也划出了界限。 ——尼采

凡人才高下，视其志趣。卑者安流俗庸陋之规而日趋污下。高者慕往哲盛隆之轨而日益高明。 ——曾国藩

看人，要看他隐藏的部分，看他即兴表现出来的那一部分。换句话说，人是一小堆可怜的秘密。 ——[法]作家安德烈 马尔罗《反回忆录》

没有人能在此刻完全地理解此刻，只有向前多迈几步，我们才能看清来

时的路。

——[美]安娜·昆德兰

大悲时不发言,大怒时不争辩,大喜时不许诺。

——巴特尔

不要害怕完美,因为你永远也做不到完美。错误几乎总是一种神圣的自然,不要试图改变它们。相反,应该把它们合理化,彻底地理解他们。

——[西班牙]萨尔瓦多·达利

让人迷茫的原因只有一个,那就是本该拼搏的年纪,却想得太多,做得太少。

——褚时健

人生不如意之事十有八九。故常想一二,不思八九,则事事如意。

——林清玄

科学的自负比起无知的自负来还只能算是谦虚。

——斯宾塞

男儿不展风云志,空负天生八尺躯。

——冯梦龙

不学无术又富于幻想的人,虽有翅膀却无双脚。

——儒贝尔

做人凡事要静;静静地来,静静地去,静静努力,静静收获,切忌喧哗。

——亦舒

我的生活经验使我深信,没有缺点的人往往优点也很少。

——林肯

人的价值,在遭受诱惑的一瞬间被决定。

——李嘉诚

不思,故有惑;不求,故无得;不问,故不知。

——曾国藩

修身篇

懒惰像生锈一样,比操劳更能消耗身体;经常用的钥匙,总是亮闪闪的。

——富兰克林

愚者用肉体监视心灵,智者用心灵监视肉体。　　　　　——席勒

盛年不重来,一日难再晨。及时当勉励,岁月不待人。　　——陶渊明

思后而行,以免做出蠢事,因为草率的动作和言语,均是卑劣的特征。

——毕达哥拉斯

失去金钱的人损失甚少,失去健康的人损失极多,失去勇气的人损失一切。

——塞尼加

所有聪明人都会爱到的共同诱惑:愤世嫉俗。　　——加缪《加缪手记》

独处是种特别的能力,有这种能力的人并不多。　　——费德里科·费里尼

每个人的内心都确实有着某种野蛮的兽性——有机会它就张牙舞爪,肆意咆哮,就会伤害他人。

——[德]叔本华

细节是这样一种东西,轻视它必受惩罚,过分重视它又干不成大事。

——谢华《公司细语》

没有音乐,生命是一种缺憾;没有爱心,生命是一种多余。

——《联合报》副刊 吴微

潮流会消失,但风格是永恒的。　　——[法]圣伊瓦斯·劳伦特 时装设计师

风格是指当一个人就算穿着T恤和凉鞋也能表现出优雅的一面,而美丽

就是不需要用力气去营造。——清洁的头发,面孔,修剪整齐的指甲和健康的身体。

——查里·布朗 时装设计师

很多人自以为在思考,其实只在重新安排自己的偏见。 ——希腊谚语

苦和甜来自外界,坚强则来自内心,来自一个人的自我努力。

——《亦舒小语》

一个经离叛道的怪人,一个孤独的流浪汉。 ——爱因斯坦自评

与改变自己相比,改变世界并不是最困难的。 ——约翰逊·曼德拉

愤怒,就精神的配置序列而论,属于野兽一般的激情。它能反复,是一种残忍而百折不挠的力量,从而成为凶杀的根源、不幸的盟友、伤害和耻辱的帮凶。

——亚里士多德

愤怒是公开而短促的憎恨;憎恨是压抑着的、持续的愤怒。 ——杜克尔

人们常常用愤怒来填补理智的空缺。 ——奥杰尔

即使是最可尊敬的人,也会受愤怒的奴役和凌辱。 ——巴勃里

愤怒总有理由,但是很少是充足的理由。 ——富兰克林

愤怒不能同公道和平共处,正如鹰不能同鸽子和平共处一样。 ——普鲁斯

一个人愤怒的大喊大叫,是可笑的;一个人在愤怒中沉默不语,是可怕的。

——阿拜

我们从愤怒中带来的每一个打击,最终必然落到我们自己身上。——本恩

屈从于愤怒,常常就是为他人的罪过向自己复仇。　　　——斯威夫特

事情常常从愤怒开始,以羞辱结束。　　　　　　　　——富兰克林

正如恶劣的品质可以在幸运中暴露一样,最美好的品质也正是在厄运中被显示的。　　　　　　　　　　　　　　　　　　　　　——培根

有的人只知道赢过别人,却不知输了自己。　　　　　　——李敖

情感的孤独者,觉得城市过于喧嚣嘈杂;思想的孤独者,觉得城市如同旷野荒原。"孤独者不是野兽,便是神灵。"亚里士多德如是说。

——张心阳《热风冷雨》

我画画,我喜欢缤纷旁的那片留白。

我吟唱,我喜欢悲壮前后的那段静默。

我生活,我喜欢狂热前那段无事。

真空,是为了妙有!　　　　　　　　　　　　　　　——蔡志忠

狭隘而自私的心灵,可以变成自己的地狱;广阔而开朗的心灵,却可以成为他人的天堂。地狱和天堂,只有一层之隔。

而一切嫉妒的火焰,总是从燃烧自己开始的。　　——徐鲁《网思想的小鱼》

喝酒放荡是因为志向太高,退隐山林是因为现实感太强,勇敢常因为背过"怯懦"的名声,谦虚也许因为曾经骄傲。　　　——何怀宏《若有所思》

当没有人看到你时,你才是真正的你。　　　——郑辛遥《智慧快餐》

雨中不打伞,或是无伞可打,或是有伞不打;前者是种无奈,后者是种境界。

——王修志《边走边悟》

你最好有个长期目标,以免因短期的目标失败而受挫。　——彼德·德鲁克

若你不是让尘土飞扬的人,你就是尘土满面的人。　——彼德·德鲁克

你可以自得,但不应自傲;你可以自守,但不应自卑;你可以自爱,但不应自恋;你可以自伤,但不能自弃。

——流沙河

每个人都有三重性格:他所显露出来的,他所具有但却未显露出来的,他认为自己所具有的。

——阿方索·卡尔

性格不过是一种由来已久的习惯而已。

——德怀特·L·穆迪

看到灵魂与肉体之间差别的人是两者均不具备的人。

——[英]奥斯卡·王尔德

只要是理想,里面就暗藏着侥幸,侥幸心稍一美化就成为理想,完全没有侥幸也就没有理想,完全没有侥幸就完全没有偶然。但任何人之所以能够来到世界,恰恰是偶然的。

——朱苏进《面对无限寂静感觉人生》

偶有文章娱小我,独无兴趣见大人。

——流沙河自勉联语

真正的财富是健康的身体、简单的生活和心情上的海阔天空。　——靳佩芬

不受功利的诱惑,在生活中上是一种风格。它可以使你有独立行动的自由,排除干扰而专心朝自己的目标去耕耘。

——靳佩芬

我正在使自己养成一种习惯,每着手去做一件事情,首先要检查一下:是否虚荣心在驱使我去做它,倘若我的动机中掺杂着虚妄的东西,我便拒绝去做它。

——斯特里马特《随想录》

每一个离去的人都向我呼吁:利用你的生命吧。　——斯特里马特《随想录》

每个人身上都有二十个不同的人,有的笑,有的哭,有的没有感觉,好像一段木头;而在下雨、天晴等不同季候,有时是狼,有时是狗,有时是羊,有时是好孩子,有时是小流氓。

——罗曼·罗兰

性格是由你为之而战的东西所决定的,正如声望是由你为之坠落的东西所决定的一样。

——罗伯特·奎特

性格就像一棵树,声誉只是树的阴影;人们常将树荫当作树,然而真正实在的依然是树本身。

——亚拉伯罕·林肯

如何测定一个人的真实性格呢? 你不妨没想一下,如果永远没有人知道你干的事,那你将干什么呢?

——托马斯·麦考利

金钱能使一个未受过教育的人生活得心满意足,而教育也能使一个没有金钱的人生活的心满意足。

——玛斯琳·科克斯

金钱是罪恶的目的,而且也经常是罪恶的手段。　——亨利·菲尔丁

金钱是一种疾病,只是染上它的人是不愿意再将其传染给他人的。

——门德尔·马朗茨

金钱是能让我们去除了天堂以外的任何地方的一份护照;同时,它也能向我们提供除了幸福以外的任何东西。

——查尔斯·兰姆

金钱是一个好仆人,但却是一个坏主人。

——亨利·鲍恩

金钱是第六感觉,它能使你充分享受其他五种感觉。

——毛姆

任何一个人都能听懂金钱所说的话。

——阿·贝海恩

经验是一种十分有用的知识,但是人们在获得它的时候,往往已为时太晚。

——科斯莫·萨多

经验是一种智慧,它会告诉我们,我们业已养成的习惯,很可能是一个令人讨厌的老朋友。

——马克·吐温

经验犹如一所大学校,它能使你认识到自己是个什么样的傻瓜。

——乔希·比林斯

经验使我们恍然大悟地认识到,我们为什么常常不从经验中吸取教训。

——萧伯纳

经验是一所好学校,可它的学生却经常旷课。

——欧文·华莱士

当一个人自以为有丰富的经验时,就往往什么事情也干不了了。

——奥斯卡·王尔德

不能用人的长处,便是自己的短处。

——陶行知

果实累累的树木不会随风摇摆。

——马文·托卡雅《犹太格言》

我的年纪越老,我的祈祷也就越虔诚。

——迈克尔·列文《中年箴言》

尊敬是人们对一个人品性、才识所作的肯定和赞誉,以及因这种肯定和赞誉而生发的不可轻慢的情感。

——吕达余《尊敬》

傻瓜的日子是泡在酒里;智者的生活放在思考里。

——[美]本杰明·富兰克林

没有什么会永远持续下去,包括你的烦恼。 ——[美]本杰明·富兰克林

学艺如磨刀,不磨刀背即是捷径。 ——顾纯学《艺道杂陈》

胸中一团浩荡之气,不能发于文,亦当挥之以剑。 ——郑逸梅

南人失之柔,不可不睹黄河之奔腾;北人失之亢,不可不见吴山之秀美。

——郑逸梅

障碍我们认识一件事物的,往往不是相反而是相似的东西。 ——冯骥才

出外靠朋友,出丑靠自己。 ——林振强《一个人在床上》

赞誉是醉人的美酒,很容易上瘾。 ——联合国前秘书长加利

出名,固然美好;安闲,更加欢畅。 ——[俄]普希金

自满、自大和轻信,是人生的三大暗礁。 ——[法]巴尔扎克

人很难知道他的一生中什么是有意义的,就像鱼对于它终生都在其中游泳的水,又知道些什么? ——[美]爱因斯坦

自尊心是个膨胀的气球,轻轻一针就刺出了大风暴。 ——[法]伏尔泰

在纯粹光明中，就像在纯粹黑暗中一样，看不清什么东西。

——[德]黑格尔

一个人不论在祈祷什么，他总是祈祷着一个奇迹的降临。任何祷词都不外乎是这样的意思："伟大的上帝啊，请让二乘二不等于四吧。"

——[俄]屠格涅夫

我一无所求，我一概不理。我不会为自己的思想寻求光彩诱人的赞誉。

——陀思妥耶夫斯基致批评家

一旦你接受了自己的缺点，就没有人可以用它们来对付你了。

——提利昂·兰尼斯特

真正的美德如河流，愈深愈无声。

——哈利法克斯

品格不是由你已经占有的东西而决定的，恰恰是由于你匮乏的那些东西而塑造的。

——萧春雷《箴言》

我和疯子之间唯一的不同在于我并没有疯。

——达利

暂时的失利，比暂时的胜利好得多。

——[黎巴嫩]阿卜·日·法拉兹

科学思维最大的敌人是聊天，正所谓群居终日，言不及义。

——格雷戈里·保罗

所为天才人物，指的就是具有毅力的人、勤奋的人、入迷的人和忘我的人。

——[日]木村久一《早期教育和天才》

一个人，学会了一样本事，总舍不得放着不用。

——张爱玲

树根在地下一切的努力都是为了树冠的辉煌。　　　　　　——冯骥才

如果你，在小事上苟且，那么你在大事上、你在一生中，一定也是个苟且的人。　　　　　　　　　　　　　　　　　　　　　　　　——李亦非

感动别人是享受自己，享受自己心灵中最好的那一部分。　　——冯骥才

我喜欢的格言：人所具有的我都具有——包括弱点。　　　　——周国平

没有一种人性的弱点是我所不能原谅的，但有的是出于同情，有的是出于鄙夷。　　　　　　　　　　　　　　　　　　　　　　　　——周国平

当一个人有高飞的冲动的时候，决不会同意爬着走。　——[美]海伦·凯勒

原谅他人的错误，不一定全是美德；漠视自己的错误，倒是一种最不负责的释放。　　　　　　　　　　　　　　　　　　　　　　　　　——三毛

不要害怕拒绝别人，如果自己的理由很正当。　　　　　　　　——三毛

不重蹈覆辙才是真正的醒悟。比别人优秀并无任何高贵之处，真正的高贵在于超越从前的自我。　　　　　　　　　　　　——海明威《真正的高贵》

一个人的习惯，往往是别人都知道的，而自己却是唯一不知道的人。
　　　　　　　　　　　　　　　　　　　　　　　　　　　——古龙

越有趣的事越不得做得太多，否则就会变成很无趣。　　　　　——古龙

不要感叹自己缺少什么，能够放下自己手里拥有的东西的人，才是一个真正有智慧的人。
　　　　　　　　　　　　　　　　　　　　　　——耶克·米贴脱斯

处人不可任己意,要悉人之情;处事不可任己见,要悉事之理。　　——吕坤

眼睛善于观察别人的人,一定疏于观察自己。　　——霍贝斯

我们占据的位置并不重要,重要的是我们要去的方向。　　——霍姆斯

眼睛能看见所有东西,但看不见它自己。　　——英国谚语

虚荣心很难说是一种罪行,然而一切恶行都是围绕虚荣而生,都不过是满足虚荣心的手段。　　——柏格森

人的吝啬之心只有一把小尺子,它面对大价钱往往无能为力,却偏喜欢在小价钱上斤斤计较。　　——周国平《吝啬》

对己节俭、对人吝啬的人是守财奴;对己挥霍、对人吝啬的人是利己主义者;对己节俭,对人慷慨的人是圣徒。　　——周国平《吝啬》

一直要到你失去了名誉以后,你才会知道这玩意儿有多累赘,而真正的自由又是什么。　　——[美]《飘》的作者玛格丽特·米契尔

节约和勤勉是人类两大名医。　　——卢梭

为最坏的情况做准备,最好的情况就会来临。
　　——[英]剧作家托马斯·海伍德

不经过战斗的舍弃是虚伪的,不经劫难磨炼的超脱是轻佻的,逃避现实的明哲是卑怯的;中庸、苟且、小智小慧,是我们的致命伤。　　——傅雷

事繁勿慌,事闲勿荒,有言必信,无欲则刚。和若春风,肃若秋霜,取象于

钱,外圆内方。 ——黄炎培赠子座右铭

我有两个忠实的助手:一个是耐心,另一个是我的双手。 ——蒙田

完美的人格,高尚的品德,是从实际生活中锻炼出来的。 ——叔本华

如果你心中充满爱,你可以不说:"神在我心中。"你可以说:"我在神心中" ——纪伯伦的诗句

在这个并非尽善尽美的世界上,勤奋会得到报偿,而游手好闲则要受到惩罚。 ——毛姆

在一个行业里做出点眉目的人,往往不是什么聪明人,而是坚持做下去的人。自己不曾拥有,却快乐地欣赏别人的拥有——这才是乐观。

每个人就像是一个纸杯,知识、涵养像杯里的水,别人不会看到你杯子里的水,别人看到的只是溢出来的那一点点,当你的内涵溢出的时候,自然会被发现 ——[日]著名设计师胜冈重夫

人誉之,一笑;人骂之,一笑。 ——齐白石座右铭

有神论者让别人来约束自己,无神论者让自己约束自己。 ——林凯《写在思想的边缘》

有的人用脑子写历史,有的人用笔写历史,有的人用拳脚写历史 ——林凯《写在思想的边缘》

崇拜和迷信,只不过隔一张纸,文化愈低,这张纸愈薄。 ——李国文《片段》

愉快的性格,是成功的灵魂。

——西谚

要有一颗很热的心,一双冷若冰霜的眼,一双很勤劳的手,两条很忙的腿和一种很自由的心情。

——作家刘墉的自由生活

有没有国家承认的学历不重要,重要的是有没有国家承认的能力。

——郑渊洁

看一个人的人品,不光要看他好起来能做什么好事,而且要看他坏起来不做什么坏事。

——张远冰《一语道破天机》

一颗善良的心就是一席永恒的筵席。

——夸美纽斯

我愿证明,凡是行为善良与高尚的人,定能因之而担当苦难。 ——贝多芬

君子养心莫善于诚。

——荀子

聪明的人应懂得欣赏自己,接受自己的容貌,即使事实上你看起来只比恐龙略好一点。如此一来,你可能每天都会过得比美女还要神采奕奕、光彩照人。

——李宝环《经营幸福》

我们扬起尘土之后,就抱怨说看不见,而不是反省自己的行动。

——英国哲学家 贝克莱

学习要加,骄傲要减,机会要乘,懒惰要除。

——现代人的人生运算

为不需要羞愧的东西羞愧,这就叫虚伪。

——钱海燕《小女贼在惦记》

对待诱惑要四体不勤,对待饮食要五谷不分,对待原则要六亲不认。道

德常常能填补智慧的缺陷,而智慧永远填补不了道德的缺陷。　　　　——但丁

涉世浅,点染亦浅;历事深,机械亦深。　　　　　　　　　　　——古谣谚

工作使人免除三大流弊:生活乏味、胡作非为、一贫如洗。　　　——伏尔泰

不与富交,我不贫;不与贵交,我不贱;自感不贫不贱,就能常处乐境,于身心有益。　　　　　　　　　　　　　　　　　　　　　　　　——郑逸梅

除了你自己以外,没人能哄骗你离开最后的成功。　　　　　　——爱默生

追求别人表面上的赞赏,就是将自己的快乐委诸别人手中。　　——郑辛遥

人如果明了"祸福无常"这个道理,就会不因一时走运而得意忘形。

——郑辛遥

几乎我们所有的错误都比我们借以掩盖这些错误的方法更值得原谅。

——拉·罗切霍卡尔德

我相信,骄傲是和才能成正比的。但是,正如大才朴实无华,小才华而不实一样,大骄傲往往谦逊平和,只有小骄傲才露出一副不可一世的傲慢脸相。有巨大优越感的人,必定也有包容万物、宽待众生的胸怀。　　　　——周国平

文明之对不同的人,往往进入其不同心理层次。进入意识层次只是学问,进入无意识层次,才是教养。　　　　　　　　——周国平《智慧与人品》

多情人隐藏情感,远远要比无情人隐藏冷酷困难得多。　　　　　——古龙

做一个平凡的人并不可悲。一个本来很平凡的人,一定要去做他不该做

的事,才是值得可悲的。　　　　　　　　　　　　　　　　——古龙

等到你能自嘲而非嘲笑别人的那一天,你便成熟了。　——埃塞尔 巴里莫尔

成熟的特征是你能证明自己生活的价值。　　　　——哈里·奥斯特里特

当你觉得保守一个秘密比传播一个秘密更有价值时,你就成熟了。
　　　　　　　　　　　　　　　　　　　　　　——约翰·亨利

怀疑和信仰两者都是必须的。怀疑能把昨天的信仰摧毁,替明天的信仰
开路。　　　　　　　　　　　　　　　　　　　　——罗曼·罗兰

人要有三个头脑:天生的一个头脑;从书中得来的一个头脑;从生活中得
来的一个头脑。　　　　　　　　　　　　　　　　　　——契诃夫

如果你经常好读书、沉思、欣赏艺术等等,拥有丰富的精神生活,你就一
定会感觉到,在你身上确实还有一个更高的自我,这个自我是你人生路上的
坚贞不渝的精神密友。　　　　　　　　——周国平《做自己的忠实朋友》

做自己的一个冷眼旁观者和批评者,是一种修养。它可以使我们保持某
种清醒,避免落入自命不凡或者顾影自怜的可笑与可悲的境地。
　　　　　　　　　　　　　　　　——周国平《做自己的忠实朋友》

爱找缺点的人就是到天堂里也能找到缺点。　　　——梭罗《热爱生活》

生气永远会有个原因,但很难找到一个合理的原因。　　——富兰克林

你所要做的只是比你想象中的更疯狂一点。
　　　　　　　　　　　　——[美]纳斯达克总裁罗伯特·格里费尔德

天分、天性,从来都不需要发言和解释。　　　　　　　——安妮宝贝《天性》

对于要检查别人心灵的人,他要具备三样东西:知识、人心、胆量。

——蒙田

人一辈子首先要解决人和物的关系,再解决人和人的关系,最后解决人和自己内心的关系。　　　　　　　　　　　　　　　——梁漱溟

成年人慢慢被时代淘汰的最大原因,不是年龄的增长,而是学习热忱的减退。　　　　　　　　　　　　　　　　　　——[法]罗曼·罗兰

世界少了我,其实无所谓。但我少了我,还剩什么?　　　　——王文华

有金钱之外的思想,保留一点值得自傲的地方,人会生活得更加有意义

——李嘉诚

是懦夫把自己变成懦夫,是英雄把自己变成英雄。　　　　　——萨特

一个人的言谈永远是他家庭背景和社会地位的告示牌。

——[美]约翰·布鲁斯克《格调》

人之赞我,与我未加一丝;人之损我,于我未减一毫。

——[日]佐久间象山《省言录》

如果你与众不同,你就一定会孤独。　　——阿道司·赫胥黎《美丽新世界》

我们要接受失望,因为它是有限的;但千万不要失去希望,因为它是无穷的。　　　　　　　　　　　　　　　　　　　——马丁·路德·金

不要死于蠢病。智者通常死于丧失理智之后,蠢人总是死在找到理智之前。有些人死是因为他们知道太多,另一些人则是因为他们知道得不够。

——[西班牙]葛拉西安

英雄能够征服天下,不能征服自己;圣贤不想征服天下,而征服了自己。

——南怀瑾

人生须知负责任的苦处,才能知道尽责任的乐趣。 ——梁启超

自信与骄傲有异;自信者常沉着,而骄傲者常浮扬。 ——梁启超

声名,活着也许对自己有用,死后只能被人利用了。 ——杨绛

今天比昨天慈悲,今天比昨天智慧,今天比昨天快乐,这就是成功。

——林清玄

谦卑的心是宛如野草小花的心,不取笑外面的世界,不在意世界的嘲讽。

——林清玄

扬善于公庭,规过于私室。 ——曾国藩

古之成大事者,规模远大与综观密微,二者缺一不可。 ——曾国藩

一个人欣赏的东西,别人也未必欣赏;即使别人碍于情面口头欣赏,内心却未必欣赏。我们是否因此而改变信仰? 信仰总是经受这样的考验。

——张心阳

换个方法思考,可以使问题变简单;换个立场看人,可以更宽容地处世;换种心态看人生,可以得到更多美好。有时仅需换换角度,就可以改变自己

修身篇

185

的一生。

——《拍背影的记者》

我们不能左右天气,但可以改变心情;我们不能预见明天,但可以珍惜今天;我们控制不了他人的态度,却可以选择自己的反应;我们改变不了现实,却自己把握自己的人生,因为:没有绝望的处境,只有对处境绝望的人。

——《从来没有真正的绝境》

世界上根本没有正确的选择,我们所能做的是努力让当初的选择正确。

——村上春树

人首先应当遵从的,不是别人的意见,而是自己的良心。　　——普京

至于信仰,我倾向于任何时候都不要把这个问题拿到公共场合去讨论。

——普京

外不显山,内不露水,平生一股铮然之气。不为利所役,不为名所驱,淡泊一生,坦荡一世。如此君子,使人敬仰!　　——《梅贻琦:寡言君子》

定期去做体检,别等最后别人送你去。　　——钱海燕《有氧的生活》

这个世界上最不准的天平是称量自己得失的天平。　　——刘洪涛

痛苦来临时,不要总问:"为什么偏偏是我?"因为快乐降临时,你可没问过这个问题。

——圣劳伦斯教堂

因脚趾绊倒总比因舌头绊倒要好些。　　——非洲斯瓦希里谚语

人生最真切的,莫过于每一个人的内心的知觉。知觉开始,便是生命开始。知觉存在,便是生命存在。知觉终了,便是生命终了。

——钱穆《湖上闲思录》

我观察到,狂热的抱负总是与不信任走在一起。

——[德]利希腾伯格《杂记簿》

付出的时候,不要期待任何回报,否则一颗心老是牵挂着结果,反而更难有收 获。

——[澳]安德鲁·马修斯

改变一个人的人生便是,往往像改变一个人的鼻子那么困难,它们处在核心地位:一个处于脸的中间,一个处于性格的中心。 ——亨利·詹姆斯

知识之败,慕虚名而不务潜修也;品节之败,慕虚荣而不甘枯淡也 。

——哲学家·熊十力

一个聪明人要不玩小聪明是非常困难的。 ——莫尔凯郭尔

做烈士不算什么,做战士才聪明。我不只是一般的战士,还是神气活现的战士,快快乐乐的战士,使你哭笑不得的战士。 ——李敖

智者不为自己没有的悲伤而活,却为自己拥有的欢喜而活。

——爱比克泰德

有些失望是不可避免的,但大部分失望,都是因为你高估了自己。

——张小娴

世界上最公平的美事在于:聪明人洋洋自得,糊涂的人也不认为自己差到哪里去。 ——三毛

一个人越是有许多事能够放得下,他越是富有。 ——[美]亨利·戴维·梭罗

心灵也有外衣,我们不应该脱掉它。 ——史怀哲《我的青少年时代》

当你定下大目标的时候,就意味着你必须付出比别人多得多的努力。

——[德]博多·舍费尔《钱钱语录》

你要每天不间断地去做对你的未来意义重大的事情。你为此花费不会超过十分钟,但是就是这十分钟会让一切变得不同。

——[德]博多·舍费尔《钱钱语录》

去发现可能性的极限的方式只有一个,就是超越它。 ——阿瑟·C·克拉克

胆识是一个人最珍贵的品质。如果缺乏它,将会一无是处。

——[法]诺奖获得者 克瑞尔博士

如果我们只做那些我们能力范围以内的事,我们将陷入平庸。

——托马斯·爱迪生

一条锁链,最脆弱的一环决定其强度;一只木桶,最短的一片决定其容量;一个人,素质最差的一面决定其发展。 ——钱海燕

犹太人的一句古老箴言给我留下很深的印象:"健康时的施舍是金,病中的施舍是银,死后留下的施舍是铅。"

——[德]施特劳斯

你要活得随意些,你就只能活得平凡些;你要活得辉煌些,你就只能活得痛苦些;你要活得长久些,你就只能活得简单些。 ——汪国真

钱,并不如人们有时说的,是万恶之源;过分地、自私地、贪婪地爱钱,才是万恶之源。

——[英]莫罗阿

祈求上天赐予我平静的心,接受不可改变的事;给我勇气,改变可以改变的事;并赐予我,分辩此两者的智慧。 ——[美]神学家尼布尔博士的祈祷文

我们得说真话,尽管真话使人痛苦

——[美]剧作家 阿尔比

一个知识分子如果不与现实世界中的苦难和危机发生任何关系,有智慧而无痛苦,势必蜕变为一般学者和文人。

——萨依德

我只做我应做的,因为90%的事情别人可能比我做得更好。

——[英]石化公司总裁 布劳菲

记住永远只与比你高一等的人一起争吵。

——钱海燕《人生物语》

智者的坚定不过是把焦虑深藏于心的艺术。

——拉罗什富科《箴言集》

责任、荣誉、国家。这三个神圣的名词庄严地提醒你应该成为怎样的人,可能成为怎样的人,一定要成为怎样的人。它们将使你精神振奋,在你似乎丧失勇气时鼓起勇气,似乎没有理由相信时重建信念,几乎绝望时产生希望。

——[美]麦克阿瑟

我们老得太快,却聪明得太迟。

——瑞典格言

如果我有时候不保持沉默,我便听不到生活对我的要求与期待。

——[德]埃尔温·斯特里马特《随想录》

自我控制是最强者的本能。

——萧伯纳

我们常常深信那些我们了解得最少的事物。

——蒙田

对别人叙说自己,那是一种天性;认真对待别人向你叙说他自己的事,那是一种教养。

——约翰·沃尔夫冈·歌德

十全十美是天堂的尺度,而要达到十全十美的这种愿望,则是人类的尺度。

——歌德

人的面貌在于一笑:如果这一笑增加了脸上的魅力,这脸是美的;如果这一笑不使它发生变化,它就是平平常常的;如果这一笑损害了它,它就是丑的。

——列夫·托尔斯泰

百分之九十九的失败,都出在那些习惯于找借口的人身上。　——周国平

优先安排最主要的事情容易,但尔后安排紧接着的事情十分艰难。

——周国平

习惯的锁链在强大得难以砸断之前,又总是微弱得难以察觉。

——塞·约翰生

聪明的投资者,要学会在担心和恐慌中买进,而在贪婪和歇斯底里的状态中卖出。

——吉姆·罗杰斯

真正的财富是一种思维方式,而不是每个月收入的数字。

——财经教授柏宝·薛佛

信仰是兴奋也是热忱,是知性的壮丽,我们必须如守宝藏般守住信念,莫在矫情中虚掷光阴。

——[法]小说家乔治·桑

在这欲去未去的夜色里,努力造几颗小晨星;虽没多大的光明,也使那早行的人高兴。

——胡适

学贵大成,不贵小用,大成者参与天地,小用者谋利计功。　——钱穆

人之生命乃天地大生命中一小生命,如川流中水一滴,故生命实在孤独处。

——钱穆

生病是生与死之间的一种微调,它让人懂得了生死的意义,像不停地上哲学课。

——贾平凹

贫困有时是成功的催化剂。

——莫言

我们称之为"失败"的东西并非摔倒在地,而是倒地不起。

——[美]演员玛丽·皮克馥

不是每个人都可以兴风作浪,但当你的起伏与世界同步的时候,你就会得到共振。

——新东方著名教师 李笑来

过于伟大或者过于卑微,过于高明或者过于愚蠢,过于奇特或者过于陈旧的话语,都值得怀疑。

——王蒙的处世哲学

每一朵鲜花都应为自己的果实而自动凋谢。

——纪德

一个人的人格可以从他的眼神、笑容、言语、热忱、态度显示出来。

——[美]乔·吉拉德

人不是金钱,没法讨每个人喜欢。

——[法]罗曼·罗兰

人格依赖于意识的统一,依赖于调和,依赖于慎思。

——[德]赫尔巴特

以你的人格面向着大地之上的所有其他的人格。

——[美]惠特曼

只要一个人的人格里有一些善良的成分,就足以引起好心人的钦佩和爱戴。

——[英]菲尔丁

我们的行为决定了我们的人品,正如我们的人品决定了我们的行为。

——[英]艾略特

碰到挫折时,我告诉自己,它里面一定藏了一个宝贝是你看不到。

——郝明义

一切真正的和伟大的东西,都是纯朴而谦虚的。 ——[俄]别林斯基

有信心的人,可以化渺小为伟大,化平庸为神奇。 ——[英]萧伯纳

自觉、自重、自制——可以把生命引向崇高的境界。 ——英国谚语

很多蠢话都出自那些原本想说些聪明话的人之口。 ——伏尔泰

自大和自信都是欺人的,前者常欺骗自己,后者常常欺骗别人。

——齐麦曼

宝石虽落在泥土里,但仍然是宝石;沙粒虽被吹到空中,却还是沙粒。

——莎士比亚

你若寻求财富,不如寻求满足,满足是最好的财富。 ——[波斯]萨迪

要使人成为真正有教养的人,必须具备三个品质:渊博的知识、思维的习惯和高尚的情操。知识不多就愚昧,不习惯于思考就是粗鲁或愚笨,没有高尚的情操就是卑俗。

——车尔尼雪夫斯基

你有信仰就年轻,疑惑就年老;有自信就年轻,畏惧就年老;有希望就年

轻,绝望就年老;岁月使你皮肤起皱,但是失去了热忱,就损伤了灵魂。

——卡耐基

人生最终的价值在于觉悟和思考的能力,而不只是在于生存。

——亚里士多德

光有知识是不够的,我们还必须应用知识,光有意志是不够的,我们还必须见诸行动。

——歌德

一个人的真正伟大之处,就在于他能够认识到自己的渺小。　　——保罗

自尊不是轻人,自信不是自满,独立不是孤立。　　　　　　——徐特立

财富不应当是生命的目的,它只是生活的工具。　　　　　　——比才

好习惯有四:准时,正确,恒心,迅速。缺少第一项,光阴会虚度;不具备第二项,错觉百出;没有第三项,事情永远办不好;丢失第四项,遇上良机都会白白错失。

——孟德斯鸠

避免失败的最稳当办法,就是下定决心获得成功。　　　——孟德斯鸠

宁愿做过了后悔,也不要错过了后悔。　　　　　　　　——犹太谚语

衡量一个人的真正品格,是看他在知道没有人会发觉的时候做什么。

——孟德斯鸠

所以我们要学会微笑,它是体内所有脏器的柔曼的舞蹈。　——毕淑敏

好问的人,只做了五分钟的愚人;耻于发问的人,终身为愚人。

——亚里士多德

意志、工作和等待是成功的金字塔的基石。

——[法]化学家 巴斯勒

只有耐心圆满完成简单工作的人,才能够轻而易举地完成困难的事。

——[德]席勒

如果你很有天赋,勤勉会使其更加完善;如果你能力一般,勤勉会补其缺陷。

——[美]散文家 雷诺兹

一个人可以失败多次,但是只要他没有开始责怪旁人,他还不是一个失败者。

——[美]博物学家 巴勒斯

能一能十,非才之美者也。能百能千,而不厌不倦,其才不可及也。

——王夫之《思问录》

不安于小成,然后足以成大器;不诱于小利,然后可以立远功。 ——方孝孺

人不能成为神,但可以努力成为在神隔壁的人;人很难成为伟人,但至少可以努力成为伟人的朋友。

——冯仑

受人之辱,不动于色;施人之恩,不记于心;察人之过,不扬于众;觉人之诈,不愤于言;受人之恩,铭记于心。

——亚里士多德

放纵自己的欲望是最大的祸害;谈论别人的隐私是最大的罪恶;不知自己的过失是最大的病痛。

——亚里士多德

没有相当程度的孤独是不可能听内心的平和。

——叔本华

要记住,人之所以走入迷途,并不是由于他的无知,而是由于他的自以为是。

——卢梭

知道自己知道什么,也知道自己不知道什么,这就是真正的知识。

——梭罗

一个人的性格决定他的际遇,如果你喜欢保持你的性格,那么,你就无权拒绝你的际遇。

——罗曼·罗兰

每人反复做的事情造就了我们,然后你会发现优秀不是一种行为,而是一种习惯。

——亚里士多德

人的贪婪就如同牙膏一样,当它被挤出来之后,就很难再挤回去。

——朱德庸

一定不要对人性失去信心,人性是一个海洋;如果几滴水不干净,海洋是不会变脏的。

——[印]甘地

我可以不知道我是谁,但我必须知道我不是谁。

——王朔

人要么永远不做梦,要么梦得有趣;人也必须学会清醒:要么永不清醒,要么清醒得有趣。

——[德]尼采

良心尽管不依附于理性,但没有理性,良心就得不到发展。 ——[法]卢梭

优等的心,不必华丽,但必须坚固。

——毕淑敏

不必害怕堕落与沉沦,只要你能不断自拔与更新。 ——[法]罗曼·罗兰

我们除了用一只眼睛观察世界,更应该用另一只眼睛来审视自我。

——[意]莫迪里阿尼

修身篇

哪里有意志存在，哪里就会有出路。

——歌德

一个杰出人物受到一伙傻瓜的赏识，是可怕的。

——歌德

明智的一个重要方面就是不要样样皆知。

——格劳秀斯

谤来不戚，誉至不喜。

——葛洪

能忍受自己的人才能享受空闲。

——葛瑞伯

要想砸碎锁链，别怕碰痛自己的指头。

——古巴谚语

人必须通过财富和安逸的考验，始知其身的坚强。

——古塞

人之为学，不可自小，又不可自大。

——顾炎武

我们的思想总是在过去和未来，但我们的身体和呼吸却永远是在当下。

——张德芬

勿屈己而徇人，勿沽名而钓誉。

——詹天佑

修养之于心地，其重要犹如食物于身体。

——西塞罗

人最难做的是始终如一，而最易做的是变幻无常。

——蒙田

才者，德之资也；德者，才之帅也。

——司马光

闲暇就是为了做一些有益事情的时间。

——富兰克林

凡是你感到自身独具、别处皆无的东西，才值得你眷恋。既要急切又要

耐心地塑造你自己,把自己塑造成无法替代的人。　　——[法]安德烈·纪德

对于心地善良的人来说,付出代价必须得到报酬,这种想法本身就是一种侮辱。善良不是装饰品,而是美好心灵的表现形式。　——[法]安德烈·纪德

要像行动者那样思考,要像思考者那样行动。——[法]哲学家 亨利·柏格森

不要伤脑筋去超越你的同辈或者前任,努力超越你自己。

——[美]作家 威廉·福克纳

我们无法做到完美,所以我评价一个人就看他在做不可能完成的事情时,失败的有多精彩。　　　　　——[美]作家 威廉·福克纳

一个人只有自美,才有权利接近他美。　　　　　——[日]冈仓天心

大丈夫做事论是非,不论利害;论顺逆,不论成败;论万世,不论一生。

——[明]黄宗羲

对自己不满是任何真正有才能的人的根本特征之一。　　——契诃夫

自重、自觉、自制此三者可以行至生命的崇高境域。　——[英]丁尼生

只有抗拒诱惑,你才有更多的机会做出高尚的行为来。

——[俄]车尔尼雪夫斯基

在艰苦的日子里要坚强,在幸福的日子里要谨慎。　　——[苏联]高尔基

人需在事上磨,方可立得住,方能静亦定,动亦定。　　　——王阳明

人类最丑陋之处，集中体现在他们绞尽脑汁地掩饰自己的丑陋。

——马长山

我为名驱苦俗尘，师知法喜自怡神。未如欢戚两相忘者，始是人间出世人。

——苏舜钦

佛道二家的区别在于，佛家的意念是要一个人无求于世，道家的意念却相反，要一个人不被世人所求。世上最快乐的人，也就是不被世人所求的无忧无虑的人。

——林语堂《为什么不过悠闲的生活呢》

一个精神富有的人会首先寻求没有痛苦，没有烦恼的状态，追求宁静和闲暇，亦即争取得到一种安静、简朴和尽量不受骚扰的生活。一个人自身拥有越丰富，它对身外之物的需求也就越少，别人对他来说就越不重要。

——叔本华

日间多静坐，则夜梦不惊；一月多静坐，则文思便逸。

——［清］朱锡绶《幽梦续影》

大道以无心为体，忘言为用，柔弱为本，清静为基。

——白玉蟾祖

薄滋味以养气，去瞋怒以养性，处卑小以养德，守清静以养道。

——白玉蟾祖

夫人神好清，而心扰之；人心好静，而欲牵之。常能遣其欲而心自静；澄其心而神自清。

——老子

大智为镜，蒙尘无碍光明。自觉似水，常涤能见清净。内观如照，不动方显万行。本心作器，盛大可品境茗。

——《璧言录》净境六

品味、道德、智能，是文化积累的总和。

——龙应台

一个人彻悟的程度，恰等于他所受痛苦的深度。

——林语堂《吾国吾民》

我要有能够做我自己的自由，和敢做我自己的胆量。

——林语堂《我的愿望》

最重要的事，就是不要依赖着金钱。人应当享受财富，也要随时准备失去了财富时应当怎么过日子。

——《京华烟云》

除非一个人觉悟出生活的意义，否则他的能力或天赋便会用来强调自我及其愿望。

——克里希那穆提

才能是来自独创性。独创性是思维、观察、理解和判断的一种独特的方式。

——莫泊桑

一个人的脸就是一张履历表。

——[日]文学家 大宅壮一

不要让你的道德感，阻止你做正确的事情。

——艾萨克·阿西莫夫

欣喜欢爱处，便藏烦恼机关，乃知雅淡者，百祥之本；怠惰放肆时，都是私欲世界，始信懒散者，万恶之宗。

——《呻吟语》

处世莫惊毁誉，只我是，无我非，任人短长；立身休问吉凶，但为善，不为恶，凭天祸福。

——《呻吟语》

真正的傻瓜，诸神用来取乐或取笑的傻瓜，是那些没有自知之明的人。

——王尔德

人类最普通的弱点就是习惯于敞开心扉接受他人的消极影响。

——拿破仑·希尔

能知足者，天不能贫；能无求者，天不能贱。

——魏禧

其实若真正有才华，运气并不是那么重要。 ——[日]东野圭吾《解忧杂货店》

每个人的心灵深处都有着只有他自己能理解的东西。 ——列夫·托尔斯泰

在最高意义上，一个人的面貌，便是他的人。

——陈丹青

专注和简单一直是我的秘诀之一。

——[美]史蒂夫·乔布斯

当有人逼迫你去突破自己，你要感恩他。他是你生命中的贵人，也许你会因此而改变和蜕变。

——[美]沃伦·巴菲特

顺手就可以拿到的东西，不叫目标。一定要跳起来才能达到的东西才是目标。

——董明珠

如果一个人单独思考的时间太久，什么愚蠢的事情都可以信以为真。

——凯恩斯

清澈而单纯的心灵才能感受到正能量，而自私的心看见的只是复杂、混沌。

——稻盛和夫

乐观地设想、悲观地计划、愉快地执行。

——稻盛和夫

谁也不满足于自己的财富，可谁都满足于自己的智慧。

——《安娜·卡列尼娜》

世界不会在意你的自尊,人们看到的只是你的成就。在你没有成就以前,切勿过分强调自尊。

——菲茨杰拉德《了不起的盖茨比》

任何一个活着的人都比死去的人强。但是任何一个活着的人都不比另一个活着的人强多少。

——威廉·福克纳《喧嚣与骚动》

圣人之于善也,无小而不举;其于过也,无微而不改。

——《淮南子·主术训》

兰生幽谷,不为莫服而不芳;舟在江海,不为莫乘而不为;君子行义,不为莫知而止休。

——《淮南子·说山训》

诚者,不勉而中,不思而得,从容中道,圣人也。诚之者,择善而固执之者也。

——《中庸》

看重精神生活的人,其最高境界就是永远自由,做人的自由,做事的自由,发表意见的自由,自由本义上的自由。

——[奥]斯蒂芬·茨威格《世界正变得单调》

没有比思考更复杂的享受了,因此我们乐此不倦。

——博尔赫斯

我以犹豫的自负这样想:宇宙会变化,而我不会。

——博尔赫斯

一个人应该让自己成为一个对别人有用的人,一个专业的人。在付出的过程中,能够让自己变得快乐一点,轻松一点,富足一点。

——吴晓波

尽量保持做爱做的事情,维持热情,与人为善。不要让每一天浪费,要对别人有价值。享受自由的同时,不要忘记以不侵犯他人的自由为自由。

——主持人曹启泰

每个人心中的某个角落，都住着无人知道的自己。　　　——妮琪·珍麦尔

唯有当你对外在的环境已经感到非常挫折、非常厌恶，以至于它们已经变成几乎是一种痛苦和焦虑，你才能专心内在。　　　——[印]奥修《金钱与工作》

当你的行动变得优雅而从容，当你的眼睛传递着爱、宁静和永恒，当你的宁静是活生生的一首歌，当你只是坐着，依然能感觉到你内在的舞蹈——一个无比美丽与光彩的舞蹈。　　　——奥修《无念——永生之花》

当你了解你是无名小卒的那一刻，你就变成不平凡、稀有的、独一无二的、无可比拟的花朵。这种默默无闻的感觉会在你的内在创造出一种空间。

　　　——奥修《新炼金术》

金钱能使卑下的人身败名裂，而使高尚的人胆壮心雄。

　　　——林语堂《有不为斋随笔》

夜光之珠，不必出于孟津之河；盈握之璧，不必采于昆仑之山。

　　　——《世说新语·言语》

大聪明的人，小事必朦胧；大懵懂的人，小事必伺察；盖伺察乃懵懂之根，而朦胧正聪明之窟也。　　　——《菜根谭》

念念可与天知，尽其在我；事事不执己见，乐取诸人。　　　——吕坤《呻吟语》

贫不足羞，可羞是贫而无志；贱不作恶，可恶是贱而无能；老不足叹，可叹是老而虚生；死不足悲，可悲是死而无补。　　　——《呻吟语》

士君子之偶聚也，不言身心性命，则言天下国家；不言物理人情，则言风俗世道；不规目前过失，则问平生德业。心不可一时流于邪僻，此身不可一日

令之偷惰也。

——《呻吟语》

真放肆不在饮酒高歌,假矜持偏于大庭卖弄。看明世事透,自然不重功名;认得当下真,是以常寻乐地。

——《悟透心机》

如果一个聪明人干了一件蠢事,那就不会是一件小小的蠢事。　　——歌德

看出谬误比发现真理要容易得多;因为谬误是在明处,也是可以克服的;而真理则藏在深处,并且不是任何人都能发现它。

——歌德

天地万物都在追求自身独一无二的完美。

——[印]泰戈尔

只有执着追求并从中得到最大快乐的人,才是成功者。　　——[美]梭罗

恻隐之心,人皆有之;羞恶之心,人皆有之;恭敬之心,人皆有之;是非之心,人皆有之。

——孟子

这是一个羞愧,当你身体还没有衰退时,你的灵魂就先在生活衰退。

——《沉思录》

最高尚的报复方式是不要变成你的敌人那样的人。

——[古罗马]马可·奥勒留《沉思录》

让身体拥有感觉,让灵魂有所归依,让理性遵从法则。　　——《沉思录》

毫不炫耀地接受财富和繁荣,同时又随时准备放弃。　　——《沉思录》

野心是疯狂,有野心表示你不是很自在地跟你自己在一起,你并不"在家"。野心表示你想要别人知道你是伟大的,其实那只是隐藏你的渺小。

——[印]奥修《老子道德经》

哲学是一帖镇静剂,宗教是一个震惊。哲学帮助你睡得更香,宗教把你拽醒。

——奥修《隐藏的和谐》

对于任何一件事,去开始是容易的,因为你是主人;但是要结束它就很困难,因为到那时你已经不再是主人了。

——奥修《静心与健康》

当你跟别人在一起的时候,你就演戏,你知道这只是在演戏。而在内在,停留在你无我的喜悦之中。

——奥修《白云之道》

外在的追求永远是琐碎的,内在才是真正的宝藏。 ——奥修《存在的语言》

那些不能牢记过去的人,命中注定要一再地重复着自己的过去。——雪莱

人生任何美好的享受都有损于一颗澄明的心,当一颗心在低劣的热闹中变得浑浊之后,它就既没有能力享受安静,也没有能力享受真正的狂欢了。

——周国平

凡夫俗子只关心如何去打发时间,而略具才华的人却考虑如何应用时间。

——叔本华

智者和愚人都没有害,最危险的倒是智愚参半。 ——歌德

异端是生活的诗歌,所以有异端思想是无伤于一个诗人。 ——歌德

懒惰是很奇怪的东西,它让你以为那是安逸,是休息,是福气;但实际上它所给你的是无聊,是厌倦,是消沉。

——罗曼·罗兰

我们长期努力保持不做傻事,所以我们的收获比那些努力做聪明事的人要多得多。

——查理·芒格

世界上最没有效率的事情,就是以最高的效率去做一件根本不值得做的事情。

——现代管理学之父 彼得·德鲁克

改善你自己好了,那是你为改善世界能做的一切。

——维特根斯坦

大部分生活和事业上的成功来自有意避免了一些东西:早死、错误的婚姻,等等。

——查理·芒格

感恩是极有教养的产物,你不可能从一般人身上得到,忘记或不会感谢乃是人的天性。

——卡耐基《人性的弱点》

人的天性之一,就是不会接受别人的批评,总是认为自己永远是对的,喜欢找各种各样的借口为自己辩解。

——卡耐基《人性的弱点》

世界是一本书,而不旅行的人们只读了其中一页。

——奥古斯狄尼斯

我始终相信,当一个人开始追求更严肃的内心生活,他的外在会开始变得更朴素。

——《真实的高贵》

有了物质,那是生存;有了精神,那是生活。

——雨果

一个人,并不是孤独。如果你喜欢,它就是喜悦,是意境,是海棠花里寻往昔,那往昔,处处是醉人的旧光阴。

——《野生的女子》

赤子便是不知道孤独的。赤子孤独了,会创造一个世界,创造许多心灵的朋友。

——《傅雷家书》

艺术特别需要苦思冥想。老在人堆里,会缺少反省的机会;思想、感觉、感情,也不能好好地整理、归纳。

——《傅雷家书》

恨也罢,爱也罢,思想、感觉、观察也罢,无非都是在领悟。

——[英]大卫·休谟

心无妄思,足无妄走,人无妄交,物无妄受。 ——《诗》

成事者:事不拖,话不多,人不作! ——曾国藩

经危蹈险,不易其节;金声玉色,久而弥彰。 ——《三国志》

守身必严谨,凡足以戕吾身者,宜戒之;养心须淡泊,凡足以累吾心者,勿为也。

——《围炉夜话》

生命中最难的阶段不是没人懂你,而是你不懂自己。

——尼采《在阴影中向太阳奔跑》

人总要相信些什么,才不会度日时跌入未知的黑洞里。

——2011 年诺获得者,托马斯·特兰斯·特罗姆

我们的骄傲多半是基于我们的无知。 ——2007 年诺奖得主多丽丝·莱辛

我是孤独的,我是自由的,我就是自己的帝王。 ——康德

我们的正常之处,就在于自己懂得自己的不正常。

——村上春树《挪威的森林》

不要同情自己,同情自己是卑劣懦夫干的勾当。 ——村上春树

其实人都有作茧自缚和破茧成蝶的时候。只是有的人茧已破了而不自知,有些人已经能飞却忘记了自由。 ——《半山文集》

风大时,要表现逆的风骨;风小时,要表现顺的悠然。　　——《逆风与顺风》

孤独是一种财富,人只有在孤独时,心才会真正安静下来,才会很理智。孤独不苦,而是一种很高的境界。　　　　　　　　　　　　　　——陈果

我们大可以活成我们自己,活得更本色一点、更真实一点,反正还是会有人喜欢你、有人不喜欢你。但至少你会更喜欢你自己。　　　　　——陈果

我不敢下苦功琢磨自己,怕终于知道自己并非珠玉;然而心中既存在着一丝希冀,便又不甘心与瓦砾为伍。　　　　　　——中岛敦《山月记》

真正不羁的灵魂不会真的去计较什么,因为他们的内心深处有国王般的骄傲。　　　　　　　　　　　——杰克·凯鲁亚克《在路上》

人之所以言之凿凿,是因为知道的太少。　　　　　　——弗朗索瓦

一个人的品行,不取决于这人如何享受胜利,而在于这人如何忍受失败。　　　　　　　　　　　　　　　　　　　　　　——《纸牌屋》

懒惰受到的惩罚不仅仅是自己的失败,还有别人的成功。
　　　　　　　　　　　　　　　　　　　　——朱尔·勒纳尔

无聊是对欲望的欲望,我的孤独认识你的孤独。　——汪曾祺《人间草木》

人总要呆在一种什么东西里,沉溺其中。苟有所得,才能证实自己的存在,切实地括出自己的价值。　　　　　　——汪曾祺《一定要,爱着点什么》

丧失人格的诗人比没有诗才而硬要写诗的人更可鄙、更低劣、更有罪。
　　　　　　　　　　　　　　　　　　　　　　——[法]雨果

修身篇

一个人的人格可以从他的眼神、笑容、言语、热忱、态度显示出来。

——[美]乔·古拉德

唯有人的心灵才是真实的。严格说来，相貌不过是一种面具。真正的人在人的内部。

——[法]雨果

只有勇敢的人才懂得如何宽容;懦夫绝不会宽容,这不是他的本性。

——[英]斯特恩

做人之道,以刚介为自立之基,以敬恕为养性之本。

——曾国藩

宁肯听任自己失望,也绝不乱存奢望。

——[奥地利]弗洛伊德

不管做什么事,准确地找到入口很重要,适时地找到出口更重要。

人性的确如此,既轻信又爱怀疑,说它软弱它又很顽固,自己打不定主意,为别人做事却又很有决断。

——萨克雷《名利场》

智者,乃是对一切都发生讶异而不大惊小怪的人。

——木心

看清世界荒谬,是一个智者的基本水准。看清了,不是感到恶心,而是会心一笑。

——木心

一个人最重要的不是拥有多少财富,和拥有多大的房子,最重要的是拥有浑厚的学识和崇高的思想道德。

——康震

我不相信命运,我只相信我的手。我不相信手掌的纹路,但我相信手掌加上手指的力量。

——毕淑敏《握紧你的右手》

不管活到什么岁数,总有太多思索、烦恼与迷惘。一个人如果失去这些,安于现状,才是真正意义上的青春的完结。

——[日]渡边淳一

一般人都不是他们想要做的那种人,而是他们不得不做的那种人。

——毛姆《月亮与六便士》

最可怕的事情就是全然地接受自己。

——心理学家荣格

爱是恒久忍耐,又有恩慈;爱是不嫉妒,爱是不自夸,不张狂,不做害羞的事,不求自己的益处,不轻易发怒,不计算人的恶,不喜欢不义,只喜欢真理;凡事包容,凡事相信,凡事盼望,凡事忍耐;爱是永不止息。

——《新约·哥林多前书》第13章

只要条件许可,机会成熟,人人都是想作恶的。

——叔本华

愚昧无知如果伴随着富豪巨贾,那就更加降低了其人的身价。 ——叔本华

你能否做到——胆大而不急躁,迅速而不轻佻,爱动而不粗浮,服从上司而不阿谀奉承,身居职守而不刚愎自用,胜而不骄,喜功而不自炫,自重而不自傲,豪爽而不欺人,刚强而不迂腐,活泼而不轻浮,直爽而不幼稚……

——[俄]托尔斯泰《战争与和平》

不幸,是天才的进身之阶;信徒的洗礼之水;能人的无价之宝;弱者的无底之渊。

——[法]巴尔扎克《人间喜剧》

凡语必忠信,凡行必笃敬。饮食必慎节,字画必楷正。容貌必端庄,衣冠必肃整。步履必安详,居处必正静。做事必谋始,出言必顾行。常德必固持,然诺必重应。见善如己出,见恶如己病。凡比十四者,我皆未深者。书此当座隅,朝夕视为警。

——[北宋]张绎《座右铭》

实在放不下的时候,去趟重症病房或者墓地。你容易明白,你已经得到太多,再要就是贪婪。

——冯唐

首先要当个正直的人,其次要当个快乐的人。

——王小波《黄金时代》

寂寞就是可以做一切事的自由。

——王小波

据说每个人需要一面镜子,可以常常自照,知道自己是个什么东西。不过,能自知的人根本不用镜子;不自知的东西,照了镜子也没用。

——钱钟书

我不知道,我什么都不懂,我以为我什么都懂。

——高行健

个性和魅力是学不会,装不像的。

——1972 年诺奖得主 海因里希·伯尔

最难的勇气,是思想的勇气。

——1921 年诺奖得主 阿纳托尔·法朗士

善为士者,不武。善战者,不怒。善胜敌者,不与。

——《道德经》

敬以持躬,恕以待人。敬则小心翼翼,事无巨细,皆不敢忽;恕则凡事,留余地以处人,功不独居,过不推诿。

——曾国藩

一毫之善,与人方便,一毫之恶,劝人莫作。衣食随缘,自然快乐。算什么命? 问什么卜? 欺人是祸,饶人是福。天眼昭昭,报应甚速。谛听吾言,神钦鬼伏。

——[唐]吕岩《劝世》

金玉投淤泥,不能浊变其色。君子行浊地,不能染乱其心。故松柏可以耐雪霜,明智可以涉艰危。

——《益智书》

齐家篇

我们最大的错误就是把最差的脾气和最糟糕的一面都给了最亲近的人，却把耐心、宽容给了陌生人。

——罗曼·罗兰

为了寻找想要的东西，我们走遍世界。回到家，找到了。

——莫尔

屋是墙壁与梁所组合，家是爱与梦想构成。

——泰戈尔

父子和而家不败，兄弟和而家不分，乡党和而争讼息，夫妇和而家道兴。

——《增广贤文》

居家之病，曰饮食、曰土木、曰争讼、曰玩好、曰惰慢，有一于此，皆能破家。其次贫薄而务周旋，丰余而尚鄙啬，事虽不同，其终之害，或无以异。

——[清]叶玉屏《六事箴言》

大部分父母和子女的关系很残酷，因为小孩看不到父母壮年时意气风发到样子。小孩长大后，只看到父母的衰退、固执和经验的缺失。偏要到很多年后，当自己在他人眼中也有了衰颓的势头，我们才发现父母的睿智。就像现在流行在社交网络上晒父母盛年时的照片，其实也是一种枉然的补偿。

——蒋方舟

家有一心,有钱买金;家有二心,无钱买针。

——[明]徐渭

千金万典,孝悌为先。

——《增广贤文》

你养我小,我养你老,这一温馨的关系,被人类高度的城市化和地缘突破彻底终结。

——作家 北村

要大门闾,积德累善;是好弟子,耕田读书。

——左宗棠

当父亲有一颗心,当母亲的却有心儿两颗。

——[埃及]米海依尔·华梅《柳絮集》

家,人们长大时总想离开它,可年老的时候却又想返回到它那里。

——约翰·埃德·皮尔

家是父亲的王国,母亲的世界,儿童的乐园。

——爱默生

一个家也没有的是流浪汉;有两个家的是放浪者。

——门福

人无国王、庶民之分,只要家有和平,便是最幸福的人。

——歌德

母亲的心是一个深渊,在它的最深处你总会得到宽恕。

——巴尔扎克

一位好母亲抵得上一百个教师。

——乔治·赫伯特。

青春会逝去,爱情会枯萎,友谊的绿叶也会凋零。一位母亲内心的希望比他们都要长久。

——奥利弗·温戴尔·荷马

家庭就是年轻时去经营,到老了开始收利息的地方。

——王朔

等你儿子跟你叫板时,你才能幡然醒悟原来自己的父亲是正确的。科技愈发达,则家庭的涵义就与不确定:有时如避风港,有时如地震源。

——周翼南《三多居琐记》

家是世界上唯一隐藏人类缺点和失败的地方,它同时也蕴藏着甜蜜的爱。

——萧伯纳

父子、兄弟、夫妇,只有兼而为好朋友的,感情才能真笃,不然再好,亦只是互尽义务罢了。

——钟书河

父母们最根本的缺点在于想要自己的孩子为自己争光。　——[英]罗素

家的概念与贫富无关,和房子无关,它只和你生命的记忆、生命的感觉有关。

——吴淡如

齐家篇

这,便是家的实质——它是和平之宫,是庇护所,不但能使人逃避一切损害,而且可以逃避恐惧、疑虑和分裂。家倘若不如此,便不称其为家了。

——J·拉斯金

家运之兴旺,在于和睦,孝道,勤俭。

——曾国藩

勤俭节约,未有不兴;骄奢倦怠,未有不败!

——《曾国藩家书》

世间善事忠和孝,天下良谋读与耕。

——《鬼谷子》

未有戾气结焉,而家不衰败者;未有和气萃焉,而家不吉昌者。

——《处世悬镜》

慈母有败子而严家无格虏。

——《史记·李斯列传》

福善之门莫美于和睦,患咎之首莫大于内离。 ——《汉书·东平思王刘宇传》

父母是隔在你和死亡之间的一道帘子。把你挡了一下,你最亲密的人会影响你的生死观。
——加西亚·马尔克斯

教子十过,不如奖子一长;教过不改也徒伤情,奖子易功也且全思。
——《四存编》

无瑕之玉,可为国瑞。孝悌之子,可为家宝。 ——《景行录》

观潮汐之早晏,可以识人家之兴替。 ——《景行录》

欲去病则正本,本固则病可攻,药石可以效;欲齐家,则正身,身端,则家可理,号令可以行。固其本,端其身,非一朝一夕之事也。
——[宋]林逋《省心录》

父爱是沉默的,如果你感受到了那就不是父爱了。 ——冰心

为人君,止于仁。为人臣,止于敬。为人子,止于孝。为人父,止于慈。与国人交,止于信。 ——《大学》

家败离不得个奢字,人败离不得个逸字,讨人嫌离不得个骄字。
——曾国藩

父母之爱,喜而不忘。父母之恶,惧而无怨。父母有过,谏而不逆。
——曾子

子孙若如我,留钱做什么,贤而多财,则损其志;子孙不如我,留钱做什么,愚而多财,增益其过。
——林则徐

房屋不在高堂，不漏便好。衣服不必绫罗，和暖便好。

饮食不在珍馐，一饱便好。娶妻不在貌美，贤德便好。

邻里不在高低，和睦便好。亲眷不择新旧，来往便好。

养儿不问男女，孝顺便好。兄弟不在多少，和顺便好。

朋友不在酒食，扶持便好。官吏不在大小，清正便好。

——[明]《明心宝鉴》

俭则约，约则百善俱兴；侈则肆，肆则百恶俱纵。　　——吕坤《呻吟语》

人子之事亲也，事心为上，事身次之；最下事身而不恤其心；又其下，事之以文而不恤其身。　　　　　　　　　　　　　　　　——《呻吟语》

齐家篇

治平篇

孔子曰:"大道之行也,天下为公,选贤与能,讲信修睦。"

——汉·戴圣《礼记·礼运》

效小节者不能行大威,恶小耻者不能立荣名。 ——《战国策》

见兔而顾犬,未为晚也;亡羊而补牢,未为迟也。 ——《战国策》

论至德者不和于俗,成大功者不谋于众。 ——《战国策》

执古之道,以御今之有。能知古始,是谓道纪。 ——《道德经第十四章》

大方无隅,大器晚成,大音希声,大象无形。 ——《道德经十一章》

圣人常善救人,故无弃人;常善救物,故无弃物。 ——《道德经二十七章》

安求一时誉,当期千载知。 ——[北宋]梅尧臣《寄滁州欧阳永叔》

百虑输一忘,百巧输一诚。 ——[清]顾图河《任运》

下不钳口,上不塞耳,则可有闻矣。 ——[汉]荀悦《申鉴·杂言上》

赏不劝,谓之止善;罚不惩,谓之纵恶。　　　　　——《申鉴·政体》

民存则社稷存,民亡则社稷亡。　　　　　　　——《申鉴·杂言上》

不受虚言,不听浮术,不采华名,不兴伪事。　　——《申鉴·俗嫌》

善禁者,先禁身而后人。不善禁者,先禁人而后身。　——《申鉴·俗嫌》

主好要则百事详,主好详则百事荒。　　　　　——《荀子·王霸》

赏不行,则贤者不可得而进也;罚不行,则不肖者不可得而退也。

　　　　　　　　　　　　　　　　　　　　——《荀子·富国》

贤不肖不杂则英杰至,是非不乱则国家治。　　——《荀子·王制》

大者不能,小者不为,是弃国捐身之道也。　　——《荀子·大略》

公道达而私门塞,公义明而私事息。　　　　　——《荀子·君道》

动莫若敬,居莫若俭,德莫若让,事莫若咨。　——《国语·周语下》

兵不如者,勿与挑战;粟不如者,勿与持久。　——《战国策·楚策一》

不备不虞,不可以师。　　　　　　　　　　——《左传·隐公五年》

太上有立德,其次有立功,其次有立言,虽久不废,此之谓不朽。

　　　　　　　　　　　　　　　　　——《左传·襄公二十四年》

辅车相依,唇亡齿寒。　　　　　　　　　　——《左传·僖公五年》

治平篇

217

面刺寡人之过者,受上赏;上书谏寡人者,受中赏;能谤讥于市朝,闻寡人之耳者,受下赏。

——《齐威王下令求谏》

圣人不能为时,时至而弗失。舜虽贤,不遇尧,不得为天子;汤、武虽贤,不当桀、纣不王。故以舜、汤、武之贤,不遭时不得帝王。

——《战国策》

千丈之堤,以蝼蚁之穴溃;百尺之室,以突隙之烟焚。

——《韩非子》

上无度失威,下无忍莫立。上下知离,其位自安。君臣殊密,其臣反殃。小人之荣,情不可攀也。

——[隋]王通《止学》

人困乃正,命顺乃奇,以正化奇,止为枢也。

世之不公,人怨难止;穷富为仇,弥祸不消。

不察其德,非识人也。识而勿用,非大德也。

——《止学》

无为也,则用天下而有余;有为也,则为天下用而不足。 ——《庄子·天道》

天地有大美而不言,四时有明法而不议,万物有成理而不说。

——《庄子·知北游》

天地虽大,其化均也;万物虽多,其治一也;人卒虽众,其主君也。君原于德而成于天,故曰,玄古之君天下,无为也,天德而已矣。 ——《庄子·天地》

故曰,夫恬淡寂寞,虚无无为,此天地之平,而道德之质也。

——《庄子·刻意》

众人重利,廉士重名,贤人尚志,圣人贵精。 ——《庄子·刻意》

名也者,相轧也;知也者,争之器。二者凶器,非所以尽行也。

——《人世间》

叛而不讨,何以示威? 服而不柔,何以示怀? 非威非怀,何以示德? 无德,何以主盟?

——《左转·文公七年》

世治则以义卫身,世乱则以身卫义。

——[汉]刘安《淮南子·缪称训》

大人者,以天地万物为一体者也。其视天下犹一家,中国犹一人焉。

——王阳明

偏听生奸,独任成乱。

——[汉]司马迁《史记·鲁仲连与邹阳列传》

安危在出令,存亡在所任。

——《史记·楚元王世家》

泰山不让土壤,故能成其大;河海不择细流,故能就其深。

——《史记·李斯列传》

安民之术,在于丰财。丰财者,务本而节用也。

——[晋]陈寿《三国志·魏书·杜恕传》

为国之道,食不如信。立人之要,先质后文。　——[宋]沈约《宋书·江夷传》

选贤于野,则治身业弘;求士于朝,则饰智风起。　——《宋书·傅隆传》

器要有用,则贵贱同资;物有适宜,则家国共急。　——《宋书·范泰传》

赏有功,褒有德。

——《史记·平津侯主父列传》

存不忘亡,安必虑危。

——《三国志·吴书·吴主传第二》

攻取者先兵权,建本者尚德化。

——《三国志·魏书·贾诩传》

定国之术，在于强兵足食。 ——《三国志·魏书·武帝纪》

用兵之道，抚士贵诚，制敌贵诈。 ——《资治通鉴·唐高宗永隆元年》

继治世者其道同，继乱世者其道变。 ——《资治通鉴·汉武帝建元元年》

国虽大，好战必亡；天下虽平，忘战必危。夫怒者逆德也，兵者凶器也，争者末节也。夫务战胜，穷武事者，未有不悔者也。 ——《通鉴·汉武帝元朔元年》

夫民不可与虑始，而可与乐成。论至德者不和于俗，成大功者不谋于众。是以圣人苟可以强国，不法其故。 ——《通鉴·周显王十年》

积一勺以成江河，累微尘以崇峻极。 ——《晋书·虞溥传》

马不伏枥不可以趋道；士不素养不可以重国。 ——[汉]班固《汉书·李录传》

黩武之众易动，惊弓之鸟难安。 ——[唐]房玄龄《晋书·王鉴传》

善为国者，藏之于民。 ——《三国志·魏书·赵俨传》

得人者兴，失人者崩。 ——《史记·商君列传》

终不以天下之病而利一人。 ——《史记·五帝本纪》

法之不行，自于贵戚。 ——《史记·秦本纪》

反听之谓聪，内视之谓明，自胜之谓强。 ——《史记·商君列传》

不做威，不做福，靡有后羞。 ——《史记·三王世家》

千羊之皮,不如一狐之腋;千人之诺诺,不如一士之谔谔。

——《史记·商君列传》

大行不顾细谨,大礼不辞小让。

——《史记·项羽本纪》

道得众,则得国;失众,则失国。

——《大学》

是故君子先慎乎德,有德此有人,有人此有土,有土此有财,有财此有用。德者,本也;财者,末也。

——《大学》

积于柔必刚,积于弱必强。

——《列子·黄帝》

大道以多歧亡羊,学者以多方丧生。

——《列子·说符》

将治大事者不治细,成大功者不成小。

——《列子·杨朱》

见出以知入,观往以知来。

——《列子·说符》

吞舟之鱼,不游枝流;鸿鹄高飞,不集污池。

——《列子·杨朱》

世无常贵,事无常师;圣人无常与,无不与;无所听,无不听;成于事而合于计谋,与之为主。

——《鬼谷子》

人言者,动也;己默者,静也;因其言,听其辞,言有不合者,反而求之,其应必出。言有象,事有比;其有象比,以观其次。象者,象其事,比者,比其辞也。以无形求有声。其钓语和事,得人实也。

——《鬼谷子》

真正的领导不在于谁能领导多少君子,而在于谁能驾驭多少小人。

想左右天下的人，须先能左右自己。

——苏格拉底

无法做出决策的人，或欲望过大，或觉悟不足。

——笛卡尔

仅仅具备出色的智力是不够的，主要的问题是如何出色地使用它。

——笛卡尔

这是一个最好的时代，这是一个最坏的时代；
这是一个智慧的年代，这是一个愚蠢的年代；
这是一个光明的季节，这是一个黑暗的季节；
人们面前应有尽有，人们面前一无所有。

——狄更斯《双城记》

食者，民之本也。民者，国之本也。国者，君之本也。

——《淮南子·主术训》

生无一日之欢，死有万世之名。

——《列子·杨朱》

君正臣从谓之顺，君僻臣从谓之逆。

——《晏子春秋·内篇谏下》

明主用人也，使能者不敢遗其力，而不能者不得处其任。

——《资治通鉴·魏记》

观古今之成败，能先见事机者，则恒受其福。

——《三国志》

智者不为小利移目，不为意似改步，时可而后动，数合而后举。

——《三国志》

人本是散落的珠子，随地乱滚，文化就是那根柔弱而又强韧的细丝，将珠子串起来成为社会。

——龙应台

是文化的力量,将无意义的碎片组成有意义的拼图。　　　　——龙应台

德不优者不能怀远;才不大者不能博见。　　　——[汉]王充《论衡·别通》

君子不畏虎,独畏谗夫之口。　　　　　　　　　——《论衡·言毒》

有益于化,虽小弗除;无补于政,虽大弗与。　　　——《论衡·薄葬》

民为邦本,本固邦宁。　　　　　　　　　　　　　　——《尚书》

汝惟不矜,天下莫与汝争能;汝惟不伐,天下莫与汝争功。

——《尚书·大禹谟》

德惟善政,政在养民。　　　　　　　　　　——《尚书·大禹谟》

天作孽,犹可违;自作孽,不可逭。　　　——《尚书·商书·太甲》

慎厥初,惟厥终,终以不困;不惟厥终,终以困劣。

——《尚书·周书·蔡仲之命》

良骏败于拙御,智士踬于暗世。　　　——[晋]·葛洪《抱朴子·官理》

从善如登,从恶如崩。　　　　　　　　　　——《国语·周语下》

　　文明就像是一条筑有河岸的河流。河流中流淌的鲜血是人们相互残杀、偷窃、争斗的结果,这些通常就是历史学家们所记录的内容。而他们没有注意的是,在河岸上,人们建立家园,相亲相爱,养育子女,歌唱,谱写诗歌,创作雕塑。

——威尔·杜兰特《世界文明史》

东方文化有"替死"的传统,首长平时注意物色人选,以备不时之需。

——王鼎钧

不要对着人们的头说话,要对着他们的心说话。　　　　——曼德拉

被压迫者和压迫者同样都被剥夺了人性。　　　　　　——曼德拉

不受虚言,不听浮术,不采华名,不兴伪事。　　——[汉]荀悦《申鉴·俗嫌》

严以驭役而宽以恤民,极于扬善而勇于去奸,缓于催科而勤于抚字。

——[清]金缨《格言联璧》

礼繁则难行,卒成废阁之书;法繁则易犯,益甚决裂之罪。

——[清]金缨《格言联璧》

为政者贵因时。事在当因,不为后人开无故之端;事在当革,无使后人长不救之祸。

——[清]金缨《格言联璧》

小人谋身,君子谋国,大丈夫谋天下。　　　　　　——《鬼谷子》

媒体的责任在于:当社会哭时,不让大家哭得更伤心;当社会笑时,不让大家笑得太狂妄。

——喻国明

现实中缺少英雄的时候,媒体上的英雄就会增加;媒体上的阴暗面缩小的时候,现实中的阴暗面便已扩大。媒体是扫帚,它干净了,房子就脏了。

——吴稼祥

制度让想犯错的人犯不了错,文化让有机会犯错的人不愿意犯错。

政府像人们的胃，人们不觉得它存在，才算运作良好。　　　　——金维纯

避免公民犯错误，不是我们政府的职责；而避免政府犯错误，却是公民的责任。
　　　　　　　　　　　　　　——[美]联邦最高法院前大法官罗伯特·杰克逊

行政权力永远都是饥肠辘辘，扩张与强夺是它挥之不去的本性。
　　　　　　　　　　　　　　　　　　——[美]历史学家芭芭拉·塔奇曼

社会表扬活着的顺从者，以及死去的叛逆者。

当他不知道自己在说教时，他的说教是最有效的。　——毛姆《毛姆读书随笔》

当一个社会急匆匆往前赶路的时候，不要因为要往前走，就忽视那个被撞到的人。
　　　　　　　　　　　　　　　　　　　　　　　　——贾樟柯

在一个缺乏常识和规则的时代，搞混一件事很容易，搞清楚一件事却很难；在缺乏信仰和标准的环境下，质疑一件事天经地义，相信一件事却很难。
　　　　　　　　　　　　　　　　　　　　　　　　——杨乐渝

规则就像金字塔，底层多数人受制于规则，中间少数人利用规则，顶层个别人制定规则。
　　　　　　　　　　　　　　　　　　　　　　　——胡家曙

为政之道就是勇往直前，有进无退。　　　　　　　　——拿破仑

统治别人的人并不比别人更聪明，也不见得比别人更幸福。　　——卢梭

任于朝者，以馈送及门为耻；任于外者，以苟且入都为羞。
　　　　　　　　　　　　　　——[明]弘治年间吏部尚书王恕作

治平篇

225

要一文,不值一文,难欺吏卒;宽一分,民爱一分,见佑鬼神。

——[明]嘉靖藩司参议钱亚

地当黄运之中,水欲治,漕欲通,千里河流,涓涓都从心上过;官做军民之主,宽以恩,严以法,一方士庶,笑啼都到眼前来 。 ——[清]徐州兵备道张鼎

为政不在言多,须息息从省身克己而出;当官务持大体,思事事皆民生国计所关。 ——[清]嘉庆时云贵总督赵慎畛

勉力为之,正人心,原风俗,实惟根本;文治彰矣,拔真才,加训迪,勿懈功夫。 ——[清]工部尚书彭元瑞

眼前百姓即儿孙,莫言百姓可欺,当留下儿孙地步;堂上一官称父母,漫说一官易做,还尽些父母思情。 ——[清]山东金乡县令王玉池

人人论功名,功有实功,名有实名,存一点掩耳盗铃之私心,终为无益;官官称父母,父必真父,母必真母,做几件悬羊卖狗的假事,总不相干。

——[清]无锡县令武承漠

此是公门,裹足莫干三尺法;我无私谒,盟心只凛一条冰。

——[清]桂林知府仪门对联余小霞作

过于尊严,权利太大的人,到头来总是成为取笑对象。王道胜过霸道。

——伊索

法律就是国家铸的一口大钟,你不去敲,它永远不会响。 ——农民何正文

正确结论来自多元的声音,而不是权威的选择。 ——《批评官员的尺度》

你越是拥有权利,就越难以知道谁在对你撒谎,而谁没有撒谎。

——马尔克斯

值得害怕的倒不是大人物的缺德,而是缺德使人成了大人物。

——托尔维克《论美国的民主》

解决小问题开大会,解决大问题开小会。解决重大问题不开会。

——网上流传的对"中国式会议"的总结

以常人人性对待他人,这个社会反而正常,要求别人都做圣人,这个社会就老出小人。

——专栏作家连岳

如果人民害怕政府,便是暴政。如果政府害怕人民,便是自由。

——托马斯·杰弗逊

社会的溃败无关道德,而与不平等相关联。

——经济学家 克鲁格曼

生命的要义,在于知道我们终将死去;政治的要义,在于知道我们终将要离开。

——[法]萨克奇

中国的进步不是靠一帮勇敢者去触碰勇气的上限,而是靠普通人一起一点点抬高勇气的下限。

——刘瑜

使用权力容易,难就难在晓得什么时候不去用它。

——蒋经国

假如我统治世界,我会要求人人都有义务读我的书,这样他们会变得跟我一样聪明,从而不相信世界需要一个统治者。

——[意大利] 作家翁贝托·埃科

话说到有人厌恶,比起毫无动静,还是一种幸福。

——鲁迅《坟·题记》

从众者,有圣人引领时,他们不一定会是圣人,但当魔鬼带路时,他们皆是魔鬼。

——斑文

权利和爱是一个天平的两端,当你有充分的爱时,你会放弃权力,当你看到权力正在抬头的时候,你应当告诉自己,爱正在向它低头。

——荣格

不要盲目地反对进步,但要反对盲目的进步。

——意大利西拉俱乐部的座右铭

我们的优越性:能够集中力量办大事;我们的危险性:能够集中力量办坏事。

——樊建川

官员若不知自己究竟有多大的权力,是很可怕的;公民若不知官员究竟有多大的权力,是更可怕的。有媒体说,法律本身就是官员的"权力清单"。听绵羊对狮子谈宽容,我觉得很可笑;听狮子对绵羊谈宽容,我就觉得很有道理。

如果一个人竭力想在语言上战胜你,在理论中驳倒你,那不过说明他在现实中已经输得很惨了。

——洪元觉《五味集》

一个想当领导的人应该永远说真话,如果没有原因的话,至少说真话是最简单的。

——[美]马文·鲍威尔《领导的意志》

被人揭下面具是一种失败,自己揭下面具却是一种胜利。

——雨果

当制度不足以约束权力,当教育不能哺育良知,当文化失去自由和创造力,就意味着一个社会从它的未来中抹去两个字:希望。

——东东《夜路拾遗》

风平浪静时,谁都能掌舵。

——挪威谚语。

政治可能是世界上唯一投资最多而顾客最少的生意。

——[美]竞选媒体分析公司雇员埃文·特雷西

在我国,不少人期待接受双眼皮手术的总统能用他那变得更大的眼睛仔细监督国政。

——[韩国]《东亚日报》

正如巴尔扎克所说的,有两样东西推动着这个世界:美貌和权力。

——[塞尔维亚]前财长博日达尔 杰立奇

要让老百姓不怕官,很简单,让官怕老百姓就行了。 ——姚元忠

中国的历史性的任务是脱贫,同时还要脱愚。贫而愚,会落后挨打,倒行逆施;富而愚,也许其危险性不低于贫而愚。 ——王蒙

一个人接受了公众的信任后,就应该把自己看作是公共财产。 ——杰斐逊

对一个人的不公就是对所有人的威胁。 ——孟德斯鸠

弱者往往被人推到墙上;但是,一个公正的社会有责任使这堵墙成为可攀登的。 ——哈里斯

最好的东西如发生腐化,就会成为最坏的东西。 ——贺尔

法律是显露的道德,道德是隐藏的法律。 ——林肯

人类天性中有一条基本准则,即掌权者说话都慢条斯理,平头百姓则语速飞快——因为他们如果不说快点,没人会听他们说什么。

——[英]电影演员 麦克尔·凯恩

一个稳定的政治制度,必须具有这种把政治还原为常人的能力。

——林达《总统是靠不住的》

国家当动荡变进之时,其以往历史,在冥冥中必会发生无限力量,诱导它的前程,规范着它的旁趋,此乃人类历史本身不可避免之大例。

——钱穆《国史新论》

令人率言"革新",然革新固当知旧。不识病象,何施刀药？仅为一种凭空抽象之理想,蛮干强为,求其实现,鲁莽灭裂,于现状有破坏无改进。

——钱穆《国史新论》

一种合理的政治制度的产生,必有一种合理的政治思想为之渊泉。

——钱穆《国史新论》

一切有权力的人都容易滥用权力,这是万古不易的一条经验。有权力的人们使用权力一直到遇到界限的地方才停止。 ——[法]孟德斯鸠《论法的精神》

众声沸腾不一定就是民主,鸦雀无声肯定是专制。 ——朱铁志《不一定》

人类把历史看作一连串的战斗。因为到现在为此人类依旧把争斗当成生活的主要内容。 ——[俄]契科夫《生活的札记》

使人堕落和道德沦丧的一切原因中,权力是最永恒、最活跃的。

——[英]历史学家阿克顿(1834－1902)

对一位领导者来说,有人品没能力是一种软弱,而只有能力而没有人品则意味着危险。 ——历史学家大卫·麦库卢

人民的精神生活比疆土的广阔更重要,甚至比经济繁荣的程度更重要。

民族的伟大在于其内部发展的高度,而不在其外在发展的高度。

——索尔仁尼琴

犹太法律有个原则,就是不可制订大多数人无法遵守的法律。

——马文·托卡雅《犹太人的智慧》

以至公无私之心,行光明正大之事。

——[明]吕坤《呻吟语》

既然戴乌纱,就应忧国忧民;即使卖红薯,也当凭秤凭心。

——《赠为官儿联》

吏不畏吾言而畏言廉,民不服吾能而服吾公;公则民不敢慢,廉则吏不敢欺。

——[明]郭允礼《官箴》

治平篇

制治于未乱,保邦于未危,预防其患也。

——《尚书》

当官之法,唯有三事:曰清,曰慎,曰勤。知此三者,则知所以持身矣

——《吕氏童蒙训》

天下有正道,邪不可干,以邪干正者,国不治;天下有公议,私不可夺,以私夺公者,人不服。

——[宋]林逋《省心录》

安而不忘危,存而不忘亡,治而不忘乱。

——《易经》

逃离地球,却还是逃离不了竞争殖民、先到先得的法则。哪有什么合作新模式,人类殖民、扩张疆土的欲望随着科技进步走向其他星球,无论社会如何进步,人,依旧是被野心、欲望驱使的动物。

——艾萨克·阿西莫夫《永恒的终结》

图难于其易，为大于其细。天下难事必作于易，天下大事必作于细。是以圣人终不为大，故能成其大。

——老子《道德经·第六十三章》

而圣人者，审于是非之实，察于治乱之情也。故其治国也，正明法，陈严刑，将以救群生之乱，去天下之祸，使持枪凌弱，众不暴寡，耆老得遂，幼孤得长，边境不侵，君臣相亲，父子相保，而无死亡系虏之患，此亦功之至厚者也。

——《韩非子·奸劫弑臣》

地利不如人和，武力不如文德。

——《盐铁论·险固》

动以静为母，疑乃悟之父。

——[清]魏源《明末楚石诸禅师和三圣诗》

用人之长，天下无不可用之人；用人之短，天下无可用之人。　　——翟鸿燊

仅仅具备出色的智力是不够的，主要的问题是如何出色地使用它。

——笛卡尔

每一个个人就是整个国家。

——[法]孟德斯鸠

历史将会记录，在这个社会转型期，最大的悲剧不是坏人的嚣张，而是好人的过度沉默。

——[美]马丁·路德·金

役其所长，则事无废功；避其所短，则世无弃材矣。　　——葛洪

用人者，取人之长，避人之短；教人者，成人之长，去人之短。

——《处世悬镜》

为治首务爱民，爱民必先察吏，察吏要在知人，知人必慎于听言。

——曾国藩《挺经》

如果你的工具只有一柄铁锤,你就可能认为所有的问题都是铁钉。

——[美]李斯《谏逐客书》

历史喜爱英勇豪迈的事迹,同时也谴责这种事迹所造成的后果。

——[法]儒勒·凡尔纳《神秘岛》

人最不能原谅的莫过于被迫从真诚的热情中醒悟,明白过来那个曾令他们寄托了全部希望的人正是他们失望的人。

——《人类群星闪耀时》

世界上有两种斗争方法:一种方法是运用法律,另一种方法是运用武力。

——《君主论》

深深地认识人民性质的人应该是君主,而深深地认识君主的性质的人应属于人民。

——马基雅维里《君主论》

一个政府压制它的人民,以使他们成为自己手中的驯服工具——即便是为了正当的目的——它也会发现,靠受压制的人是不可能真正成就什么大事的。

——[英]哲学家 穆勒

一切正常的生命都会有意识或无意识地对控制感到愤恨。如果这种控制来自能力低下的一方或据说能力低下的一方,这种愤恨就会更加强烈。

——艾萨克·阿西莫夫

风骨篇

人生自古谁无死,留取丹心照汗青。 ——文天祥

捐躯赴国难,视死忽如归。 ——曹植《白马篇》

时穷节乃见,一一垂丹青。 ——文天祥

忧国忘家,捐躯济难,忠臣之志也。 ——曹植

人固有一死,或重于泰山,或轻于鸿毛。 ——司马迁

宁可枝头抱香死,何曾吹落北风中。 ——北宋·郑思肖《寒菊图》

十年磨一剑,霜刃未曾试。今日把示君,谁有不平事。 ——贾岛。

世治则以义卫身,世乱则以身卫义。 ——汉·刘安《淮南子·缪称训》

道之所在,虽千万人吾往矣。 ——《孟子·公孙丑上》

为天地立心,为生民立命,为往圣继绝学,为万世开太平。

——北宋·张恒渠

经危蹈险,不易其节;金声玉色,久而弥彰。　　　　　　　——《三国志》

石可破也,而不可夺坚;丹可磨也,而不可夺赤。　　——《吕氏春秋·诚廉》

火并不能把我征服,未来的世界会了解我,懂得我的价值!　　——布鲁诺

勇气是压力下的优雅。　　　　　　　　　　　　　　　——海明威

明代,魏忠贤建生祠,李流芳竟不往拜,与人说:"拜,一时事;不拜,千古事。"董其昌为此大加赞叹:"其人千古,其艺千古。"

青年们先可以将中国变成一个有声的中国。大胆地说话,勇敢地进行,忘掉一切利害,推开了古人,将自己的真心话发表出来。　——鲁迅《无声的中国》

无论哪个知识分子都应当具有这样的特点——对社会罪恶的愤怒,对人民苦难的敏感和同情,承认良心至高无上,站在弱势群体一边,仗义执言。
　　　　　　　　　　　　　　　　　　　　　　　　　——萨义德

世界上只有一种英雄主义,就是看清生活真相之后,依然热爱生活。其实人跟树是一样的, 越是向高处的阳光,它的根就越要伸向黑暗的地底。
　　　　　　　　　　　　　　　　　　　　　　　　　　　——尼采

"他沉沦,他跌倒。"你们一再嘲笑。须知,他跌倒在高于你们的上方。他乐极生悲,可他的强光紧接你们的黑暗。
　　　　　　　　　　　　　　　　　　　　　　　　　　　——尼采

孩子害怕黑暗,情有可原;人生真正的悲剧,是成人害怕光明。　——柏拉图

放弃独立思考,是一切不幸的核心。
　　　　　　　　　　　　　　　　　　　　　　　　　——罗曼·罗兰

风骨篇

大寒既至,霜雪既降,吾是以知松柏之茂也。　　　　　　　——《庄子·让王》

也许,焰火的迷人之处就在它会熄灭,而熄灭之前无可取代;

也许,焰火的美丽就在它背后有个黑暗的天空。　　　　　　——王鼎钧

如果你站在排头,要有领袖风度;

如果你站在排尾,要有英雄气概;

如果你属于中间,就尽自我,不求人知,绝不敷衍!　　　　　——王鼎钧

一句真话比整个世界的分量还重。　　　　　　　　　　——索尔仁尼琴

有些姿势,只属于一个时代的。其实,坐、卧、起、立、跪,乃至作揖、鞠躬、握手,所有动作,都是心灵的姿势,都需要一根骨头支撑。没有了骨头,卧床的身体,也只是一具皮囊。　　　　　　　　　　　　——詹谷丰《书生的骨头》

知识分子一旦依附权势,势必俗不可耐。知识分子一旦依附权势,势必奴颜媚骨。我想知识分子尽管已经边缘化,但仍应有使命,仍拥有立场,仍拥有义务,仍拥有天职。绝不能堕落为传声筒、软骨头、墙头草和说谎者。知识分子精神简言之就是独立的精神、自由的精神。　　　　　　　　——沙叶新

垂下的头颅只是为了让思想扬起。你若有一个不屈的灵魂,脚下就会有一片坚实的土地。　　　　　　　　　　　　　　　　　　——《旅程》

我要有能做我自己的自由,和敢做我自己的胆量。　　　　——《我的愿望》

懦夫一生数死,丈夫只死一遭。　　　　　　　　　　——[英]莎士比亚

奇怪的是,没有脊骨的生物都有最坚硬的壳。　　　——[黎巴嫩]纪伯伦

一丝一粒,我之名节;一厘一毫,民之脂膏。宽一分,民受赐不止一分;取一文,我为人不值一文。谁云交际之常,廉耻实伤;倘非不义之财,此物何来?

——[清]康熙时礼部尚书张伯行

不惜牺牲自由以图苟安的人,既不配享受自由,也不配获得安全。

——富兰克林

松柏不怕霜冻,大山不怕雪压。

——藏族谚语

蠕虫从小鸡身边跑开,小鸡就会吃掉它;但是当蠕虫向小鸡爬过去时,小鸡就匆匆躲开了。

——爱伦堡

在写小说时,我总是在心里牢记:"在一座高大坚实的墙和与之相撞的鸡蛋之间,我永远站在鸡蛋这一边"。

——[日]村上春树

即便仅是需要闭上眼睛,也并不意味着要放弃光明。

——尚德琪

要狼为自己的罪恶史忏悔,是羊的一厢情愿。

——鲁行

我并不怕死,我怕的是在不公正面前保持沉默。我要对那些扼杀我声音的人说:"无论何时何地打击我,我都准备好了。你可以把花掐断,但什么也阻止不了春天的到来。"

——"阿富汗最勇敢妇女"马拉拉·何亚

岂能因声音太小而不呐喊。

——电影《网瘾战争》

鹅卵石为什么被人捏在手里玩? 就因为它没有棱角。

——韩寒

我不会讨人喜欢,我从小就不会讨人喜欢,后来我知道了如何讨人喜欢,我决定就不讨人喜欢。

——崔永元

风骨篇

言人之所言,那很容易;言人所欲言,就不太容易;言人之所不敢言,就更难。

——马寅初

自由之树必然时常用爱国者和暴君的血来浇灌。 ——[美]托马斯·杰斐逊

我觉得人生"不平则鸣"有骨气,"不平则怒"没出息。"怒"在我看来是弱者的表现。我不怒也不走,我要留下来发出我的声音。

——李毅《不平则怒没出息》

成则济世,败则独善,谓之顺应天命。有的人固然竭力拼搏过,到底败北,独善了,那自然没话可说。但中国的自强者往往先设计好独善的退路,然后尝试去济世,稍有接触,便断定不成,退回来,觉得委屈不分,于是独善起来,特别有滋味。中国没有浪子,中国的浪子还没离家已经想家了。

——木心《独善与济世》

中国一向就少有失败的英雄,少有韧性的反抗,少有敢单身鏖战的人,少有敢抚哭叛徒的吊客;见胜兆则给纷纷聚集,见败兆则纷纷逃亡。 ——鲁迅

我独不了解中国人何以于旧状况那么心平气和,于较新的机运就这么疾首蹙额;于已成之局那么委曲求全,于初兴之事就那么求全责备?

——《华盖集,这个与那个》

除非你弯下腰,否则别人是不可能骑上你的背的。 ——小马丁·路德·金

我喜欢这句话——英雄使自己成为英雄,懦夫把自己变成懦夫。

——关若增《想到就写》

学会平视权威,你会变得气宇轩昂,即高贵;学会尊重法律,你会活得心安理得,即自由。

——罗西《高贵与自由》

下跪的姿势无论多么优美,它始终是下跪。 ——魏剑美《思想的独舞》

惟沉默是最高的轻蔑。 ——鲁迅

生活中,弯曲了脊梁,会得到许多好处;挺起了腰杆,则会感到沉重的压力。有人像草一样终生匍匐在石板底下,苟且偷生的样子令人既怜悯又鄙视。还有人像尖锐的竹笋,要么掀翻石板,要么被石板压断。

——管卫中《思绪的水滴》

鲁迅与其称为文人,无如号为战士。战士者何?顶盔披甲,持矛把盾,交锋以为乐,不交锋则不乐,不披甲则不乐,即使无锋可交,无矛可持,拾一石子投狗,偶中,亦快然于胸中。此鲁迅之一幅活形也。德国诗人海涅语人曰,我死时,棺中放一剑,勿放笔,是足以语鲁迅。 ——林语堂

一琴一剑,抒我怨愤;一灯一影,伴我凄清。 ——郑逸梅

我们从古以来,就有埋头苦干的人,有拼命硬干的人,为民请命的人,舍身取法的人,这些人构成了中国的脊梁。 ——鲁迅

迎斧钺而敢谏,投鼎镬而尽言,此谓忠臣也。 ——[东晋]葛洪《抱朴子》

成大事功,全仗着赤心斗胆,有真气节,才算得铁面铜头。气血之怒,不可有,礼义之怒,不可无。 ——[清]王永彬《围炉夜话》

宁鸣而死,不默而生。 ——胡适

不能缩头者,且休缩头;可以放手者,便须放手。 ——[清]王永彬《围炉夜话》

宾入幕中,皆沥胆披肝之士;客登座上,无焦头烂额之人。

——[清]王永彬《围炉夜话》

有些鸟儿是注定关不住的，因为它们的每一片羽毛，都沾满了自由的光辉。

——电影《肖申克的救赎》

我从不让小人受罪一次，我让他痛苦一生。

——李敖

我从无满脸骄气，却总有一身傲骨。

——李敖

养活一团春意思，撑起两根穷骨头。

——曾国藩自警联

勇气是逆境当中绽放的光芒，它是一笔财富，拥有了勇气就有了改变的机会。

——茨威格

抱怨身处黑暗，不如提灯前行。愿你在自己存在的地方，成为一束光，照亮世界的一角。

——刘同《向着光亮那方》

说真话不应当是艰难的事情。我所谓真话不是指真理，也不是指正确的话。自己想什么就讲什么；自己怎么想就怎么说，这就是说真话。

——巴金

为了能够和敢于说出伟大的真理，就绝不能只想着成功。

——[法]卢梭

如果你像个男子汉那样战斗，你就不会像条狗似的被人绞死。

——[阿根廷] 豪尔赫·路易斯·博尔赫斯

君子畏天，不畏人，畏道义，不畏刑法；畏不义，不畏不利；畏徒生，不畏舍身。

——《呻吟语》

处世篇

大学里复杂的人际关系使得我神往中东局势的单纯。　　　——基辛格

地狱里最炙热的地方,是留给那些在出现重大道德危机时,仍要保持中立的人。　　　——但丁《神曲》

无需时刻保持敏感,迟钝有时即为美德。尽量从善意的角度去诠释语言,保持比对方迟钝的感觉。此乃社交之诀窍,亦是对人的怜悯。　　　——尼采

尘嚣易生厌恶,即生厌恶,乃思逃于清虚。
久寂易生凄凉,即生凄凉,必眷念旧日荣华光景。　　　——[明]屠隆

别勉强自己不讨厌谁。讨厌别人有时是潜意识在提醒自己远离有可能伤害自己的人。　　　——杨昌溢

你必须很喜欢和自己做伴。好处是,你不必为了顺从别人或讨好别人而扭曲自己。　　　——《费里尼自传》

不要嘲笑别人的故乡,不要嘲笑别人的口音,也不要嘲笑别人的头皮屑,这些,你也拥有。　　　——贾樟柯

所谓的人脉就是人与人之间的价值交换,没有价值的人脉关系是一种短暂的求助关系。

——王利芬

当你可以跟一个人不说话,分享片刻寂静,且不会觉得尴尬,那一刻你就会明白,你遇到对的人。

——电影《低俗小说》台词

装扮的很像样的人,在像样的地方出现,看见同类,也被看见,这是社交。

——张爱玲

伤口不管有多深,总有痊愈的一天。但遗憾不一样,它总会跟随你直到生命结束。

——童玲《浮生物语》

和谐,不是100人发出同一种声音,而是当100个人发出100个不同的声音时,他们同时彼此尊重。

——《天与地》

遇到不可理喻的事情,接受,处理,远离,不追问。而最后这三个字,是生活教会我的最重要的事。

——水木丁

我花了一辈子,就学会了小心,女人和孩子能够粗心大意,但男人不行。

——马里奥·普佐《教父》

确认某些人是否值得信任的最好方法是信任他们。

——海明威

孩子害怕黑暗,情有可原;人类真正的悲剧,是成人害怕光明。 ——柏拉图

我确实没有什么境界,但我有底线,我是"底线主义者"。 ——易中天

不要欺骗别人,因为你能骗到的人都是相信你的人。 ——乔布斯

调情可成恋爱,模仿引进创造,附庸风雅会养成内行的鉴赏,世上不少真货色都是从冒牌货起家的。

——钱钟书《写在人生边上》

清闲无事,坐卧随心,虽粗衣淡饭,但觉一尘不染;忧患缠身,烦忧奔忙,虽锦衣厚味,只觉万状苦愁。

——[明]陈继儒《小窗幽记》

我们把心给了别人,就收不回来了;别人又给了别人,爱便流通于世。

——顾城

无论在任何情况下,人都还有最后一种自由 ——选择态度的自由。

——维克多·E·弗兰克尔

在善的世界里,恶只是一只迷途的羔羊;而在恶的世界里,善却是一只任人宰割的羔羊。善需基础,恶无底线。

——周立波

两个人沟通,70%是情绪,30%是内容。如果沟通情绪不对,那内容就会被扭曲了。所以沟通内容之前,情绪层面一定要梳理好,不然误会只会越来越深。

——几米

跟世界上所有的人一样,我所暴露给世人的只是修剪过的、洒过香水的、精心美容过的公开的意见,而把我私底下的意见谨慎小心地,聪明的遮盖了起来。

——马克·吐温

我始终感觉,人与自己订有极其重要的契约,必须保持自我,又能容受万物,独立自强,凭借与此一星球的偶然遇合,随机应变,又像猎犬一般执着,不离不弃。

——[美]作家 怀特

如果抽取了爱,好人依旧会好,但会干瘪;坏人会愈发坏,会坏的没有一点温度。

——作家 马德

一样的春天,却不一定给予所有人相同的喜悦,因为喜悦的程度取决于每个人过冬的方式。如果没有竭力对抗过严冬,就不会体会春天的温暖。

——[日]星野道夫

我们经历了磨难,是为了能够让我们更好地安慰别人。　　——《桃姐》台词

生活是种律动,须有光和影,有左有右,有晴有雨,滋味就含在这变而不猛的曲折里。

——老舍《小病》

我们很少信任比我们好的人,宁肯避免与他们来往。相反我们常对于我们相似、和我们有着共同弱点的人吐露心迹。我们并不希望改掉弱点,只希望受到怜悯和鼓励。

——加缪《局外人》

有一种失落,不能说,只能感受;

有一种悲凉,不能说,只能靠敛藏;

有一种喜欢,只能靠欺骗来隐瞒;

有一种心痛,叫爱不能语。

——张爱玲

反抗你的敌人需要过人的勇气,而在朋友面前坚持自己的立场需要更大的勇气。

——电影《哈利·波特》台词

热闹中着一个冷眼,便省许多苦心思;冷落处存一热心,便得许多真趣味。

——《菜根谭》

这世界上最难的事莫过于在多变的世界里维持不变的关系。

——陶立夏《分开旅行》

绝对不可能在一个地方找到心中的完美,必须一片一片地拼凑起来——这儿好吃的,那儿的博物馆,还有那个人迹罕至的悠游地带。——比尔·布莱森

说真话是说话的最低成本，做好事是做事的最佳投资。 ——西岭雪

己所不欲，勿施于人，是人的本分。己所欲而施于人，才是真的慷慨。

——蔡志忠

这世上很多事注定只能浅尝辄止，陷得深了心就会疼。 ——独木舟

世上有两样东西不可直视，一是太阳，二是人心。 ——东野圭吾《白夜行》

语言很多时候是假的，一起经历过的事情才是真的。 ——柴静《看见》

世间最好的默契，并非有人懂你的言外之意，而是有人懂你的欲言又止。

——瑞卡斯

你有价值，不需要社交也有人一定要和你社交；你没价值，满世界社交也没有人记得你是谁。

——和菜头《建群是一种瘫》

如果你看清这个世界，必定因为它的荒诞而变得幽默。 ——查理·芒格

一个人损人利己，众人皆骂；一百个人损人利己，就有人想加盟了。

——吴祚来

如果一群人想合作共处，"说坏话"这件事可是十分重要。

——尤瓦尔·赫拉利《人类简史》

墨翟之徒，世谓热腹，杨朱之侣，世谓冷肠。肠不可冷，腹不可热，当以仁义为节文尔。

——[南北朝]颜之推《颜氏家训》

人世间诸事诸物都仿若墙上的斑点，当你在意它的时候，那个东西便成

为一个重点,成为心眼里的重心;当你转移注意力的时候,它其实不过只是一个斑点,一个微不足道的意义卑微的点,但它还是在那里,偶而被你忽视,偶而引起你的注意。

——[英]作家 伍尔夫

我们要躲开两种人,浅薄的哲学家和深刻的女人。前者大谈幸福,后者大谈痛苦。

——BBS 经典语录

人对人的要求,就像银行存款——要求一次,存款就少一些;不要求人,不动存款,你永远是个富人。

——殷海光

朝市山林俱有事,今人忙处古人闲。

——陈继儒

一个所谓能适应社会的正常人,还不如一个所谓人类价值角度意义上的精神病患者健康。前者能很好地适应社会,其代价是放弃自我,以便成为别人期待的样子;相反,精神病患者则可以被视作在争夺自我的战斗中不准备彻底投降的人。

——弗洛姆

有两个革命者:一种人不改变自身,却让外在世界天翻地覆,好比是让一条河改变流量和流向;另一种人从自身修为做起,好比是让一条河更为清澈顺畅。

——[印度]安东尼·德·梅勒

年轻时,我会向众生索要他们能力范围之外的:友谊长存、热情不灭。如今,我明白只能要求对方能力范围之内的:做伴就好、不用说话。而他们的情感、友谊和操守,在我眼中仍完全是一种奇迹,是恩惠的完全表现。 ——加缪

除了自身快乐,我们的第二大愉悦是阻止别人快乐,或者更宽泛地讲,是获得权力。

——伯特兰·罗素

你用不同的礼貌去对待不同的人,那并不是礼貌,而是面具。 ——林振强

不要粗暴地去表达一个观点,也不要冲动地亮出自己的态度——哪怕事后证明你是正确的。事实上,沉默中,你也会显得雍容大度,像一面湖泊,在浩瀚而蔚蓝的沉静中,让人们感受你的宽广与深度。——马德《用刹那问候浮生》

失意时屈意事人者,得意时必欲人屈意事己。 ——聂绀弩

财富如水——如果是一杯水,你可以喝下去;如果是一桶水,你可以搁在家里;但如果是一个池塘或一条河流,就要学会与人分享。 ——洪元觉《五味集》

建立在商务业务上的友谊远比建立在友谊上的商业业务来得好。

——[美]约翰·D·洛克菲勒

最初你不喜欢监狱,然后你适应监狱,最后你离开监狱就活不下去了,这就叫作你被体制化了。 ——《肖申克的救赎》

忍耐是不够的,还必须宽恕。宽恕,是结束苦痛最美丽的句号。当你原谅伤害你的人的时候,你也会变得有尊严起来,而且这种不与其计较的态度,不仅消解了愤怒和仇恨,也让自己获得愉悦的感觉,这是金钱买不到的快乐。

——施明德

出门一步,便是江湖。 ——郑愁予

为了避免对人性失望,我必须首先放弃对人性的幻想。

——马斯洛《动机与人格》

最纯洁的关系是金钱关系,最平等的关系是契约关系。 ——王翔

深夜碰见鬼很恐怖,白天遇见不对的人也很可怕。 ——朱德庸

处世篇

别人给的从来不叫安全感,勉强算是廉价的依赖。安全感基于独立,你赞扬一棵树迎风挺拔,却忘了它年复一年形单影只的孤苦。

——乔小囧

眼看一个个有志青年,熟门熟路地堕落了,许多"个人"加起来,便是时代。

——木心

觉人之诈,不愤于言;受人之侮,不愤于色;察人之过,不扬于他;施人之惠,不记于心;受人之鱼,而学之渔;识人之才,授之于权;善于谋人,有容乃大。

——古之成事者八律

这个世界最大的麻烦,就在于傻瓜和狂热分子对自我总是如此确定;而智者的内心总是充满疑惑。

——波特兰·罗素

大道理是经过几千年的认证的,你认为你是个例外,这种可能性微乎其微。

——冯仑

失意事来,治之以忍,才不以失意所苦;快心事来,处之以淡,方不为快心所惑。

——曾国藩

别人的选择,关我什么事? 我的选择,关你什么事?

——连岳

在有冲突的地方,给予和谐;在有谬误的地方,宣传真理;在有疑惑的地方,带去信仰;在有失望的地方,唤起希望。

——撒切尔夫人

被炒鱿鱼就是上天告诉你:要么你选错了工作,要么是你选错了老板。

——[美]作家兰卡斯特

时尚学不好,那就选择淳朴;不知怎么是好,就微笑;与别人握手时,不妨多握一会儿;不要把自己的过去全让人知道;不要向朋友借钱;喜欢一个不喜欢你的人。

——社交宝典

讽刺是一种玻璃,观看者在其中看到每一个人的面容,就是看不到自己。

——斯威夫特

对不应受赞美的人加以赞美,是一种苛刻的讽刺。 ——富兰克林

天上的星星之所以显得美丽和纯洁只是因为它们离我们如此遥远,而我们又一点不了解它们的私生活。 ——海涅

所谓理想主义者,就是发现玫瑰比包心菜香,就贸然推论用玫瑰来做汤一定比包心菜来做汤好吃的人! ——H·门肯

在大家想法一致的地方,就不会有人肯多想一点! ——W·李普曼

对于争论的双方,我更同情那个承认自己的对手也可能有正确观点的人,而不是那个嘴上挂着白沫坚持自己正确的人。 ——[德]埃尔温·斯特里马特

并非人人都有权发表自己的意见。如果他不知道事实,那么说了也等于没说。 ——[美]安德鲁·罗尼

值得尊敬的人不是那些毫无过错的人,而是那些有许多长处的人。

——[俄]瓦西里·克留切夫斯基

周遭的人不明了作为一个艺术创作者的柴可夫斯基究竟有什么意思,正如柴可夫斯基不明了周遭的人生活究竟有什么意思。 ——黄克全《随想录》

只有有事的时候,人才会说自己没事。 ——电影《马男波杰克》

处世篇

让朋友低估你的优点,让敌人高估你的缺点。 　　　　　　——电影《教父》

只要你的心是善良的,对错都是别人的事。 　　　　　　——电影《大鱼海棠》

我们笑着说再见,却深知再见遥遥无期。 　　　　　　——电影《海上钢琴师》

这个世界充满假象,唯有痛处从不说谎。 　　　　　　——电影《摔跤吧,爸爸》

你知道,怀旧就是拒绝——对痛苦现实的拒绝。 　　　　　——电影《午夜巴黎》

你以为的巧合,不过是另外一个人用心的结果。 　　　　　　——电影《晚秋》

年轻时,总以为能遇上许许多多的人。而后你就明白,所谓机缘,其实也不过那么几次。
　　　　　　——电影《爱在日落黄昏时》

任何事情一经大声说出就多少有点走样了。 　　　　　——赫尔曼·赫西

礼貌和友好的艺术,在于限制和隐藏自己的自我,而让他人的自我随意表现。
　　　　　　——[英]杰拉尔德·布瑞南《人生手记》

一些人三思而后言。而另外一些人则率先说出,他们常常惊奇于自己的话。这些话是直觉。
　　　　　　——[英]杰拉尔德·布瑞南《人生手记》

中国人的性情是总喜欢调和、折中的。譬如你说,这屋子太暗,须在这里开一个窗,大家一定不允许的。但如果你主张拆掉屋顶,他们就会来调和,愿意开窗了。没有更激烈的主张,他们总连平和的改革也不肯行。
　　　　　　——鲁迅《三闲集·无声的中国》

曾经阔气的要复古,正在阔气的要保持现状,未曾阔气的要革新。大抵

如是。大抵!

——《华盖集续编·小杂感》

如果你知道有人像期待节日似的期待你恢复健康,这样甚至患病也是愉快的。

——契科夫

你不能教给一个人什么东西,你仅能帮助他发现他自己。　　——伽利略

任何一个问题的答案的长短,都与该答案的有效性成反比。

——威廉·迪兰尼

在工作中,如果你在被人喜欢和受人尊敬中做选择,请选择后者。

——威廉·迪兰尼

通过一个人解决问题的能力,你可以掂出他本人的分量。

——理查·柯乃洛

假如是乌鸦,不管它是报喜还是报凶,人们都不会再喜欢它。

——钟嵋《一得录》

你伤害过谁,也许早已忘了。可是被你伤害的那个人永远不会忘记你,他绝不会记住你的优点。　　　　——戴尔·卡耐基《人性的弱点》

记住人家的名字,而且很轻易地叫出来,等于给别人一个巧妙而有效的赞美。　　　　——戴尔·卡耐基《人性的弱点》

有经验的倾听对于孤独、喋喋不休和喉炎来说,是最好的治疗方式。

——威廉·阿瑟·沃德

倘若自己把我们付出代价获得的经验加以出售的话,我们就会成为百万富翁。　　　　——范·旧恩

处世篇

再没有比在人海中行走更感到孤独的了。　　　　——何怀宏《若有所思》

只要有一双忠实的眼睛和我们一道哭泣的时候,就值得我们为生命而受苦。
　　　　——罗曼·罗兰

聪明人修检于自身,愚蠢者才欺惑于大众。　　　　——所罗门

我宁愿以诚挚获得一百名敌人的攻击,也不愿意以伪善获得十个朋友的赞扬。啊,在我的心目中,诚挚是一个人的最高品格,我的善良的天使把它赠送给我,放进我的摇篮的襁褓里,我又要将它用殡衣包裹起来,带进我的棺材里去。
　　　　——裴多菲

应当细心地观察,为的是理解;应当努力地理解,为的是行动。
　　　　——罗曼·罗兰

一个人在拿主意之前,定要把一切看透,那他总也拿不定主意。
　　　　——H·F·爱弥儿

诚实的同情是更有效的药,同情可以安慰,但是常常遮掩事实。
　　　　——格雷特勒·埃利希

无论瓦罐碰了石头,或是石头碰了瓦罐,遭殃的总是瓦罐。　——西班牙谚语

光线充足的地方,影子就特别黑。　　　　——歌德

每一滴水都具有水的全部特性,但是绝不会有风暴。　　　　——爱默生

最容易和最简单的东西往往是最难找到的。　　　　——克林凯尔

北山拾叶

一个人只要宣称自己是自由的,就会同时感到他是受限制的。如果你敢于宣称自己是受限制的,他就会感到自己是自由的。 ——歌德

当人们马上同意我的意见时,我就觉得我的意见是不正确的。 ——王尔德

世界上的事情最好是一笑了之,不必用眼泪去冲洗。 ——泰戈尔

寂寞之时,即想热闹;喧嚣之场,亦思闲静,人情大抵皆然。如猴子在树下,则思量树头果;及在树头,则又思量树下饭。往往复复,略无停刻,良亦苦矣。 ——[明]袁宏道《袁宏道集笺校》

一双冷眼看世人,满腔热血酬知己。 ——袁枚《随园诗话》

哪里会有人喜欢孤独,不过是不喜欢失望罢了。 ——村上春树《挪威的森林》

一个人事业上的成功,只有15%是由于他的专业技术,另外的85%要依赖人际关系、处世技巧。软与硬是相对而言的。专业的技术是硬本领,善于处理人际关系的交际本领则是软本领。 ——卡耐基

记住该记住的,忘记该忘记的。改变能改变的,接受不能改变的。 ——塞林格《麦田守望者》

很奇怪,我们不屑与他人为伍,却害怕自己与众不同。 ——保罗·柯艾略

痛苦来自对当下的批判,不能心平气和地接受当下,便是制造痛苦的根源。 ——埃克哈特·托利《当下的力量》。

我必须将自己的思想和言语用篱笆围起来,以免猪和游荡者闯入我的花园。 ——尼采

处世篇

在这个世界上真正奇怪的不是为什么有人发疯，而是很多人为什么没有发疯。

——弗洛姆

为了克服孤独与无能为力感，个人便产生了放弃个性的冲动，要把自己完全消融在外面的世界里。

——弗洛姆《逃避自由》

一个淡仇的人，难免也是一个寡恩的人。同样，一个没有罪感的社会，也必将是一个没有耻感的社会。

——野夫《琐语》

如果一个一生对你不好的人偶尔对你好一次，你会无比感动，如果一个人一生对你好的人，偶尔对你不好一次，你就会无比愤怒。

——木心

不要在庄重、博学的人当中说卑鄙、轻浮的事，也不要在无知的人中谈论非常艰涩的问题或话题，更不要说一些令人难以置信的事情。在与胜过自己或与自己相仿的人交谈时，话不要过多。如果有两个人在一起争辩，不要随便加入其中一方；不要固执己见，在无关紧要的事情上，站到多数人一边。

——华盛顿《言谈举止之道》

删除抱怨，整个尘世是不是会清静的只剩下天籁？

——马德

忘记一个仇人很难，但报答一个恩人很容易。把难的事情交给时间，让时间磨掉一颗仇恨的心，把容易的事交给行动，让行动去捂热一颗善良的心。

——马德《用刹那问候浮生》

真正的孤独者不言孤独，偶尔长啸，如我们看到的兽。弱者都是群居者，所以有芸芸众生。

——贾平凹《孤独地走向未来》

一个真正的人才，必然不会妒才。因为他自己若有独特的才能与自信，何必去嫉妒别人的才能？反而因为发现了你的不同光彩，而乐于与你结交。

即使他不得不与你竞争,仿佛变成了敌人,他仍然会尊重你的才能。因为你如果没有分量,又哪里配做他的对手?

——刘墉

人能虚已以游世,其孰能害之。

——庄子

一杯清水因滴入一滴污水而污浊;一杯污水却不会因一滴清水的存在而变清澈。

——犹太格言

你千万不要见怪,城市是一个几百万人一起孤独生活的地方。

——[美]梭罗

有些笑容背后是紧咬牙关的灵魂。

——柴静《看见》

绝不要和愚蠢的人争论,他们会把你拖到他们那样的水平,然后回击你。

——[美]马克·吐温

唯有身处卑微的人,最有机缘看到世态人情的真相。一个人不想攀高就不怕下跌,也不用倾轧排挤,可以保其天真,成其自然,潜心一志完成自己做的事!

——杨绛

凡是看我不起的人,我总要多看两眼。

——木心

人之所以为人,就是他有着令人憎恨也令人热爱、令人发笑也令人悲怜的人性。

——严歌苓《芳华》

善良,是一种世界通用的语言。

——马克·吐温

在你有权力有名望的时候,卑鄙的人是不敢抬起嫉妒的眼睛看你一眼的;然而,到你一落千丈的时候,显示最大的毒辣的就是他们。

——[俄]克雷洛夫

处世篇

同样是说话,同样是阐述自己的思想,有人惹来了一身麻烦,有人却赢得了阵阵掌声,这就是表达的哲学。
　　　　　　　　　　　　　　　　　　　　　　　　——[美]马克·吐温

很多人不需要再见,因为只是路过而已。遗忘就是我们给彼此最好的纪念。
　　　　　　　　　　　　　　　　　　　　　　　　——林徽因

认清这个世界,然后爱它,就这么一辈子,下一世你可能就不在这个世界了。

有些烦恼,丢掉了,才有风轻云淡的机会。
　　　　　　　　　　　　　　　　　　　　　　　　——[日]宫崎骏

孤独才是寂寞的唯一出口。
　　　　　　　　　　　　　　　　　　　　　　　　——马尔克斯

来是偶然的,走是必然的。所以你必须随缘不变,不变随缘。　　——王石

君子先择而后交,小人先交而后择,故君子寡尤,小人多怨 。　——王通

不是某人使我烦恼,而是我拿某人的言行来烦恼自己。　　　　——王石

正人之言,明知其为我也,感而未必悦;邪人之言,明知其佞我也,笑而未必怒。于此知从善之难。
　　　　　　　　　　　　　　　　　　　——[清]申涵光《荆园小语》

轻信人不一定多疑,而多疑的人每易轻信。　　——[清]魏禧《日录里言》

在人类的属性中,永不缺席的脆弱最为珍贵。　　　　　　——约翰·伯格

我已经没有时间去对我不感兴趣的事情再产生兴趣。　　　　　——加缪

只要我们感到自己有同情心,我们就会感到自己不是痛苦施加者的共

谋。我们的同情宣布我们的清白,同时也宣布我们的无能。

——苏珊·桑塔格《关于他人的痛苦》

有自卑感的人特别容易看出别人的短处。如果别人身上有我们自己竭力隐藏的那种瑕疵,我们总是不遗余力地加以揭发。——埃里克·霍弗

我追求人心的深度,却看到了人心的浅薄。——木心

看清世界的荒谬,是一个智者的基本水准。看清了,不是感到恶心,而是会心一笑。——木心

在这个你看我、我看你的社会里,所谓的正确不过就是与他人相似而已。

——林奕含《房思琪的初恋花园》

对于社会,同时在上帝的眼中,一个普通的诚实人要比从古到今所有加冕的坏蛋更有价值。

——托马斯·潘恩《常识》

宇宙既不友好也不敌对,只是冷漠。——卡尔·萨根

只要我能拥抱世界,那拥抱得笨拙又有什么关系。——加缪

处世篇

一个人越有思想,发现有个性的人就越多。普通人很少看出人与人之间的差别。——布莱茨·帕斯卡尔

贪人之前莫炫宝,才人之前莫炫文,险人之前莫炫识。

——[清]朱锡绶《幽梦续影》

孤洁以骇俗,不如平和以谐俗;啸傲以玩世,不如恭敬以陶世;高峻以拒物,不如宽厚以容物。

和以处众,宽以接下,恕以待人,君子人也。　　　——[宋]林逋《省心录》

小人诈而巧,似是而非,故人悦之者众;君于诚而拙,似迂而直,故人知之者寡。　　　——[宋]林逋《省心录》

人言果属有因,深自悔责。返躬无愧,听之而已。古人云:何以止谤?曰无辩。辩愈力,则谤者愈巧。　　　——[清]申涵光《荆园小语》

只有从网中脱逃出来的鱼,才有资格谈自由。　　　——冯骥才《沉淀的人生》

自由就是这样的东西,你不给予别人自己也无法得到。　　　——郑辛遥

生活就是这样充满遗憾,当你擦玻璃窗时,脏的总是在另一面。
　　　——郑辛遥

人才是馅,领导是皮。当有的皮包不下馅时,他就掐掉一些,直到包下为止。真正的"大馅",我劝你去找大皮。　　　——赵国泰《血色潇洒》

宽容是什么?它是人性的特点。让我们相互原谅彼此的愚蠢吧,这是自然的第一法则。　　　——伏尔泰

忠诚和愚昧有时不太容易分辨,前者须放弃个人的独立意志,后者根本没有个人独立意志可言。忠诚不是一件快乐,却是一种美德。
　　　——鲍尔吉·原野

二十岁时,自恃聪明,觉得高人一等。
三十岁以后,屡遭批判,动辄得咎,又觉得低人一等。
五十岁以后,高低相抵,彼此彼此,人人平等。　　　——陆文夫

亲人是骨和肉的关系,外人是车和车的关系,骨肉分离无法生存,车和车太近,准出事故。

——郑渊洁《奔腾验钞机》

势交者近,势竭而亡;财交者密,财尽而疏;色交者亲,色衰义绝。

——《汉书》

利可共而不可独,谋可独而不可众,独利则败,众谋则泄。 ——《景行录》

宽怀宽性过几年,人死人生在眼前。随高随下随缘过,或长或短莫埋怨。自有自无休叹息,家贫家富总由天。平生衣食随缘度,一日清闲一日仙。

——[明]范立本《明心宝鉴》

巧者言,拙者默;巧者劳,拙者逸;巧者贼,拙者德;巧者凶,拙者吉。呜呼! 天下拙,刑政彻。上安下顺,风清弊绝。 ——[宋]周敦颐《拙赋》

位尊则防危,任重则防废,擅宠则防辱。 ——荀子

日月虽明,不照覆盆之下;刀剑虽快,不斩无罪之人;非灾横祸,不入慎家之门。

——[明]范立本《明心宝鉴》

可与言而不与之言,失人;不可与言而与之言,失言。知者不失人,亦不失言。

——[明]范立本《明心宝鉴》

与人善言,暖若绵帛;伤人之言,深如茅戟。 ——荀子

甜言如蜜,恶语如刀。人不以多言为益,犬不以善吠为良。 ——《离骚经》

赠人以言,重如金石珠玉;劝人以言,美于诗赋文章;听人以言,如钟鼓琴瑟。

——荀子

凶险之人,敬而远之;贤德之人,亲而近之;彼以恶来,我以善应;彼以曲来,我以直应,岂有怨之哉?

——[三国]嵇康

当得意时,须寻一条退路,然后不死于安乐;

当失意时,须寻一条出路,然后可生于忧患。 ——[明]徐学谟《归有园尘谈》

与多疑人共事,事必不成;与好利人共事,已必受累。

——[清]申居勋《西岩赘语》

多言不可与远谋,多动不可久处。 ——[隋]王通《文中子 魏相》

附小人者必小人,附君子者未必君子。 ——[清]张廷玉《明史·梅之焕传》

人之难知,江海不足以喻其深,山谷不足以喻其险,浮云不足以比其变。

——[宋]苏轼

悯济人穷,虽分文升合,亦是福田;乐与人善,即只字片言,皆为良药。

——[清]金缨《格言联璧》

小善虽无大益,而不可不为;细恶虽无近祸,而不可不去。

——[晋]葛洪《抱朴子》

于我善者,我亦善之。于我恶者,我亦善之。我既于人无恶,人能与我有恶哉!

——庄子

循天理,则不求利而自无不利;循人欲,则求利未得而害己随之。

——[南宋]朱熹《近思录》

保生者寡欲,保身者避名。无欲易,无名难。 ——《景行录》

寡言则省谤,寡欲则保身。 ——《景行录》

安分身无辱,知机心自闲。虽居人世上,却是出人间。 ——邵雍《安分吟》

宁无事而家贫,莫有事而家福。宁无事而住茅屋,莫有事而住金屋。宁无病而食粗饭,莫有病而食良药。 ——《益智书》

镜以照面,智以照心。镜明则尘埃不染,智明则邪恶不生。人之无道也,如车无轮,不可驾也。人而无道,不可行也。 ——《直言诀》

自信者,人亦信之,吴越皆兄弟;自疑者,人亦疑之,身外皆敌国。 ——《景行录》

平生不做皱眉事,世上应无切齿人。 ——邵雍《诏三下答乡人不起之意》

当我沉默的时候,我觉得很充实;当我开口说话,就感到了空虚。 ——鲁迅《野草·题辞》

孔子何以恶乡愿,只为他似忠似廉,无非假面孔;孔子何以弃鄙夫,只因他患得患失,尽是俗心肠。 ——《围炉夜话》

被喜欢不是什么可以得意的事,人不是也被跳蚤喜欢吗? ——方舟《五味盐》

听人说话只信一半,是精明;知道哪一半可信,才是聪明。 ——郑辛遥

受了别人的气以后可以有种种反应,最有技巧而最不费力的是沉默不语。 ——郑辛遥

处世篇

· 261 ·

要挑错总是容易的,只要你有这种癖好。从前有个人挑不出他的煤炭有什么毛病,就抱怨那里面含着史前的蛤蟆太多了。

——马克·吐温

让你的不满成为你的秘密——如果让世人知道了,他们会看不起你,而且会增加你的不满。

——[美]本杰明·富兰克林

最隐秘的欲念往往需要最堂皇的伪饰。

——孙传泽《缤纷的落英》

只有在卫生间,我们才真正回到自己,这是本世纪最通俗最深刻的悲剧。

——陈村

对于诽谤的箭,勿用愤怒的盾来挡,这是千真万确的真理,做到却很难。

——周翼南《三多居琐记》

感动别人是享受自己,享受自己心灵中最好的一部分。

——冯骥才

人生最强劲的力量都是你的对手给的,对手多强,你有多强。

——冯骥才

跟讨厌的人道别实在辛苦,因为要用力掩饰心内那份不礼貌的喜悦。

——林振强《一个人在床上》

虽然我不赞同您所说的话,但是拼了命,我也要护卫您说这些话的权利。

——[法]启蒙思想家 伏尔泰

并不是我没有意见,只是我不是以大吵大闹思考问题。

——前以色列总统 纳门

一个持有烂意见的人,当然无法接受任何好意见。

——[英]作家托罗洛普

人需要好的谎言,可惜好的谎言难逢,烂的谎言太多

——[美]作家冯纳古特

在适当的地方说适当的谎言,比伤害人的真话要好得多。

——[英]人文主义者阿谢姆

若是消灭了谎言,人类该是多无趣呀!

——[法]作家 法朗士

从来没有说过谎言的人,不知道真实是什么。

——尼采

有些人的聪明仅在于适当地抑制了自己的愚蠢,正如有些人的愚蠢是由于不适当地显露了聪明。

——叶天蔚

人们总是能为自己找出理由,为他人找出罪孽。

——叶天蔚

他(鲁迅)最恨的是那些专说风凉话而不肯切实地做事的人。会批评,但不工作;会讥嘲,但不动手;会傲慢自夸,但永远拿不出东西来。像那样的人物他是不客气地要摈之门外,永不相往来的。所谓无诗的诗人,不写文章的文人,他都深诛痛恶地在责骂。

——郑振铎

把别人挡在外面的篱笆,也把你关在里面。

——埃及谚语

寂寞是一种心态。它与你是否高朋满座毫不相干。

——马长山

我们必须永远客观地看待事物,然而我们做到了永远,却不知道客观是什么。

——《第一眼是错的》

我们不能都成为英雄,因为总得有人坐在台下鼓掌吧。

——威尔·罗杰斯认为做平常人挺好

老板像高尔夫球,独自一颗在整片草原上奔驰;职员像台球,五颜六色,全挤在一张台面上相互撞击。

——朱德庸

处世篇

谁能比这种人更痛苦呢——他们人虽在世,却已亲身参加了埋葬自己名声的丧礼。

——罗高

做人都不容易,尤其是做得不像个人的时候。

——贾平凹

做好人,靠的是一颗善良的心;做老好人,靠的是一张善变的脸。所有的骗子都在一个地方下功夫,那就是怎么让你贪。

——马未都

你可以逃避这世上的痛苦,这是你的自由,也与你的天性相符。但或许,准确地说,你唯一能逃避的只是这逃避本身。

——卡夫卡

金钱……常常会引起群体性的幻想。冷静的民族可能会突然变成孤注一掷的赌徒,几乎把身家性命全寄托在一张纸的运气上。有人说得好,人是群体性思维的动物。我们将会看到,人也是群体性发狂的动物,但在恢复理性的时候,他们却是缓慢的、个体的。

——查尔斯·麦凯《非同寻常的大众幻想与群众性癫狂》

有时候多数派仅仅意味着所有的蠢人都站在同一边。

——克劳德·麦克唐纳

人在皮肤之下,都很相似,因此在一个国家中感人的事,也会令全世界的人感动。

——林语堂《生活的艺术》

只有完全成熟的人,才有真正的秘密;不太成熟的人,只有暂时的秘密;不成熟的人,则根本没有秘密。

——晓汪《心灵之韵》

懂得沉默的人不与强词者作战,因为他明白强词不足以夺理——待情绪退潮,理性之礁,自然会浮现出来。

——朱子庆《潮与礁》

石火光中争长竞短,几何光阴? 蜗牛角上较雌论雄,许大世界?

——古谚谣

所谓低调,常常只是故示姿态——就像多数女人在社交场所拿烟,不是真的想吸,只是等有人来点。

——钱海燕《小女贼在惦记》

无论情场、商场或政坛,动心都是最危险的事。 ——钱海燕《小女贼在惦记》

我喜欢开玩笑说我们是一个乐观者的国家,因为悲观的人都离开了。

——[俄]诺奖获得者 阿尔费罗夫

人与人之间,心与心相接相通谓之仁,其表现则为礼。 ——钱穆《晚学盲言》

人类在谋生之上应该有一种爱美的生活,否则只算是他生命之夭折。

——《湖上闲思录》

永远不要追逐一辆公共汽车、一个女人或一种宇宙学的新理论,因为几分钟之内,你总会等到下一个。

——物理学家 约翰·惠勒

流言蜚语是一只只纠缠不休的黄蜂,我们对它绝不能轻举妄动,除非我们确信能够打死它,否则它反击我们时会比先前更凶猛。 ——尚福尔

看到别人的愚蠢,我们原谅自己的愚蠢;看到自己的愚蠢,我们原谅别人的愚蠢。

——法国学者布瑞南

狼的流浪是躲枪,鱼的流浪是觅食,人的流浪是在两者之间。 ——野夫

提防好脾气的人发火。

——钱海燕《有氧的生活》

自由就是能够自由地说二加二等于四。　　　　　　——奥威尔《动物庄园》

不要怕人笑你傻,要担心的是别人说你太聪明,而不是真正的聪明。
　　　　　　　　　　　　　　　　　　　　　　　　　——证严法师

人们热爱全体人类,而无需热爱个别的人。　　　　　　　　——加缪

奢淫逸的人创设了时髦翻新,让成群的人勤谨地追随。
　　　　　　　　　　　　　　　　　　　——[美]亨利·戴维·梭罗

有人说太阳是不可直视的,同样不可直视的,还有历史、婚姻和别人的成功。
　　　　　　　　　　　　　　　　　　　　——一位日本作家如是说

信息就像数字时代的尼古丁,即使人们知道可能有害,还是会上瘾。
　　　　　　　　　　　　　——[美]著名新闻评论家 麦特·卓奇

能使愚蠢的人学会一点东西的,并不是言辞,而是厄运。　　——王玉北

"喜剧"这个词,希腊语意思是"酒徒们的游行"。如果说悲剧是把人生有价值的东西撕碎给你看,那么喜剧就是把人生无价值的东西撕碎给你看。
　　　　　　　　　　　　　　　　　　　　　　　　　——王玉北

需要证明的真理只是半个真理。　　　　　　　——[黎巴嫩]纪伯伦

前卫就是受到从后面来的攻击比前面都多。　　　　——毕加索 论前卫

社会只接受你身上与它协调的部分。人生最重要的任务是如何处置其余的部分。
　　　　　　　　　　　　　　　　　　　　　　　　　——马长山

智者之所以看起来比较笨,是因为他们还没有笨到在那些没有意义的事情上花那么大心思。

——陈耶门《无眼之眼》

假如每个人都嘲笑你的想法,这就是可能成功的指标。 ——吉姆·罗杰斯

我先前光知道"喜怒不形于色"是一种阴鸷,现在才知道它也是一种麻木。

——吴若增《在思想的云上行走》

完美的人和物,让人感到可爱;有缺点的人和物,让人感到可信。当一个人或物基本是美的,但稍有缺点,就会让人感到既可爱又可信。

——心理学家如是说

清理你的人脉就像清理你的衣柜一样,将不合适的衣物清出衣柜,才能让更多的新衣服收入衣柜。

——管理学大师德鲁克

忍耐是不够的,还必须宽恕。宽恕是结束苦痛最美丽的句号。 ——施明德

失去思考力的人是"幸福"的,因为他可以身处黑暗而相信这就是光明,这才是光明。

——魏剑美《思想的独舞》

处世篇

人类是唯一不需要缰绳就可以被牵着走的动物。 ——魏剑美《思想的独舞》

胜者注视的是问题的答案,而败者只看到答案的问题;胜者往往是答案的组成部分,而败者往往是问题的组成部分;胜者有计划,败者有托词;胜者常说:虽有困难,还是办得到;败者常说,虽然办得到,但是太困难。

——"神探"李昌钰

人类应如何应对"黑天鹅"事件呢？塔勒布的提议是:一半对一半。一半时间对自己的事务超级保守,一半的时间则超级冒险。与一般人不同的是,

在大家冒险的地方才实行保守主义,在大家谨慎的地方则冒险;不要计较小的失败,但要提防最大的终极性的失败;不要担心人所共知的骇人听闻的风险,而要担心更为险恶的不为人知的隐蔽风险。　——董志强《未知主导这个世界》

远离没有泪水的智者,远离没有笑声的哲学家,远离不能在孩子们面前弯腰的伟人。　　　　　　　　　　　　　　　　——域外箴言

你不能改变手中的牌,但你可以决定怎么玩。　　　——[美]兰迪·鲍什

所谓经验,是指你没能得偿所愿时就获得的礼物。　——[美]兰迪·鲍什

无话可说的时代:一是大家谁都不许说只听一个人的时代;二是大家谁都说,谁的都不听的时代。　　　　　　　——林凯《写在思想的边缘》

习惯于在假话中生活的人,他的谎言并不可怕,真话反而让人恐惧。
　　　　　　　　　　　　　　　　　——林凯《写在思想的边缘》

与其脚底下老是磕磕绊绊,倒不如痛快摔一跤。　——张远冰《一语道破天机》

一个人自以为刻骨铭心的回忆,别人也许早已经忘记了。
　　　　　　　　　　　　　　　　　　——张小娴《流波上的舞》

中国的小勺多,你别看小,锅再大也经不起捞。　——李瑞环《学哲学,用哲学》

学校最怕两种学生,一种是成绩前几名的,因为他可能回校当校长;另一种是成绩后几名的,因为他可能回校讲演。　　　——广达电脑公司林百里

倘使我们能够像开闭眼睛一样开闭耳朵的话,那将会是多么大的福气啊。　　　　　　　　　　　　　　　　　　　——[德]利希腾伯格

要使灵魂宁静,最好的办法是没有任何见解。　　——[德]利希腾伯格

在一只螃蟹看来,一个朝前走的人要多蠢有多蠢。　　——[德]利希腾伯格

但愿老死花酒间,不愿鞠躬车马前。　　——唐伯虎《桃花庵》

当真相在穿鞋的时候,谎言已经跑遍了全城。　　——马克·吐温

名利场无非戏场,做得出泼天富贵;冷药热药总是妙药,医不尽遍地炎凉。　　——贾平凹

从容是真,宽释是福,有敬无畏,乐以忘忧。　　——贾平凹

失去的东西,其实未曾真正属于你,也不必惋惜。　　——亦舒

世间万物就是这样,小坏小怪遭人厌恨,大坏大怪?遭人敬仰。　　——莫言

善良的谎言有时胜过愚蠢的诚实。　　——冯骥才

所有的悲伤总会留下一丝欢乐的线索;所有的遗憾,总会留下一处完美的角落。　　——几米

戴人脸面具的比戴魔鬼面具的更可怕。　　——冯骥才

一扇门关闭了,另一扇门打开了。但我们常常懊恼万分地看着那扇关闭的门,以至于看不见那扇已经为我们敞开的门。　　——[美]海伦·凯勒

世间大部分不幸也许都有补救之方,但其中最不幸的无药可救——那就是人类的冷漠。　　——[美]海伦·凯勒

当我们凶狠地对待这个世界,这个世界突然变得温文尔雅了。　——余华

人心是不待风吹而自落的花。　　　　　　　——[日]吉田兼好《徒然草》

这实在是件很奇妙的事——一个人流血的时候,往往就不在流泪。

——古龙

如果要保障人人不致有愚蠢的行为,最后结果是让傻瓜充满世界。

——周国平

庸俗是恶意的教育,警告是年长人的名言,称赞是透过面纱的一个吻。

——雨果

我们在以寡敌众时,就能考验我们的勇气;而当我们属于大多数时就能
考验我们的容忍程度。　　　　　　　　　　　　　——索克曼

使我感到惊讶的是,人们原本讨厌板着面孔的人,面对我却例外。

——高仓健

要是我不是明星,那可就糟了,但现在我是明星,情况更糟。

——阿兰·德隆

我们往往把一个人拥有的东西称之为他的资产,其实他借以获得这些资
产的方式才是他真正的资产。　　　　　　　——堂恩《布道文》1626

沉默是轻蔑最完美的表达方式。　　　　——萧伯纳《回到马修斯拉时代》

真正的野兽生活在人口最稠密的地区。　　　——格拉西安《外面的艺术》

我们要一直相信,世界还有光明,就算没有,我们就是光明。　——吴羽凌

世界上的一切都在作出回答,迟迟不来的是提问的机会。

——若泽·萨拉马戈《修道院纪事》

李子之相似者,唯其母知之而已;利害之相似者,唯智者知之而已。

——《战国策》

任何人都可以变得狠毒,只要你尝试过什么叫嫉妒。 ——《东邪西毒》

人的两只眼睛,全是平行的,但却不平等看人。
人的两只耳朵是分在两边,却总好偏听一面之词。
人只有一张嘴,却总能说出两面话。 ——甘地

很奇怪,人们总认为自己所遇到事情别人绝不会遇到。

——迈克尔·列文《中年箴言》

很多人用于维系亲友感情的时间还不如用于养护花草的时间多。

——迈克尔·列文《中年箴言》

一个愚蠢的人总是能找到一个更愚蠢的人来崇拜他。

——《郑辛格幽默格言》

处世篇

有些事情是不能告诉别人的,有些事情是不必告诉别人的,有些事情根本没法告诉别人的,而且有些事情是,即时告诉了别人,你也会马上后悔的。

——罗曼·罗兰

你是不是因为太懦弱了,才这样以炫耀自己的痛苦来作为自己的骄傲?

——[美]尤金·奥尼尔

对正在寻找真理的人,相信他们;对已经找到真理的人,怀疑他们。

——[法]安德烈·纪德

欣赏别人，是一种气度，一种发现，一种理解，一种智慧，一种境界。

——卡耐基

有钱的人从来不肯错过一个表现俗气的机会。　　——[法]巴尔扎克《贝姨》

群体中的个人，不过是众多沙粒的一颗，可以被风吹到无论什么地方。

——《乌合之众》

不争，乃大争。不争，则天下人与之不争。　　——林语堂《风声鹤唳》

人生一局棋，关于输赢，我们总是无能为力。迷惘时，多半在局内，当你了悟的时候，人已在局外。　　——白落梅

独来独往，是谓独有；独有之人，是谓至贵。　　——庄子

孤独没有什么不好。使孤独变得不好，是因为你害怕孤独。

——蒋勋《孤独六讲》

仁者好礼，不欺其心也。智者示愚，不显其心哉。　　——[隋]王通《止学》

善人同处，则日闻嘉训；恶人从游，则日生邪情。

——[南朝]·宋·范晔《后汉书·爱延列传》

久利之事勿为，众争之地勿往。

勿以小恶弃人大美，勿以小怨忘人大恩。

说人之短乃护己之短，夸己之长乃忌人之长。

利可共而不可独，谋可寡而不可众。

天下古今之庸人，皆以一惰字致败；天下古今之才人，皆以一傲字致败。

凡办大事，以识为主，以才为辅；凡成大事，人谋居半，天意居半。

——曾国藩·六戒

北山拾叶

272

察见渊鱼者不祥,智料隐匿者有殃。 ——《列子》

功高而居之以让,势尊而守之以卑。 ——《三国志》

不责人小过,不发人阴私,不念人旧恶。三者可以养德,亦可以远害。
——《菜根谭》

莫说他人短与长,说来说去自遭殃;若能闭口深藏舌,便是修身第一方。
——[宋]慈受禅师

宁可跟着明白的人糊涂地走,也不要跟着糊涂的人明白地走。
宁可在富有的朋友中暂时贫穷,也不要在贫穷的朋友中暂时富有。选对导师智慧一生,选对平台成就一生,选对环境影响一生。 ——董明珠

不戚戚于贫贱,不汲汲于富贵。 ——陶渊明《五柳先生传》

忧劳可以兴国,逸豫可以亡身。 ——欧阳修《伶官传序》

人法地,地法天,天法道,道法自然。 ——《道德经》

乘人之车者载人之患,衣人之衣者怀人之忧,食人之食者死人之事。
——《史记·淮阴侯列传》

度量他人之心,要察其言,观其色,闻其声,视其行,然后就能推知其心之所趋。 ——《鬼谷子》

暗箭伤人,其深次骨;人之怨之,亦必次骨。 ——[宋]刘炎《迩言》

白璧求善价,明珠难暗投。 ——[南北朝]王褒《墙上难为趋》

鹤冷移巢易,龙寒出洞难。

——[宋]普济《五灯会元》

现在之福如点灯,随点则随竭;将来之福如添油,愈添则愈明。

——[清]金缨《格言联璧》

人若近贤良,譬如纸一张;以纸包兰麝,因香而得香。人若近邪友,譬如一枝柳;以柳贯鱼鳖,因臭而得臭。

——[清]金缨《格言联璧》

败不可处,时不可失,忠不可弃,怀不可从。

——《国语·晋语》

松柏之地,其草不肥。

——《国语·晋语》

做大人物就像做淑女一样。如果你告诉别人你是,就说明你不是。

——[英]撒切尔夫人

将欲论人短长,先顾自己何若。

——[清]申涵光《荆园小语》

人无常心,习以成性;国无常俗,教则移风。
动必三省,言必再思;慎而思之,勤而行之。

——[唐]白居易《策林》

所谓的"大人物"使每个人都觉得自己渺小,真正的大人物使每个人都觉得自己伟大。

——埃文·埃萨尔

中国人的生存哲学里,有一个永远不变的法则——一切都要随着情况的变化而变化。

——吴若增

知道事物应该是什么样,说明你是聪明的人;
知道事物实际是什么样,说明你是有经验的人;
知道怎样使事物变得更好,说明你是有才能的人。　——法国哲学家狄德罗

北山拾叶

标榜自己淡泊名利的人本身就是在捞取名声,摆出捍卫真理架势的人捍卫的绝对不是真理。

——郑渊洁

中午的太阳,可以看作才上升了一半,也可以看作还剩一半就要落了,乐观和悲观很多时候是对人不对事的。

——姬十三

经济周期总在波动……蜜月很短,日子很长。我们应当用过日子的心态来度蜜月,而不能用蜜月的心态来抱怨日子。

——冯仑

贪婪尽管让人们赢了开头,但最后的结局还是输。

——伯尼·弗兰克

一个人成熟的标志之一,就是明白每天发生在自己身上的99%的事情对于别人而言根本毫无意义。

——[美]马克·鲍尔莱因《最愚蠢的一代》

当今世界最大的危机是人的贬值,人仅仅作为经济动物存在。某种意义上,我们生活在一个没有灵魂的时代。现在又是一个快餐文化时代,人会变成一种很浅薄很狂躁的动物。

——许知远

切记:有人可能会恨你,但除非你也恨他们,否则他们是不会赢得,而恨只会毁了你自己。

——[美]理查德·尼克松

世上只有一件事比遭到别人议论还要糟,那就是别人根本不谈论你。

——奥斯卡·王尔德

心里放不下自己,是没有智慧;心里容不下别人,是没有慈悲。

——圣严法师

这个社会总是逼人当狮子,结果,除了狮子当成狮子之外,所有的动物都被逼疯了。

——朱德庸

处世篇

没人不想和你同坐一辆豪华轿车,但你需要的,却是轿车坏了还会和你一起搭巴士的人。

——[美]奥普拉·温弗瑞

沟通的关键是听到没有说的内容。

——彼得·德普克

在一个聪明人满街乱窜的年代,稀缺的恰恰不是聪明,而是一心一意、孤注一掷、一条心、一根筋。

——黄集伟

在一秒钟内看到本质的人和花半辈子也看不清一件事本质的人,自然是不一样的命。

——电影《教父》台词

大多数争论不是发生在左派和右派之间,而是发生在深思熟虑者与人云亦云者之间。

——"维基百科"吉米·威尔士

我借出的钱,从来不盼望收回,因为我知道我借出的钱总是一本万利,永远有利息在人间。

——胡适

最聪明的处世术是,既对世俗投以白眼,又与其同流合污。

——[日]芥川龙之介

以和气迎人,则乖沴灭;以正气接物,则妖气消;以浩气临事,则疑畏释;以静气养身,则梦寐怡。

——弘一

我尊敬任何一个独立的灵魂,虽然有些我并不认可,但我可以尽可能去理解。

——康德

为了避免对人性失望,我必须首先放弃对人性的幻想。

——马斯洛《动机与人格》

越是善良的人,越觉察不出别人的居心不良。 ——米列

人说,讽刺和冷嘲只隔一张纸,我认为有趣和肉麻也一样。
——鲁迅《朝花夕拾》

惩罚恶人是上帝的事,我们应该学会饶恕。 ——艾米莉·勃朗特《呼啸山庄》

能够欺骗你的,往往不是那些经不起理性检验的谎言和假象,而是那些被人刻意选择和过滤之后再告诉你的部分真相。 ——肖金

这个世界并不掌握在那些嘲笑者的手中,而恰恰是掌握在能够经受得住嘲笑与批评,并不断向前走的人的手中。 ——马云

留下身后之财,是智者不为的事。凡想于身后留给某人的东西,最好在世的时候就给他。 ——[日]吉田兼好《徒然草》

危机总是在你自认为第一的时候降临。 ——三星集团前总裁李健熙

把自己变成野兽的人,可以脱离作为人类的痛苦。
——[英]作家塞缪尔·约翰逊

真相可能比虚构的故事光怪陆离,但绝不会比谎言更荒谬。
——[美]演员约翰·霍夫曼

人只分为两种,认识时令人愉快的和分手时令人愉快的。 ——朱德庸

自由,就是放弃那些所谓的安全、保险和熟悉的东西。——歌手、诗人周云蓬

有时候,我们愿意原谅一个人,并不是我们真的愿意原谅他,而是我们不

处世篇

· 277 ·

想失去他。不想失去他,唯有假装原谅他。

——张爱玲

对于说空话,我既然害怕,就极力避免。但是怕说空话只是一种自命不凡。就这样,在自命不凡和说空话之间,我们复杂的生活一直在不停地滚动、摇摆。

——[俄]屠格涅夫

如果有人以你不喜欢的方式持续地对待你,那一定是你允许的,否则他只能得逞一次。

——张德芳 作家

在重大事件中人们表现的是自己的理想形象,在琐事中他们才暴露本来面目。

——法国杂文家 尚福尔

我每次讲演,年轻人就上来要签名、要拍照,我只好像三陪小姐似的陪着要,不然伤了年轻人的自尊心。现在容我说句狠话,真有出息的青年,不做这类事。

——陈丹青

不论什么大人物都会有自己的精神危机。真正的强者不是从来不发生危机的人,而是发生了危机能咬着牙挺过去的人。

——王蒙

西方社会就是一捆一捆的柴,虽然因为家庭捆到一起,但柴是分开的、有边界的。中国人是石子投到水里,人际关系就像水面的涟漪,这是一种由己推人的模式,你是我的一部分,我是你的一部分。

——费孝通

出入公门,招惹是非,且受劳苦,拜客只可骑马,不可乘舆。家下凡百俭素恬淡,不要做出富贵气象,不惟俗样,且不可长久。大抵盛极则衰,月满则亏,日中则昃,一定之理,挪移不得。唯有自处退步,不张气焰,不过享用,不做威福,虽处盛时,可以保守。

——[明]沈鲤

我们真正为之受到惩罚的谎言只有那些我们对自己说的谎言。

——[英]V·S·奈保尔《自由国度》

世界如其所是。那些无足轻重的人,那些听任自己变得无足轻重的人,在这个世界上没有位置。

——[英]V·S·奈保尔《看,这个世界》

思想的死亡有两种情形:一是本来就没有思想,别人说什么,自己就信什么;二是彻底地接受某种思想的模式,成了别人思想的奴仆。

——林凯

人际关系这门学科永远没有学成毕业的时候,每天都似投身于沙石中缓缓磨动,皮破血流之余所积得的宝贵经验,便是一般人说的圆滑。

——亦舒《我的前半生》

在办公室,你可以得罪忙人,因为他们没时间跟你计较;你千万别得罪闲人,因为他们有时间跟你周旋。

——《办公室生存法则》

评论家经常不看作家的作品,却声称自己看了;作家经常看评论家的评论,却声称从来不看。

——于晓渔 文化批评家

大家都愿意盲从,好像世界上最安全的事,就是让自己消失在"多数"之中。

——李娟《冬牧场》

世间的罪恶,几乎总是来自无知。善意如不明智,就可能跟邪恶造成同样的损害。

——加缪《鼠疫》

免遭痛苦的方法有两种,对于许多人,第一种很容易:接受地狱,成为它的一部分,直至感觉不到它的存在;第二种有风险,要求持久的警惕和学习:在地狱里寻找非地狱的人和物,学会辨别他们,使他们存在下去,赋予他们空间。

——卡尔维诺《看不见的城市》

处世篇

每天清晨有多少双眼睛睁开,有多少人的意识苏醒过来,便有多少个世界。

——普鲁斯特《追忆似水年华》

蚜虫吃青草,锈吃铁,虚伪吃灵魂。

——契诃夫

我交朋友时选好看的,结交熟人时选高尚的,树敌时选聪明的。

——王尔德

无法理解你的沉默的人,基本上也没有可能理解你的诉说。

——阿尔伯特·哈博德

相互理解的终止,思想感情上支持的终止,其实也是死亡的一种形式。

——卡森·麦卡勒斯

人在做一件事时,不是为了自己的肉体,也不是为了自己的灵魂,而只是为了博得人们的赞许——这是人们生活恶劣的主要原因之一。

只要周围所有人过着恶劣的生活,那么一个人就很容易适应最坏的生活。

——[俄]列夫·托尔斯泰

有人得意,看背影就可以知道;有人失意,听脚步声就可以知道。

——王鼎钧

很值得我们羡慕的人是没有的,很值得我们同情的人却难以胜数。

——叔本华

除非是逃到这个世界当中,否则怎么会对这个世界感到高兴呢?

——卡夫卡

应对污言秽语的最好方法就是对其置之不理,就好像人永远不要和猪摔跤一样,双方只会搞得一身泥,而这正是猪喜欢的结果。

——蒂姆·奥赖利·Web. 2.0 提出者

如果我们整天满耳朵都是别人对我们的议论,如果我们甚至去推测别人心里对我们的想法,那么,即使最坚强的人也将不能幸免于难!因为其他人,只有在他们强于我们的情况下,才能容许我们在他们身边生活;如果我们超过了他们,如果我们哪怕仅仅想要超过他们,他们就会不能容忍我们!总之,让我们以一种难得糊涂的精神和他们相处,对于他们关于我们的所有议论、表扬、谴责、希望和期待都充耳不闻,连想都不去想。 ——尼采

如果一听到一种与你相左的意见就发怒,这表明,你已经下意识地感受到你那种看法没有充分理由。如果某个人硬要说二加二等于五,你只会感到怜悯而不是愤怒。 ——罗素

要是你把你的秘密告诉了风,那就别怪风把它带给树。 ——纪伯伦

走上坡的时候,要对别人好一点,因为你走下坡的时候会碰到他。

——[美]洛克菲勒

谁也不能像一座孤岛,在大海里独居。每个人都似一块小小的泥土,连成整个陆地。 ——[英]诗人约翰·堂恩

沉默造成的误解,比语言造成的误解更多。 ——王鼎钧《我们现代人》

人际关系就像瓷器,一旦出现裂缝,无论怎样修补也不能完整如初。

——王鼎钧

人在失意时得罪了人,可以在得意的时候弥补;人在得意时得罪了人,却很难在失意的时候弥补。 ——王鼎钧

处世篇

281

不要轻言你是在为谁付出和牺牲,其实所有的付出和牺牲最终的受益人都是自己。

——叔本华

只要有人的地方就有恩怨,有恩怨就会有江湖,人就是江湖。

——《笑傲江湖》

他强任他强,清风拂山岗;他横由他横,明月照大江。　——《倚天屠龙记》

在谎言里我们得到了什么? 是可能的信任,惩罚的减轻,还是要把自己混入大多数之中?

——艾·亚当斯《可疑和信任》

你以为我刀枪不入,我以为你百毒不侵。

——徐志摩《寂寞人心》

一个人的内心如果充满了自卑,他往往会变成一个最骄傲的人。

——古龙《英雄无泪》

我把命运女神赐予我的一切——金钱,官位,权势——都搁置在一个地方,我同它们保持很远的距离,使她可以随时把它们取走,而不必从我身上强行剥走。

——古罗马哲学家 塞涅卡

好的声望是永远找不开的钞票,坏的名声是永远挣不脱的枷锁。

——《食指的诗》

我相信,骄傲是和才能成正比的。但是,正如大才朴实无华,小才华而不实一样,大骄傲往往谦逊平和,只有小骄傲才露出一副不可一世的傲慢脸相。有巨大优越感的人,必定也有包容万物、宽待众生的胸怀。　——周国平

通常,只要把受苦者内心的感觉,由恐惧改为奋斗,就能把大部分我们所谓的邪恶,改变为对你有帮助的好处。

——[美]卡耐基

坚持你的信仰,扔掉你的恐惧。不要相信你所怀疑的,但怀疑你所相信的。生活是一个谜语,而不是有待解决的问题。相信我,生活是很美好的,前提是你必须知道怎样生活。

——《上帝的即时信息》

人们宁愿去关心一个蹩脚电影演员的吃喝拉撒和鸡毛蒜皮,也不愿了解一个普通人波涛汹涌的内心世界。

——路遥《平凡的世界》

其实,什么样的仁人志士在官场里混久了,棱角都磨没了,河里的石头有几个不是圆的?

——《驻京办主任》

淡泊之士,多为浓妆者所疑;检饬之人,多为放肆者所忌。君子处此,固不可少变其操履,亦不可太露其锋芒。

——《菜根谭》

在这世上,不值得我们与之交谈的人比比皆是。

——伏尔泰

节制与人交往会使我们心灵平静。

——柏那登·德·圣比埃

人之有德于我也,不可忘也;吾有德于人也,不可不忘也。　——《战国策》

"自己"这个东西是看不见的,撞上一些别的什么,反弹回来,才会了解自己。所以,跟很强的东西、可怕的东西、水准很高的东西相碰撞,然后才知道"自己"是什么,这才是自我。

——山本耀司

利无尽处,命有尽时,不可怠焉;利无独据,运有兴衰,存畏警焉。

——[隋]王通《止学》

卑劣的人比不上别人的品德,便会对那人竭力诽谤。嫉妒的小人背后诽谤别人的优点,来到那人面前,又会哑口无言。

——萨迪《蔷薇园》

我们究竟为什么喜欢幼小的孩子呢？这个理由的一半，至少是由于用不着担心被小孩子欺骗。

——[日]芥川龙之介

友情的价值在于互不伤害各自的独创性。

——[日]武者小路实笃

补充一个多余的理由会减弱其他理由的说服力。 ——[英]斯威夫特《杂集》

我们总是喜欢赞赏我们的人，但未必喜欢我们所赞赏的人。

——拉罗斯福哥

每当一个人宣称所有人类都是坏蛋之时，你尽可放心好了，在这当儿他是把自己作为例外的。

——杰罗尔德

基本上我只喜欢敢反驳我的人，可是我与这些人很难相处。 ——戴高乐

你通常会发现自己跟没有什么话可说的人在一起时反而话更多。

——贝力尔·帕菲萨

如果遇见敌人，那说明路走对了。

——宫崎骏

凡墙都是门

——加缪

没有不好的色彩，只有不好的搭配。

——凡·高

天真的人，不代表没有见过世界的黑暗，恰恰因为见到过，才知道天真的好。

——三毛

原本以为战场特别危险，回到生活中，才觉得战场更安全。

——电影《比利·林思的中场战事》台词

如果你同意我的每一个想法，那你我之间就有一个是多余的，而且我认为多余的不是我。

——企业家 王嘉廉

对所有人以诚相待，同多数人和睦相处，和少数人常来常往，只跟一人亲密无间。

——富兰克林

说谎和沉默可以说是现在人类社会里日渐蔓延的两大罪恶。事实上，我们经常说谎，动不动就沉默不语。

——村上春树

你要小心这世界上的坏人，他们都在憋着劲教你学好，好由着他们自己使坏。

——王朔《一点正经没有》

人也许不认识人，但灵魂认识灵魂。

——马龙·詹姆斯《七杀简史》

我那时还不了解人性多么矛盾，我不知道真挚中含有多少做作，高尚中蕴藏着多少卑鄙，或者，即使在邪恶里也找得着美德。 ——毛姆《月亮与六便士》

大人、小孩以及别的动物的消遣方法，大多数都是模仿打仗。

——[英]斯威夫特

不要盲目地崇拜任何权威，因为你总能找到相反的权威。

——伯特兰德·罗素

不要嫉妒那些在蠢人的天堂里享受幸福的人。因为只有蠢人才以为那是幸福。

——伯特兰德·罗素

论战中最坏的行为是把持相反意见的人诋毁为坏人和不道德的人。

——约翰·密尔

不知谦恭和睦的人，不但会遭受物质上的损失，而且还将因此失去一切
生活上的情趣。
　　　　　　　　　　　　　　　　　　　　　　　　　　——莫泊桑

我们把美德给予不相干的人，留下缺点给朋友和仇敌。　——肖春雷《箴言》

如果你想使人发怒，就说谎；如果你想使人大怒，就说真话。
　　　　　　　　　　　　　　　　　　　　——郑辛遥《智慧快餐》

有身体才有欲望，才有快乐。要不死还是要快乐？
人想兼而要之，所以既无永生，也无快乐。　——陈家琪《人生天地间》

明智的人们信奉这样一句格言：在事物抛弃你之前先抛弃它们。哪怕是
你的末日你也应该使它成为一场胜利。　　　　——《葛拉西安箴言》

我们都只有一只翅膀的天使，只有相互拥抱才能飞翔。
　　　　　　　　　　　　　　　——意大利诗人 卢恰诺·德克雷森

别活在幻觉中——当以为吃着甜头时，请检查其实是否只是含着奶嘴。
　　　　　　　　　　　　　　　　　　——林振强《一个人在床上》

对上恭敬的人必对下蛮横。因为此处付出的人格成本必要在彼处赚回。
　　　　　　　　　　　　　　　　　　　　——张心阳《热风冷雨》

有人单纯以反抗周围的敌对势力而支撑自己。如果这敌对势力一旦消
失，他势必像没有支座的物体一样倒下。　　——[保加利亚]阿·达尔切夫

世上之所以有矢志不渝的爱情，忠肝义胆的气概，皆因为时间相当短暂，
方支撑得了。久病床前无孝子，旷日持久不容易，一切事物之美好在于"没时
间变坏"。
　　　　　　　　　　　　　　　　　　　　——李碧华《长短句》

北山拾叶

对一个人的不公平,就是对所有人的威胁。　　　　　　　　——孟德斯鸠

对他人的公正,就是对自己的施舍。　　　　　　　　　　——孟德斯鸠

这个世界的问题在于,聪明人充满疑惑,而傻子们坚信不疑。

　　　　　　　　　　　　　　　　　　　　　　——伯特兰·罗素

你的好对别人来说就像一颗糖,吃了就没了。你的坏对别人来说就像一
个疤痕,留下就永久在,这就是人性。　　　　　　　　——朱德庸

时间是治疗心灵创伤的大师,但绝不是解决问题的高手。　——犹太谚语

急于诉说的是少年,长于诉说的是老年。中年,多半是不想诉说。

　　　　　　　　　　　　　　　　　　　　　　——素素《无言》

可怕的还不是孤独和寂寞,而是你不得不同你不愿意交往的人打交道。

　　　　　　　　　　　　　　　　　　　——何怀宏《若有所思》

人类中发生的最可笑的一件事,就是一些人一生的命运常常只是由围在
会议桌旁的另一些对他们并无恶意的人,随便几句话就决定了。

　　　　　　　　　　　　　　　　　　　——何怀宏《若有所思》

上当之后才查字典,打听什么叫作上当。　　　——黄永玉《斗室散步》

诚实的人的痛苦仅在于无法摆脱诚实;狡诈的人的苦恼,是因为自己还
不够狡诈。　　　　　　　　　　　　　　　——原野《脱口而出》

坦率和诚恳之间有着巨大区别。人可以出于恶意而坦率,却无法出于恶
意而诚恳。　　　　　　　　　　　　　　　——原野《脱口而出》

处世篇

人是潮流的俘虏——不管是弄潮、随潮、观潮还是反潮流,到头来人的一生,还是要用时代潮流来作为标尺衡量。

——刘心武《抱猫闲话》

我们由于交往而形成了精神和感情,但我们也由于交往而败坏着精神和感情。

——帕斯卡尔

人生本来就没有相欠,别人对你付出是因为别人喜欢,你对别人付出是因为自己甘愿。

——白落梅

一杯水是清澈的,而海水却是黑色的。就像小道理可以说明,真正的大道理却是沉默的。

——泰戈尔《飞鸟集》

于千万人中的寂寞是真的寂寞。

——白落梅

人总是残忍的,对悲惨的事,总是看见了再疼痛,看不见,就不同了。

——三毛

我仔细考察狗的怪癖时,不得不认定人是高级动物。我思量人的怪癖的时候,我承认:朋友,我困惑了。

——埃兹拉·庞德《沉思》

善没有理由战胜不了恶,只要天使像黑手党那样组织起来。 ——简媜

活下去的诀窍:保持愚蠢,又不能知道自己有多蠢。

——[美]库尔特·冯尼格特

以淡字交友,以聋字止谤,以刻字责己,以弱字御侮。 ——李叔同

世上的事情真要看它个透彻,倒也没有意思,能哭总是好事情。 ——三毛

社会表扬活着的顺服者,以及死去的背叛者。　　　　　　　　——王小波

不要恐惧你的敌人,他们顶多杀死你;不要恐惧你的朋友,他们顶多出卖你;但有一群漠不关心的人,你只有在他们不作声的默许下,这个世界才会有杀戮和背叛。　　　　　　　　　　　　　　　　　　——亚辛斯基

人变得真正低劣时,除了高兴别人的不幸外,已无其他乐趣可言。
　　　　　　　　　　　　　　　　　　　　　　　　　　——歌德

一个聪明人从敌人那里得到的东西比一个傻瓜从朋友那里得到的东西更多。　　　　　　　　　　　　　　　　　　　　　　——格拉西安

如果当某人为我喝彩时,我认为他是个傻瓜,那他必定真是个傻瓜。
　　　　　　　　　　　　　　　　　　　　　　　——格雷维尔

劳谦虚已,则附之者众;骄慢倨傲,则去之者多。　　　　　——葛洪

朋友,要与有热血的人交;酒,要与有热血的人喝;恋爱,要与有热血的人谈;死,要为有热血的人死。　　　　　　　　　　　　　　——古龙

人们总是觉得只有自己的悲哀才是真实的,根本就不愿去体会别人的痛苦。　　　　　　　　　　　　　　　　　　　　　　　　——古龙

大自然把人们困在黑暗之中,迫使人们永远向往光明。　　　——歌德

人得赤心,亦得老成,赤心是为了与宇宙抵足而眠,老成是为了与炎凉人情周旋。　　　　　　　　　　　　　　　　　　　　——简媜

作为一个不思考的社会里的一个思考者,他的心灵是最寂寞、最孤独的。

因为他必须要先能够忍受,他所发出来的语言,可能是别人听不懂的、无法接受的,甚至是别人立刻要去指责的。

——蒋勋《孤独六讲》

一个人想要在生存斗争中取胜,要么得有智慧,要么得有野兽一样的心肠。

——高尔基

沉默就是不表达,不企图,不要求。

——安妮宝贝

我从没被谁知道,所以也没被谁忘记,在别人的回忆中生活,并不是我的目的。

——顾城

该上之时,瞄准最高的塔上到塔尖;该下之时,找到最深的井下到井底。

——村上春树

德行是人人都赞美的,因为好人和恶人都可以从中找到对自己有利的东西。

——狄德罗

内心强大,才能道歉;但必须更强大,才能原谅。

——宫崎骏

一个人只要不想再要,就什么都可以放下。

——安妮宝贝

何必向不值得的人说明什么,生活得更好,乃是为了你自己。　——亦舒

对众人一视同仁,对少数人推心置腹,对任何人不要亏负。　——莎士比亚

欲思其利,必虑其害;欲思其成,必虑其败。

——诸葛亮

有智慧的人总是把嘴放在心里,而愚昧之人反而把心放在嘴里。人世间的大多数烦恼都是由那些想成为重要人物的人惹出来的。

——[英]小说家 乔治 艾略特

夫人之所行,有道则吉,无道则凶。吉者,百福所归;凶者,百祸所攻。

———《素书》

人生而自由,却无往不在枷锁中。

———卢梭

伟大的一种表现形式就是管理自己,而不是领导别人。当你不能管理自己的时候,你便失去了所有领导别人的资格和能力。 ———冯仑《怎样成就伟大》

外向的人也许会左右这个世界,但是内向的人才会创造世界。 ———罗永浩

人们嘲笑的不是你的梦想,而是嘲笑你的实力。

———尹梦涵

风可以吹起一张白纸,却无法吹走一只蝴蝶,因为生命的力量在于不顺从。

———冯骥才

人们相信别人都是单纯的坏人,自己则是复杂的好人。

———韩剧《汉莫拉比小姐》

永远宽恕你的敌人,没有什么能比这个更让他们愤怒的了。 ———王尔德

很多东西如果不是怕别人捡去,我们一定会扔掉。 ———王尔德

人与人之间只有很小的差距,但是这种很小的差距却造成巨大的差异。

———拿破仑·希尔

你喜欢岁月静好,其实现实是大江奔流。 ———罗振宇

自由只存在束缚之中,没有堤岸,哪来江河? ———金斯伯格

处世篇

我去过很多地方,但我只遇到过很少的我们。　　　　——[美]卡森·麦卡勒斯

人越是明白,越是有追求,就越孤独。　　　　——《心是孤独的猎手》

天地之道,刚柔互用不可偏废,太柔则靡,太刚则折。　　　　——曾国藩

人之常情,这世上最难处的就是人了。得罪一个人有很多原因,拂了对方一个好心,也是一种得罪。　　　　——电影《教父》

你太习惯这个世界了,才会对任何事情都不感到惊奇。
　　　　——贾德《苏菲的世界》

所谓理解,通常不过是误解的总和。　　　　——村上春树《斯普特尼克恋人》

你能在有些时候欺骗所有人,也能在所有的时候欺骗有些人,但你绝不能在所有的时候欺骗所有的人。　　　　——亚拉伯罕·林肯

首先要做到可以取代任何人,然后再考虑做到任何人都不可取代你。
　　　　——贺函《我的前半生》

到头来我们记住的不是敌人的攻击,而是朋友的沉默。
　　　　——马丁·路德·金

毁灭人类的有七件事:没有原则的政治;没有牺牲的崇拜;没有人性的科学;没有道德的商业;没有是非的知识;没有良知的快乐;没有劳动的富裕。
　　　　——圣雄甘地

能够生存下来的物种,并不是那些最强壮的,也不是那些最聪明的,而是那些对变化作出快速反应的。　　　　——[英]达尔文

北山拾叶

不管以什么名义，毁灭个性的做法就是专制。　　　——[英]哲学家 穆勒

人们行为恶劣不是因为欲望强，而是因为良心弱。　　——[英]哲学家 穆勒

我们对一件事情知道得越少，就越容易形成判断，而且越容易形成强烈的单纯判断。

　　　　　　　　　　　　　　　　　　　　　　——柴静《看见》

报恩有时比报仇还困难得多。　　　　　　　　　　　　——古龙

大人物们不过是历史长河中游泳的运动员，他们创造了世界纪录，赢得了喝彩和名誉，并因此名垂青史，但与长河的流向无关……　——刘慈欣《三体》

不在任何东西面前失去自我，哪怕是教条，哪怕是别人的目光，哪怕是爱情。

　　　　　　　　　　　　　　　　　　　——《成为简·奥斯丁》

称人之善，虽有过情，不伤厚道；攻人之短，既有实据，终属浇风。

　　　　　　　　　　　　　　　　　　　　　　　　——曾国藩

在许多羽毛洁白的鸽子中间，一只漆黑的乌鸦比一头雪白的白天鹅更能衬出鸽子的美丽。　　　　　　　　　　　　　　　——《十日谈》

不知如今是世风日下、人心不古呢，还是人生来就有这些缺点，对于别人的丑事，我们总会百般嘲讽，对人家的善良德性却一概视而不见。不但如此，这些丑事越不关己事，我们反而取笑得越是厉害。　　　　——《十日谈》

所有的人把时间花在了相互解释以及庆祝他们的意见相同上。我的天，他是有多看重"所有人的意见相同"这件事。　　　　——萨特《恶心》

你想让别人没饭吃，别人就会让你没汤喝。　　　　　　——《青瓷》

只有让对手活着，你才能更好地活着。

——《青瓷》

你要是能装一辈子好人，那你就是好人。

——李诞

本来可以靠脸吃饭，后来变成靠不要脸吃饭。

——小林

美之所在，虽侮辱，世不能贱；恶之所在，虽高隆，世不能贵。

——《淮南子·说山训》

我想，一个人可能成为别人的敌人，到了另一个时候，又成为另一些人的敌人，然而不可能成为一个国家、萤火虫、语言、花园、流水、西风的敌人。

——博尔赫斯

人变得真正低劣时，除了高兴别人的不幸外，已无其他乐趣可言。

——歌德

我们听到的一切都是一个观点，不是事实。
我们看到的一切都是一个视角，不是真相。

——[古罗马]马可·奥勒留《沉思录》

人能从洁白里拷打出罪恶，也能从罪恶中拷打出洁白。

——[俄]陀思妥耶夫斯基《罪与恶》

一个从来没有生活在单独之中的人无法知道关系之美，而一个从来不曾住在社会里的人无法知道单独的狂喜。

——[印]奥修《白云之道》

中国最崇高的理想，就是一个人不必逃避人类社会和人生，而本性仍然能保持原有的快乐。

——林语堂《生活的艺术》

北山拾叶

处世之道本无奇,多交朋友少树敌。开心切忌小心眼,待人还须大肚皮。

——大曾

绝不要去猜测别人的心里在想什么,琢磨别人的心思的人从来都不是幸福的人。每个人都应该关注自己内心的所思所想,如果连这一点都做不到,那是很可悲可叹的。

——[古罗马]马可·奥勒留

想一想世界在时间和空间上的无限,每一个生命的诞生的偶然,怎能不感到一个生命与另一个生命相遇是一种奇迹呢! ——周国平《生命本来没有名字》

人生若有知己相伴固然妙不可言,但那可遇而不可求。真的,也许既不可遇也不可求,可求的只有你自己。你要俯下身去,朝着幽暗深处的自己伸出手去。

——刘瑜《一个人要像一支队伍》

我只想证明一件事,就是,那时魔鬼引诱我,后来又告诉我,说我没有权利走那条路,因为我不过是个虱子,和所有其余的人一样。 ——《罪与罚》

不要考验人性,千万不要——它根本不堪一击。 ——《只是蝴蝶不愿意》

规则,是用来让你们学会经验,而经验则是让你们拿来打破规则的。

——马克·李维《偷影子的人》

饱谙世事慵开眼,会尽人情只点头。 ——沈自微《鞭歌姬》

让人们明白他们被骗了,比骗他们还难。 ——马克·吐温

有时候真实比小说更加荒诞,因为虚构是在一定逻辑下进行的,而现实往往毫无逻辑可言。 ——马克·吐温

处世篇

一个人所说的必须真实,但他没有义务把所有的真实说出来。　　——康德

老鼠过街,人人喊打而打之;
老虎过街,人人喊打而不敢打。　　　　　　　　　　　　　——李敖

在某种情况下,一个人的存在本身就要伤害另一个人。　　——村上春树

给他们面子是我自己要面子。　　　　　　　　——木心《云雀叫了一整天》

当愚人来找你商量事体,你别费精神——他早就定了主意的。　　——木心

世间所有的胜败争斗,最痛苦的并不是失败之际,而是承认失败之时。

——[日]渡边淳一

受伤,这种事是有的——但是你要保持一个完完整整不受伤的自己做什
么用呢?

——张晓风

世上莫名其妙走霉运的人多的是,都在一边为命运生气,一边化愤怒为
力量地活着。

——[日]东野圭吾《变身》

死亡之前,人人平等。仔细想想,这可能是人世间惟一公平的地方。

——《宿命》

不给人添麻烦,但也全然不想与众人同乐。　　　　——东野圭吾《宿命》

善良是好事。但我觉得,善良是要对懂得善良并且珍惜善良的人。

——《芳华》

你的善良,必须有点锋芒,不然就等于零。　　　　　　　　——爱默生

北山
拾叶

让朋友低估你的优点,让敌人高估你的缺点。 ——《教父2》

离你的朋友近些,但离你的敌人要更近,这样你才能更了解他。
——《教父2》

悲观者埋怨刮风,乐观者静候风变,现实者调整风帆。 ——威廉·沃德

等你年事稍长,就会发现,要使世界成为一个尚可容忍的生活场所,首先得承认人类的自私是不可避免的。
——毛姆《人生的枷锁》

人与人之间,最可痛心的事莫过于在你认为理应获得善意和友谊的地方,却遭受了烦扰和损害。
——《巨人传》

谁都可能出个错儿,你在一件事情上越琢磨得多就越容易出错。
——《好兵帅克历险记》

我最喜欢别人将我看成傻瓜,这样与人相处起来就方便多了。 ——三毛

机会总是留给有准备的人,但那往往是努力的人剩下来的。
——《当幸福来敲门》

处世篇

解释有两种:一种是喋喋不休,一种是沉然不语。前者令人厌恶,后者令人敬畏。
——《你的孤独虽败犹荣》

对一个人,恨并非最残忍的行径,淡漠才是最具杀伤力的武器。
——张晓风

乾坤浩大,日月照鉴分明;宇宙宽洪,天地不容奸党。使心用术,果报只在今生;善布浅求,获福休言后世。千般巧计,不如本分为人;万种强徒,怎似

随缘节俭。心行慈善,何须努力看经? 意欲损人,空读如来一藏。　　——吴承恩

我们每个人生在世界上都是孤独的。每个人都被囚禁在一座铁塔里,只能靠一些符号同别人传达自己的思想;而这些符号并没有共同的价值。因为它们的意义是模糊的、不确定的。我们非常可怜地想把自己心中的财富传给别人,但他们却没有接受这些财富的能力。因此我们只能孤独地行走,尽管身体互相依傍却并不在一起,既不了解别的人也不能为别人所了解。

——[英]毛姆《月亮和六便士》

其实,我们这些人大多是都在堕落,只是堕落的方式不一样而已。

——[英]艾捷尔·丽莲·伏契尼《牛虻》

宽恕而不忘却,就如同把斧头埋在土里而把斧柄留在外面一样。

——[美]巴斯克里

宽容是人性的,而忘却是神性的。　　　　　　　　——詹姆斯·格兰

热闹中着一冷眼,便省许多苦心思;冷落处存一热心,便得许多真趣味。

——洪应明《菜根谭》

那些为社会而活、为社会工作的人,自然要求得到社会的认可,但是一个为自己而活的人就不指望社会认可,也不受其影响。如果一个人根本就不在乎张三李四,他凭什么要在乎这些人对他怎么看?　　——[英]毛姆

人类是一种奇怪的生物。有时候为了阻止自己的世界观崩塌,有些人甚至不惜与他人开战,誓死捍卫谬误。而对一些人来说,抱团远比真相重要很多。

——郁喆隽

经目之事犹恐未真,背后之言岂足深信。　　——[明]范立本《明心宝鉴》

我不幸懂得：有时只有借助谎言才能诉说真实，有时也只有借助玩笑才能述说真实。

——[日]芥川龙之介

沉默是一种处世哲学，用得好时，又是一种学术。

——朱自清

志士不探乱以侥幸，智者不诡道以自危。

——《三国志》

十分不耐烦，乃为人大病；一味学吃亏，是处世良方。

——《围炉夜话》

人们已经习惯于因为碰巧而失败，因为小事而死去。

——2009 年诺奖得主 赫塔·米勒

生活教会她捍卫自己秘密的最好方式，就是尊重别人的秘密。

——1998 年诺奖得主 若泽·萨拉马戈

我们所追求的世界，永远不是我们所看到的世界；我们所期望的世界，永远不是我们所得到的世界。

——1976 年诺奖得主 索尔·贝娄

这个世界的问题是：笨蛋都很有自信，而聪明的人却充满疑问。

——1950 年诺奖得主 伯特兰·拉基尔

如果你讨厌一个人，你就讨厌他身上属于你的东西。
不属于我们自己的东西，不会打扰我们。

——赫尔曼·黑塞

生存就是改变，改变就是成熟，成熟就是不断创造自己。 ——亨利·柏格森

人可以防御他人的攻击，但对他人的赞美却无能为力。 ——弗洛伊德

人的面孔要比人的嘴巴说出来的东西更多，更有趣，因为嘴巴说出来的

处世篇

只是人的思想,而面孔说出来的是思想的本质。

——[德] 叔本华

小人常为伟人的缺点和过失得意。

——叔本华

只有去掉对世界、对他人乃至对自身的不切实际的幻想,才能安顺快乐。

——王蒙《庄子的享受》

世界是事实的总和,而非事物的总和。

——维特根斯坦

北山拾叶

交友篇

人无癖,不可与交,以其无深情也;
人无疵,不可与交,以其无其气也。

——张岱

世人但有殊癖,终身不易,便是名士。

——袁宏道

处朋友,务相下则得益,相上则损。

——王阳明

交友之道,贯乎患难相扶助,缓急可通商。若以势利相攀援,酒食相征逐,一朝失势,便视同陌路矣。

纪晓岚

卿虽乘车我戴笠,后日相逢下车揖;我步行,君乘马,他日相逢君当下。

——晋·周处《风土记》

与朋友交游,须将他的好处留心学来,方能受益;对圣贤言语,必要我在平时照样行去,才算读书。

——[清]王永彬《围炉夜话》

我不再装模作样地拥有很多朋友,而是回到了孤单之中,以真正的我开始了独自的生活。有时我也会因为寂寞而难以忍受空虚的折磨,但我宁愿以这样的方式来维护自己的自尊,也不愿以耻辱为代价,去换取那种表面的朋友。

——余华

朋友中的极品,便好如茶,淡而不涩,清香而不扑鼻,缓缓飘来,似水长流。

——三毛

我感到难过,不是因为你欺骗了我,而是因为我再也不能相信你了。

——尼采

我交了一辈子朋友,究竟喜欢什么样的人呢? 约略是这样的:质朴、平易;硬骨头,心肠软;怀真情,讲真话;不阿谀奉承,不背后议论。 ——崔永元

即使整个世界恨你,并且相信你很坏,只要你自己问心无愧,知道你是清白的,你就不会没有朋友。

——夏洛特·勃朗特《简·爱》

命运早晚会让我们和某些人相遇,一个接一个。而那些人让我们知道,我们可以让自己,以及不该让自己成为什么样的人。

——格里高利·大卫·罗伯兹

我经由光阴,经由山水,经由乡村和城市,同样我也经由别人,经由一切他者以及由之引生的思绪和梦想而走成了我。那路途中的一切,有些与我擦肩而过,从此天各一方;有些便永久驻进我的心魂,雕琢我,塑造我,锤炼我,融入我而成为我。

——史铁生

朋友间必须是患难共济,那才能说得上是真正的友谊。你有伤心事,他也哭泣;你睡不着,他也难安息。不管你遇上任何苦难,他都心甘情愿和你分担。明白这些,你就肯定能分清,真正的朋友和笑脸的敌人。 ——莎士比亚

跟自己做朋友最是可靠,死缠烂打总是自己人。 ——三毛《何为朋友》

人间失败的友情,远远多于成功的友情;被最密集的"朋友"所簇拥的,总是友情的孤儿;最坚固的结盟,大多是由于利益;最绝决的分离,大多是由于

情感。最容易和解的,是百年血战;最不能消解的,是半句龃龉;最早到临终床前的,总是小人;最晚被告知噩耗的,总是挚友。 ——《余秋雨人生格言》

我们笑着说再见,却深知再见遥遥无期。 ——《海上钢琴师》

在这样一个充满缺陷的世界里,如若你能遇到真挚的朋友就好好珍惜吧。有时候,我们连对自己真诚都做不到。所以,无须苛责别人,人性本就复杂奇怪。 ——叔本华

朋友都说自己是真诚的,其实,敌人才是真诚的。所以,我们应该把敌人的抨击、指责作为苦口良药,以此更多地了解自己。患难之交真的那么稀有吗? 恰恰相反,我们一旦和某人交上朋友,他就开始患难了,就向我们借钱了。 ——叔本华《人生的智慧》

一个人应当像一朵花,不论男人或女人。花有色、香、味,人有才、情、趣,三者缺一,便不能做人家的好朋友。 ——谢冰心

我们的一生会遇到8263563个人,会打招呼39778人,会和3619人熟悉,会和275人亲近,但最终,都会失散在人海。 ——Hans《阿狸,永远站》

交朋友,不可能没有条件。没有条件的朋友,不叫朋友,那叫手足了。 ——三毛

故人风雨散,知己今为谁。 ——[南宋]刘过《谒郭马帅》

我们老是赶着去认识更多的人,但没有时间把他们变成自己的朋友。 ——朱大可

孩子把玩具当朋友,成人把朋友当玩具。 ——郑渊洁

交友篇

经得起风雨,却经不起平凡;风雨同船,天晴便各自散了。　　——张爱玲

人与人相处的最佳境界有时是相互淡忘。说明谁也不亏欠谁,谁也对得起谁。如果相互感恩和牵挂,就说明相互有亏欠,或者相互有对不起的地方。

——范昌德

生命在于运动,资金在于流动,朋友在于走动。　　——漫画家郑辛瑶

可以同悲的朋友易得,能够共喜的朋友难寻。因为人的嫉妒心,往往偏爱他人的不幸,而恼恨他人的幸福。

——[日]荻原朔太郎

友谊的最高境界是守护彼此的孤独。　　——里克禾

你的朋友考试不及格,你感觉很糟;你的朋友拔尖,你感觉更糟。

——印度电影《三傻大闹宝莱坞》

同情一个朋友的苦难是任何人都能做到的,但同情一个朋友的成功需要具有十分出色的素质。

——王尔德

好朋友不需要太多,两个就够了,一个肯借给你钱,另一个肯参加你的葬礼。

——朱德庸

有人说,朋友是一面镜子,而这样的朋友就像哈哈镜,你的不足是它的长处,有这样的参照,你就不会轻易沾沾自喜——你永远无法并行的朋友让你知耻而后勇。

——崔永元

哪有人喜欢孤独,只不过不乱交朋友罢了,那样只能落得失望。

——村上春树《挪威的森林》

北山拾叶

难得的朋友是:我成功,他不妒忌;我萎靡,她不轻视。人生得一知己足矣。

——亦舒《流金岁月》

因为你在,让我知道,我一点也不寂寞,一点儿也不孤独。 ——陈果

即使在最亲密的朋友之间,奉承和赞扬也是需要的,就像车轮需要润滑油一样。

——托尔斯泰

惮势而交人,势劣而交道息;希利而友人,利薄而友道退。 ——[唐]皮日休

遇故旧之交,意气要愈新;处隐微之事,心迹宜愈显;待衰朽之人,恩礼当愈隆。

——[明]洪应明《菜根谭》

闻见广则聪明辟,胜友多而学易成。 ——[清]魏源《默觚下》

交友需带三分侠气,做人要存一点素心。 ——[明]洪应明《菜根谭》

冷暖无定,骤暖勿弃棉衣;贵贱何常,骤贵无捐故友。

——[清]申涵光《荆园小语》

行色秋将晚,交情老更亲。 ——[唐]杜甫《奉简高三十五使君》

千人万人中,一人两人知。 ——[五代]贯休《古意》

与君子游,如入芝兰之室,久而不闻其芬,则与之化矣。

——[汉]戴德《大戴礼记》

很多显得像朋友的人其实不是朋友,而很多是朋友的倒并不显得像朋友。

——[古希腊]德谟克利特

交友篇

与你风雨同路的人,可能因为他没有伞,你有。　——林振强《一个人在床上》

朋友难求,不要为了一亿万而出卖朋友,叫价高一点吧。
——林振强《一个人在床上》

友谊以真诚来衡量,而真诚由友谊来奉献。　——[保加利亚]阿·达尔切夫

人有了成绩就会很孤独。那时,他的朋友会离开他,有的是因为嫉妒,有的则怕他认为会给自己添麻烦。
——[保加利亚]阿·达尔切夫

在友谊中正像在爱情中一样,常常是那些我们不知道的东西比那些我们知道的东西更使我们感到幸福。
——[法]拉罗什富科《爱情箴言录》

如果你不再有时间与真正的朋友共处,那么你就会失去平衡。
——迈克尔·列文《中年箴言》

友谊远比爱情更为可悲,它持续得更久。　——[英]奥斯卡·王尔德

有你这样的朋友,谁还需要敌人?　——北山散人

恋人相处的时候是脸对脸的,心思完全为对方所占据。朋友相处的时候是肩并肩的,占据他们心思的东西不是彼此,而是一种位于他们前方的共同志趣。
——[英]鲁易斯《爱的思想笔记》

恋人以无遮的身体相向,朋友则以无遮的人格相向。
——[英]鲁易斯《爱的思想笔记》

一个朋友的认同,抵得过上千个外人的质疑。
——[英]鲁易斯《爱的思想笔记》

北山拾叶

求知己于朋友易,求知己于妻妾难;求知己于君臣者尤难。 ——《幽梦影》

乡居须得良朋始佳。若田夫樵子,仅能辨五谷而测晴雨,久且数未免生厌矣。而友之中又当以能诗为第一,能谈次之,能画次之,能歌又次之,解觞政者又次之。 ——《幽梦影》

能交到两个永远不说谢的朋友很不容易,人生能够交这样几个朋友最好,你得到人家的关照不说谢,人家得到你的关照也不言谢,心里边想就应该这样子…… ——张中行

上帝决定了谁是你的亲戚,幸运的是在选择朋友方面他给你留余地。 ——加菲猫

原谅敌人往比原谅朋友容易。我们从来没有对敌人付出感情,但是对朋友,我们也许付出了最真挚的感情。付出了,就希望回报。原谅敌人,那是风度和气量的表现。但我们对朋友却是很小气的,原谅他,就是纵容他,就是自认傻瓜。下一次,当你无法原谅朋友,不要自责,这是人性。 ——张小娴《朋友比不上敌人》

有朋友的人死得早。没有朋友的人,活着岂非也和死了差不多。——古龙

别信酒肉朋友,要信同牢难友。 ——南斯拉夫谚语

朋友多者有如草原一样广阔,朋友少者有如手掌一样狭窄。 ——蒙古谚语

友谊之树也有需要剪的枝子。 ——马长山

虚伪的朋友犹如人影,当阳光高照时,你无法摆脱他;当乌云压顶时,你又无法找到他。 ——[哈萨克斯坦]《阿拜箴言集》

交友篇

友谊的不可传递性,决定了它是一部孤本的书。我们可以和不同的人有不同的友谊,但我们不会和同一个人有不同的友谊。友谊是一条越掘越深的巷道,没有回头路可以走的,刻骨铭心的友谊也如仇恨一样,没齿难忘。

——毕淑敏《友情:这棵树上只有一个果子叫做信任》

朋友是另一个自己。

——亚里士多德

真正的朋友永远不会阻止你的去路,除非看到你走下坡路。　　——格拉苏

每天你都会跟许多人擦肩而过,有些人可能会成为朋友,有些人变成知己,所以我从不放过可以跟大家摩擦的机会。

——导演王家卫

朋友像西瓜,告诉你为什么,要找好西瓜,百里挑一啊!

——克蒙德·默尔美

不是敌人就是朋友,该是错了;不是朋友就是敌人,才是对的。敌人要从宽认定,朋友要从严录取。

——李敖

朋友就是朋友,朋友绝不分好坏,因为朋友只有一种。如果你对不起我,出卖了我,你根本就不是我的朋友,根本就不配说这两个字。

——古龙《眼睛里有沙粒就会流泪》

遇见可以遇见的,拥有可以拥有的,忘记需要忘记的。　　——白落梅

终于明白,有些路只能一个人走,那些邀约好同行的人,一起相伴雨季,走过年华,但有一天终究会在某个渡口离散。　　——白落梅

人世间所有的荣华富贵不如一个好朋友。　　——[法]伏尔泰

北山拾叶

以切磋之谊取友,则学问日精;以慎重之行利生,则道风日远。   ——弘一

在不幸中,有用的朋友更为必要;在幸运中,高尚的朋友更为必要。
在不幸中,寻找朋友出于必需;在幸运中,寻找朋友出于高尚。

——亚里士多德

宴笑友朋多,患难知交寡。   ——[清]蒲松龄

君子忌苟合,择交如求师。   ——[唐]贾岛

爱是苛求的,正因苛求而短暂;友谊是宽容的,正因宽容而长久。

——周国平

与其得小人,不如交愚人。   ——[宋]司马光

先淡后浓,先疏后密,先远后近,交友之道也。   ——《胡氏家训》

人的生活离不开友谊,但要得到真正的友谊才是不容易。友谊需要忠诚去播种,用热情去灌溉,用原则去培养,用谅解去护理。   ——马克思

大凡敦厚忠信,能攻吾过者,益友也;其谄媚轻薄、傲慢亵狎、导人为恶者,损友也。   ——朱熹

友谊是人生的调味品,也是人生的止痛药。   ——爱默生

在智慧提供给整个人生的一切幸福之中,以获得友谊为最重要。

——薄伽丘

人生交契无老少,论交何必先同调。   ——杜甫

交友篇

· 309 ·

不要走在我的后面，因为我可能不会引路；不要走在我的前面，因为我可能不会跟随；请走在我的身边，做我的朋友。

——加缪

比情人浅，比朋友深，比陌生人熟，这就是你。

——李宫俊

人的一生会遭遇无数次相逢。有些人，是你看过便忘不了的风景；有些人，则在你心里生根抽芽。那些无法诠释的感觉，都是没来由的缘分，缘深缘浅，早有分晓，之后任你我如何修行，也无法更改初时的模样。

——白落梅

最能施慧于朋友的，往往不是金钱或一切物质上的接济，而是那些亲切的态度、欢悦的谈话、同情的流露和纯真的赞美。

——富兰克林

我相信，真正在乎我的人是不会被别人抢走的，无论是友情，还是爱情。

——三毛

友谊之光像磷火，当四周漆黑之际最为显露。

——克伦威尔

周围都有好朋友的人，比四面楚歌的人不知幸福多少倍。

——卡耐基

世上唯一无刺的玫瑰，就是友情。

——古龙

友谊建立在同志中，巩固在真挚上，发展在批评里，断送在奉承中。

——列宁

因为太珍惜这个朋友，所以我不想听到任何他不想对我说出口的秘密。

——马克·李维

交一个读书破万卷的邪士，不如交一个不识一字的端人。 ——《格言联璧》

友谊的深度,是双方本身具有的深度。浅薄者的友谊是无深度可言的。

——木心

世界上最可怕的事,是你把别人当成了朋友,别人并没拿你当朋友。另一个判断朋友的标准是,在你走投无路时,你想投奔的人和你能投奔的人,到底几个。

——刘震云

没有比无知的朋友更危险了,还是有聪明的敌人为好。 ——[法]拉·封丹

谈到名声、荣誉、快乐、财富这些东西,如果同友情相比,它们都是尘土。

——达尔文

朋友之间用到不自然的礼貌时,就可以知道他们的感情已经开始低落了。

——[英]莎士比亚

我感到难过,不是因为你欺骗了我,而是因为我再也不能相信你了。

——尼采

人一旦成名,就一个朋友也没有了,这是一个很大的不幸。而尤其不幸的是,自称朋友的人也都离你而去。

——[法]卢梭《忏悔录》

有困难的时候找朋友,绝不是一件丢人的事。真正丢脸的是,有困难的时候,竟然无朋友可找。

——古龙

真正的友谊是一种缓慢生长的植物,必须经历并顶得住逆境的冲击,才无愧友谊这个称号。

——[美]乔治·华盛顿

有些人浅薄,有些人金玉其外而败絮其中,总有一天,你会遇到一个彩虹般绚烂的人。在这以后,会觉得其他人都只是浮云而已。 ——《怦然心动》

友谊是宁神药,是兴奋剂;友谊是大海中的灯塔,沙漠里的绿洲。——吴乔

友谊的基础在于两个人的心肠和灵魂有着最大的相似。 ——[德]贝多芬

朋友一直都是我们的另一半。 ——西塞罗

友谊的主要效用之一就在于使人心中的愤懑抑郁得以宣泄、弛放。……
对一个真正的朋友,你可以传达你的忧愁、欢悦、恐惧、希望、疑忌、谏诤,以及
任何压在你身上的事情。 ——培根

友谊最致命的病患是逐步冷淡,或是嫌怨的不断增加,这些嫌怨不是小
得不足挂齿,就是多得无法排除。 ——塞缪尔·约翰逊

友谊真是一样最神圣的东西,不光是值得特别推崇,而且值得永远赞扬。
它是慷慨和荣誉最贤惠的母亲,是感激和仁慈的姐妹,是憎恨和贪婪的死敌;
它时时刻刻都准备舍己为人,而且完全出于自愿,不用他人恳求。 ——薄伽丘

择友宜慎,弃之更宜慎。 ——富兰克林

人之相识,贵在相知;人之相知,贵在知心。 ——孟子

善人同处,则日闻嘉训;恶人从游,则日生邪情。 ——范晔

财富不是朋友,而朋友却是确实财富。 ——希腊谚语

友谊就是栖于两个身体中的同一灵魂。 ——亚里士多德

喜欢你喜欢的,打败你不喜欢的,活过你讨厌的。 ——李敖

如果朋友让你生气，那说明你仍然在意他的友情；如果敌人让你生气，那说明你还没有胜他的把握。

我只想在世上结交一些有趣的灵魂，偶尔交流一下。剩下的时间就一个人呆着，自娱自乐，自说自话，自由自在。

——李银河

一刹知心的朋友，是贵在于短暂，拖长了，那份契合总有枝节。　——三毛

可进可出，若即若离，可爱可怨，可聚而不会散，才是最天长地久的一种好朋友。

——三毛

那些你曾以为很要好的朋友，那些你曾以为会一直结伴走下去的人，不知道何时就在路途中走散了。陪你走了一程的朋友，谢谢他们。愿陪你走一生的朋友，谢谢老天。

——《你的孤独虽败犹荣》

真正的好朋友，就是他见过你最糟的一面，他依然愿意拥抱你；他见过你最虚弱的 面，他依然愿意保护你；他知道你白私成什么样。但是他还是愿意懂你、爱你。

——陈果

我们能欺骗的往往是信任我们的人，而信任我们的人最不能承受的就是我们欺骗他们。

——陈果

为朋友而死不难，难在找一个值得为之而死的朋友。　——英国谚语

没有哪一种友谊的基础比有着一个共同的敌人更稳固。　——爱尔兰谚语

友谊总需要用忠诚去播种，用热情去灌溉，用原则去培养，用谅解去护理。

——马克思

交友篇

富贵固然和友谊的好坏无关,但是贫穷却最能考验朋友憎爱分明的真假。

——莎士比亚

勉强保持友谊是最难堪的。

——普劳图斯

友谊不但能使人们走出暴风骤雨的感情而走向阳光明媚的晴空,而且能使人摆脱黑暗混乱的胡思乱想而走入光明与理性的思考。

——培根

不论是多情的诗句、漂亮的文章、还是闲暇的欢乐,什么都不能代替无比亲爱的友谊。

——[俄]普希金

在智慧提供给整个人生的一切幸福之中,以获得友谊为最重要。

——伊壁鸠鲁

友谊就好像传说中的海怪,大家绘声绘影,可是却有待证实。想要拥有一位如圣经所言比亲兄弟更亲的朋友,可能比一睹尼斯海怪的身影还难呢!

——叔本华

世上没有任何一个人能永远陪着另一个人。人与人之间无论相聚多久,最后的结局都是别离。不是死别,就是生离。

——古龙《天涯明月刀》

君子之交淡若水,小人之交甘若醴;君子淡以亲,小人甘以绝。　——庄子

真诚的友谊好像健康,失去时才知道它的可贵。

——哥尔登

志合者,不以山海为远;道乖者,不以咫尺为近。

——葛洪

不必把太多人,请进生命里。若是他们走不进你内心,就只会把你生命搅扰得拥挤不堪。

——苏岑

道义相砥,过失相规,畏友也;

缓急可共,死生可托,密友也;

甘言如饴,游戏争逐,昵友也;

和则相攘,患则相倾,贼友也。 ——明代名士苏竣《鸡鸣偶记》

世间最美好的东西,莫过于有 n 个头脑和心地都很正直的朋友。

——爱因斯坦

交友篇

好述篇

情不知所起，一往而情深；生可以死，死可以生。 ——[明]汤显祖

爱情就是穿越一片麦田，去摘一株最大最金黄的麦穗回来。但是有个规则，不能走回头路，而且只能摘一次。 ——苏格拉底

将感情埋藏得太深有时是件坏事。如果一个女人掩饰了对自己所爱男人的感情，她也许就失去了得到他的机会。 ——简·奥斯汀《傲慢与偏见》

无论怎么样，一个人借故堕落是不值得原谅的。越是没人爱，越要爱自己。 ——亦舒

爱，从来就是一件千回百转的事。不曾被离弃，不曾受伤害，怎懂得爱人？ ——张小娴

懂你的人，会用你所需要的方式去爱你。
不懂你的人，会用他所需要的方式去爱你。
于是，懂你的人，常是事半功倍。他爱的自如，你爱的幸福。
不懂你的人，常是事倍功半。他爱的吃力，你爱的辛苦。
两个人的世界里，懂比爱，更难做到。 ——苏芩

年少时,我们因谁因爱或是寂寞而同场起舞;沧桑后,我们何因何故寂寞如初却宁愿形同陌路。

——徐志摩

爱透一次,恨透一次……于是乎,人生也就不那么平庸了。

——池莉《一个人的火车》

不要在三个场合相信男人的话:床上、他犯了错的时候、他妈在旁边的时候。

——J·K·罗琳

爱情需要占据人莫大的精力,因为它要求人离开自己的生活专门去做一个爱人。

——[英]毛姆

男人晚上六点耳根最软,女人中午争执最凶。　——英国社会调查中心的调查

精力不如以前旺了,钱包不如以前鼓了,街上的女孩变靓了,朋友的数量下降了。

——结婚后的四大变化

有一次我问霍金,有什么是他搞不懂的,他回答:女人。如果这个世界上最聪明的家伙都搞不懂,你期望我能干啥?　——[美]主持人 拉里·金

好女人常对我们说:别胡来;坏女人常对我们说:怕什么。不管是好女人说的还是坏女人说的,都是男人百听不厌的。

——迟大白

男人是生产者,女人是消费者,商人是怂恿者。　——朱德庸

当你真心爱一个人时,那人除了有出众的才能外,还有一些可爱的弱点,这也是你爱他的关键。

——[法]摩路瓦 作家

金钱好比裹在婚姻外面的柔软的脂肪组织,一旦钱包瘪了,人们就可以

清楚地看到婚姻关系的实质。   ——《时代》周刊

男人对婚姻永远都不会十分重视,男人就是猎人,他要为家庭猎取食物。所以,男人关心的是,他的矛有多长,而不是他呆在家里多长时间。
                              ——[英]托尼·帕森斯 作家

女性有两个特点:衣服再多,也觉得自己没衣服;姿色再少,也觉得自己有姿色。   ——郑渊洁

爱笑的女孩子,运气不会太差。   ——古龙

无论精神上多么独立的人,感情却总是在寻找一种依附,寻找一种归宿。
                              ——路遥《平凡的世界》

以前的日色变得慢,车、马、邮件都慢,一生只够爱一个人。
从前的锁也好看,钥匙精美有样子,你锁了,人家就懂了。   ——木心

我们每个人都是某人一生的至爱……   ——《星空下的婴儿》

一个女人最好看的时候,就是她虽然想板着脸,却又忍不住要笑的时候。
                              ——古龙《萧十一郎》

爱只懂一种道德,那就是信任。
爱,意味着拯救。   ——[德]赫尔曼·黑塞

爱情是个稀有动物,往往不属于精明的猎手,精心设计的结果多半是空手而归。真正的爱情就像打喷嚏,强求不来,但总会在不经意间和你撞个满怀,到那时,你想躲也躲不了,不如顺其自然。   ——姜钦峰《为爱走天涯》

说的残酷一些,婚姻生活就是近乎冷酷的相互磨合的过程。　——村上春树

在我缓慢的爱中,我飞快地度过了一生。　　　　　　——唐力《缓慢的爱》

旭日一转身变成落日,青丝一转身变成白发,爱情一转身变成婚姻,诗一转身变成散文,羊群一转身变成毛衣……等一等,等一等,能否再转回来?
　　　　　　　　　　　　　　　　　　　　——李汉荣《转身》

爱并不远,有时就是嘴与心的距离。　　　　　——《最简单的感动》

正因为感情太复杂,所以爱恨两难。　　　　　——王鼎钧《灵感》

恋爱是闲人的忙事,忙人的闲事。　　　　　　——王鼎钧《捉海鸥》

婚姻意味着把自己的权利减半,同时把自己的责任加倍。　　——叔本华

如果说,你是我最心爱的人,那么,这也许不是真正的爱情。爱情就是,我觉得你是把刀了,我用它搅动我的心。　　　　　　　　——卡夫卡

婚姻是治疗恋爱这种精神病最好的医院。　　　　　　——陈耶门

女人爱戴项链,男人爱打领带。总之,人人希望自己的脖子上套点什么。
　　　　　　　　　　　　　　　　　　　　　　——陈耶门

虽然爱她,但不喜欢她,这就是婚姻。　　——坂元裕二《四重奏》

不甘心的时候,就是在进步,痛苦的时候,就是在成长。　——《问题餐厅》

婚姻就是把稳定送给所爱的人,把浪漫留在自己心里。　　　——王朔

好述篇

如果你结婚,你就会后悔;如果你不结婚,你也会后悔。

嘲笑世人愚蠢,你会后悔;为之哭泣,你也会后悔;

信任一个女人,你会后悔;不信任她,你也会后悔;

吊死自己,你会后悔;不吊死自己,你也会后悔;

先生们,这就是一切哲学的总和和实质。　　　——[丹麦]克尔恺郭尔 哲学家

当一个女子看天空的时候,她并不想寻找什么,她只是寂寞。

　　　　　　　　　　　　　　　　　　　　　　　　——安妮宝贝

在我们之间存在着必要的爱情,但同时我们也认识到,需要偶然的爱情。

　　　　　　　　　　　　　　　　　　　　　　　　　　——萨特

婚姻就像24小时便利店,它品种不多,但即使是凌晨3点它还在那里等候你。　　　　　　　　　　　　　　　——[英]剧作家托马斯·海伍德

当你终于因为现实比梦境更美而无法入睡时,你恋爱了。　　——苏斯博士

爱情是一种宗教,信奉它比信奉其它任何宗教代价更高。它转瞬即逝,经过时和淘气的孩子一样,总得打碎点东西。　　　——[法]巴尔扎克《高老头》

婚姻要保养不要保卫。　　　　——《婚姻保卫战》主演之一袁立感言

女人从求新、求变、求美到求舒服的时候,就是老了。　　　　——六六

对女人来说,完美的婚姻应该是:让老公生活在地狱里,感觉却像在天堂。　　　　　　　　　　　　　　　　　　　　　　　　　　——曾子航

老婆算账守则:1. 每当有问题发生时,把账先算在老公头上;2. 接着算在跟老公有关联的任何人身上;3. 最后再算回老公头上。　　——朱德庸

任何一种环境或一个人,初次见面就预感到离别的隐痛时,你必定会爱上它/他。

——黄永玉

只折磨自己的是单相思,只折磨别人是虐待狂,既折磨别人更折磨自己的是爱情。

——黑格尔

情敌的彼此想念,比亲人的彼此想念还要多。

——钱钟书

和女人谈爱情就如同灌蒙汗药:灌少了,她没一点儿感觉;灌多了,她就不省人事。

——王朔

她如此美丽,以致不该如此真实;她如此真实,以致不该如此美丽。

——英国影星费丽雯的悼词

一个人心中没有爱情的时候可以满足于虚荣,但一旦有了爱情,虚荣就变得庸俗不堪了。

——[法]小仲马《茶花女》

在我的生活中,他是我最强的思念。如果别的一切都毁灭了,而他还留下来,我就能继续活下去;如果别的一切都留下来,而他却给消灭了,这个世界对我就将成为一个极陌生的地方。我不会像是它的一部分。

——艾米莉·勃朗特《呼啸山庄》

如果你还在这个世界存在着,那么这个世界无论怎样对我都是有意义的。但是如果你不在了,无论这个世界多么好,它在我的眼里也只是一片荒漠,而我就像一个孤魂野鬼。

——巴尔扎克《高老头》

人类的大麻烦在于,我们无法拥有说一不二的感情。敌人身上总有让我们喜欢之处,爱人身上也总有让我们讨厌之处。

——叶芝

好述篇

白头已然在望,却总觉嚼之无味;可是决意和对方半路分手,又患得患失,首鼠两端。

——叶乔

不管你对多少异性失望,你都没有理由对爱情失望。因为爱情本身就是希望,永远是生命的一种希望。爱情是你自己的品质,是你自己的心魂,是你自己的处境,与别人无关。爱情不是一个名词,永远的动词,无穷的。

——史铁生《务虚笔记》

如果你爱一个人,一定要告诉她,不是为了要她报答,而是让她在以后黑暗的日子里,否定自己的时候,想起世界上还有人这么爱她,她并非一无是处。

——三岛由纪夫

有人认为爱是性,是婚姻,是清晨六点的吻,是一堆孩子。也许真是这样的,莱斯特小姐。但是你知道我怎么想的吗? 我觉得爱是想触碰又收回的手。

——[美]赛林格《破碎故事之心》

女人再怎么不一般也是女人,在男人眼里就是几棵草。男人和情人一旦吹了,就发誓"好马不吃回头草";男人身边美女如云,又吹牛"兔子不吃窝边草"。男人被女人抛弃时,都会说"天涯何处无芳草"。

——《驻京办主任》

爱就像一棵树,它自行生长,深深地扎根于我们的内心,甚至在我们心灵的废墟上也能继续茁壮成长。这种感情愈是盲目,就愈加顽强,这真不可思议。它在毫无道理的时候反倒是最最强烈。

——雨果《巴黎圣母院》

我无法控制自己的眼睛,忍不住要去看他,就像口干舌燥的人明知水里有毒却还要喝一样。我本来无意去爱他,我也曾努力的掐掉爱的萌芽,但当我又见到他时,心底的爱又复活了。

我贫穷、卑微、不美丽,但当我们的心灵穿过坟墓来到上帝面前时,我们

都是平等的。 　　　　　　　　　　　　　　　　——夏洛特·勃朗特《简·爱》

　　爱情如果不落到穿衣、吃饭、睡觉、数钱这些实实在在的生活中去,是不会长久的。 　　　　　　　　　　　　　　　　　　　　　　——三毛

　　人们爱的是一些人,与之会结婚生子的,往往是另一些人。 　　——亦舒

　　男女之间,最难的不是情爱的发生,而是将这烈火隐忍成清明的星光,照耀各自一生或繁华或寂寥的长夜。 　　　　　　　　　——张定浩《既见君子》

　　从年轻到老,爱情的味道一直在变。 　　　　　　　　　　——张小娴

　　爱,不是寻找一个完美的人,而是学会用完美的眼光,欣赏那个并不完美的人。 　　　　　　　　　　　　　　　　　　　　　　——宫崎骏

　　我行过许多地方的桥,看过许多次数的云,喝过许多种类的酒,却只爱过一个正当最好年龄的人。 　　　　　　　　　　——沈从文《湘西行记》

　　真爱的第一个征兆,在男孩身上是胆怯,在女孩身上是大胆。 　　　　　　　　　　　　　　　　　　　　　　　——雨果《悲惨世界》

　　若无相欠,怎么遇见。 　　　　　　　　　　　　　　——释迦牟尼

　　女人是一个国家的风向标,当女人追求知识时,这个国家是进步的;当女人崇尚自由时,这个国家是文明的;当女人崇拜金钱时,这个国家是腐化的;当女人攀附权贵时,这个国家是堕落的。 　　　　　　——[德]马丁·杨克

　　如果你不调戏女人,她说你不是一个男人;如果你调戏她,她说你不是一个上等人。 　　　　　　　　　　　　　　　　——张爱玲《谈女人》

好述篇

结婚若是为了维持生计，那婚姻就是长期卖淫。　　——张爱玲《倾城之恋》

女人是一架钢琴，遇到一位名家来弹，奏出来是一支名曲；如果是普通人来弹，也许会奏出一支流行曲；要是碰到了不会弹琴的人，恐怕就不成歌了。
　　——三毛《火红的五月》

看得不顺眼的话，千万富翁也不嫁；看得顺眼，亿万富翁也嫁。
　　——三毛《哭泣的骆驼》

我喜欢适度的孤单，心灵上最释放的一刻，总舍不得与别人共享，事实上也很难分享这绝对个人的珍宝，甚至荷西自愿留在家里看电视，我的心里都暗藏了几份喜悦。清风明月都应该是一个人的事情，倒是吃饭，是人多些比较有味道。
　　——三毛《黄昏的故事》

女子的劣根性是男子一手造成的，男子还抱怨些什么呢？　　——张爱玲

外貌的美只能取悦人的眼睛，而内在的美却能感染人的灵魂。　　——伏尔泰

如若相爱，便携手到老；如若错过，便护他安好。　　——村上春树

遇见是两个人的事，离开却是一个人的决定。遇见是一个开始，离开却是为了遇见下一个离开。这是一个流行离开的世界，但是我们都不擅长告别。
　　——米兰·昆德拉

女人只要认清了一个男人，就可以了解所有男人；男人即便认识了所有女人，仍不了解任何一个女人。
　　——海伦·罗兰

纯粹的爱情总有一天会破灭，但曾经特别炽热的瞬间是有的。难就难在如何把这一个瞬间，长久地留在心头。在这一点上讲，我是一个悲观主义者。

美丽是瞬间的,悲剧是永恒的。人的一生从终极上讲是一个悲剧。一生中有几个喜剧瞬间就很幸福了,怎么能很奢侈地要求一个幸福的结局呢? ——海岩

爱情就如在银行里存一笔钱,能欣赏对方的优点,这是补充收入;容忍缺点,这是节制支出。 ——沈君山

爱情有若佛家的禅——不可说,不可说,一说就是错。 ——三毛

激励我们去干一番伟大事业的女人,又是多么经常来妨碍我们去完成它们啊! ——小仲马

爱——这是一个神秘的地方,我们每个人都是坐在自己的船上驶向那里。在自己的船上,我们每个人都是船长,而且是用自己个人的方法驾驶它。 ——[苏]米·普里什文《大地的眼睛》

爱情,它会随着全身的血液,像思想一般迅速通过了五官四肢,使每一个器官发挥双倍的效能:它使眼睛增加一重明亮,恋人眼中的光芒可以使猛鹰眩日;恋人的耳朵听得出最微细的声音,任何鬼祟的奸谋都逃不过他的知觉;恋人的感觉比戴壳蜗牛的触角还要微妙灵敏;恋人的舌头使善于辨味的巴邱斯(希腊酒神)显得迟钝。 ——[英]莎士比亚《爱的徒劳》

爱情意味着权利,婚姻意味着义务。 ——应若兹《碧藤国语屑》

结婚之前,你的双眼要睁得大大的,结婚后不妨半闭起来。 ——培根

做母亲的要费20年功夫把他的男孩子养成一个男子汉,到了别的女人手上,只要20分钟就会把他化为一条笨汉。 ——弗洛斯特

要射中女人心的最好方法,是跪下来瞄个正准。 ——杰罗尔德

醉过才知酒浓,爱过才知情重。你不能做我的诗,正如我不能做你的梦。

——胡适《尝试集》

没有爱的生活不是生活,是生存。

——高尔基

恋爱比结婚更使人感兴趣,就像小说比历史更使人感兴趣一样。

——法国谚语

爱情有一个极为突出的特点:人们有了爱情掩盖不住;没有爱情又装不出来。

——萨伯雷夫人

如果不把情人的缺点也看作优点的话,那就不是真正的爱。 ——歌德

假如你妻子是善良的,你便是幸运儿;假如你妻子是邪恶的,你便会成为哲学家。

——苏格拉底

妻子对青年男人来说是主人,对中年男人来说是朋友,对老年男人来说是护士。

——培根

人们难以掌握的并不是爱的技术,而是被爱的技术。 ——都德

美妇人的定义是爱我的女人。 ——[美]S·威尔逊《活到50岁学到10件事》

爱情是一曲混声二重唱,唯有节拍和谐,方得余音绕梁。 ——梅子《心漪集》

在婚姻生活的幸福中,最动人的一幕,也许还不是最初的那种如醉如痴的爱情,而是最后那种心心相印的相互依恋和理解:一起坐在菩提树下,不说一句话,却什么都已知道。

——何怀宏《若有所思》

有学问的女人，创辟"沙龙"，对任何问题能继续谈论至半小时以上，不但不令人入睡，而且令人疑心她是内行。

——梁实秋

其实，并没有男人和女人，只有这一个男人或这一个女人。

——周国平《女人和男人》

初吻并不能当作永久相爱的保障。但它却是盖在生命史上的一个永久记忆的印章。

——拜伦

把你的初吻献给值得你献与的人吧！那个人不一定是你的终身伴侣，但必须是你认为值得记忆的人。

——赫尔

与其做个先征求后接吻的懦夫，不如做个吻了之后才来道歉的勇士。

——劳艾特

哪怕置身天国，如果没有一个伴侣相伴而独身漫游于那些伟大而神圣的天宫间，也是并不令人愉快的。

——阿西塔斯

甚至石头也有爱情——一种追求大地的爱情。　　——麦斯特·艾克哈特

他俩结婚了，因为他们彼此陌生；他俩离婚了。因为他们彼此太熟悉。

——周琪《一个女人的悄悄话》

你说黄昏就来，可是，亲爱的，我情愿从黎明开始等待。　　——周琪《约会》

结婚这回事，看来简单。其实婚姻生活的美满与否，是一场化学、政治学、经济学、心理学、伦理学以及玄学的大结合。这门功课并不简单。——三毛

结婚、婚姻、姻缘、嫁娶……从字面上看来看去都只见女人的影子；可见

女人对这种事是该特别留意,格外当心。 ——丹扉

世界上有那么多的城镇,城镇有那么多的酒馆,而她偏偏走进了我的。 ——电影《卡萨布兰卡》

探戈里无所谓错步的,不像人生。 ——电影《闻香识女人》

我们命中注定要失去所爱之人,不然我们怎么知道,他们在我们生命中有多重要! ——电影《本杰明·巴顿奇事》

你永远也不晓得自己有多喜欢一个人,除非你看见他和别的人在一起。 ——电影《天使爱美丽》

我虽然没有忘记你,但也没精力去想你了。 ——电影《深夜食堂》

禁果虽说味道较甜,但通常较易变坏。人是奇怪的东西,女人更是奇怪的东西。 ——拜伦

世上没有天性守礼的男子,也没有天性不守礼的女子。 ——林语堂

男人只懂得人生哲学,女子却懂得人生。 ——林语堂

爱情,当它作自我牺牲的时候才是人生最宝贵的;倘若它仅仅是对于幸福的追求,那就成了最无聊、最欺人的东西。 ——[法]罗曼·罗兰

玻璃清朗,橘子辉煌。
一颗星星刹住车,照亮了你我。 ——北岛

哪一位妻子有一位贤夫,从她脸上可以看出。 ——歌德

初期的爱情只需要极少的养料！只消能彼此见到，走过的时候轻轻地碰一下，心中就会涌出一股幻想的力量，创造出她的爱情；一点儿极无聊的小事就能使他销魂荡魄；将来她因为逐渐得到了满足而逐渐变得苛求的时候，终于把欲望的对象完全占有了之后，却没有这种境界了。

——[法]罗曼·罗兰《约翰·克里斯朵夫》

求爱的人比被爱的人更加神圣，因为神在求爱的人那儿，不在被爱的人那儿。

——托马斯·曼

当我死时，世界呀，请在你的沉默中，替我留着"我已经爱过了"这句话吧。

——泰戈尔《飞鸟集》

最高尚的爱是这样的爱，它在消失之前是不让人察觉的。高尚的人不在顺境里向你献上友谊作为你欠下的债务，而在逆境里却向你索还友谊，还要你付出利息。

——[黎巴嫩]阿明·雷哈尼

爱情应该是一场霍乱，很多人因此死去，很多人为此受伤，还有很多人携带着病毒疯疯傻傻地苟延残喘，却永远无法治愈。

——加西亚·马尔克斯《霍乱时期的爱情》

珠宝沉默不语，却比任何语言更能打动女人心。

——莎士比亚

在爱情里，人与人之间的关系往往不是因为某些具体的原因而断绝，其实是因为彼此的心已经不在一起，事后才牵强附会地找些借口。 ——东野圭吾

成熟的感情都需要付出时间去等待它的果实，但是我们一直欠缺耐心。有谁会用十年的时间去等一个远行的人，有谁会在十年的远行之后，依然想回头找到那个人。有些爱情因为太急于要得到它的功利，无法被证明，于是也就得不到成立。

——安妮宝贝《最好的爱情》

好述篇

任何友谊建筑,都经不住恋爱的炸弹。　　　　　　　　　——聂绀弩《我的金言》

爱,不是一种无须花费精力的享受,爱是一门艺术,它需要知识和努力。
　　　　　　　　　　　　　　　　　　　　　　——弗洛姆《爱的艺术》

如果没有办法忘记他,就不要忘记好了,真正的忘记,是不需要努力的。
　　　　　　　　　　　　　　　　　　　　　　　　　　——张小娴

山有木兮木有枝,心悦君兮君不知。　　　　　　　　　　——[汉]刘向

真正的爱情是不能用言语表达的,行为才是忠心的最好说明。
　　　　　　　　　　　　　　　　　　　　　　　　　　——莎士比亚

愿你生命中有够多的云翳,来造成一个美丽的黄昏。　　　　——冰心

男人想做女人的初恋情人,女人想做男人的最后情人。　　　——王尔德

最美的不是下雨天,是曾与你躲过雨的屋檐。　　　　　　　——方云山

真正的爱情需要等待,谁都可以说爱你,但不是人人都能等你。
　　　　　　　　　　　　　　　　　　　　　　　　　　——安东尼

让女人念念不忘的是感情,让男人念念不忘的是感觉。感情随着时间沉淀,感觉随着时间消失。终其是不同的物种,所以,谁又能明白谁的深爱,谁又能理解谁的离开。　　　　　　　　　　　　　　　　——徐志摩

一段感情能给你带来多大痛苦,就曾给你带来过多大快乐。　——张爱玲

诺言的诺字和誓言的誓字都是有口无心的。　　　　　　　　——三毛

我以为爱情可以填满人生的遗憾,然而,制造更多遗憾的却偏偏是爱情。

——张爱玲

天啊,男人不变心,他就是十全十美了。

——莎士比亚

不爱是一生的遗憾,爱是一生的磨难。

——张爱玲

如果一个人把生活兴趣全部建立在爱情那样暴风雨般的感情冲动上那是会令人失望的。

——居里夫人

你们在拥抱时会感到胸闷,但你们要竭尽所能地坚持,要一次比一次持久,永远记住,这个世界上的任何一次拥抱都将以松手告终。

——约瑟夫·布罗茨基《悲伤与理智》

一流的情人永远不必殉隐,永远不会失恋,因为"我爱你,与你何涉"。

——木心

没有人值得你流眼泪,值得让你这么做的人不会让你哭泣。

——[英]狄更斯

明明在喜欢你之前过得很好。

——李宫俊

可能我只是你生命里的一个过客,但你不会遇见第二个我。

——安东尼

有些人注定是在等待别人的,有些人是注定被别人等的。

——张小娴

惊觉相思不露,原来只因入骨。

——汤显祖

等待不是为了你能回来,而是找个借口,不离开。

——李碧华

好述篇

天不老,情难绝,心似双丝网,中有千千结。 ——张先

或许我们终究会有那么一天:牵着别人的手,遗忘曾经的他。 ——三毛

不幸的婚姻天天吵架,幸福的婚姻隔一天吵一架。——陈耀明《另类婚姻观》

在你获奖的时候,媳妇会要你的奖状,情妇会要你的奖金;在你失败而流泪的时候,媳妇儿会给你一块手帕,情妇会给你一记耳光。 ——李敖《论情爱》

女人在场,她们是半个世界;如果女人离去,整个世界跟着她们离去。
——萧春雷《箴言》

一个波斯诗人写道:在创世之初,主把一朵玫瑰,一朵百合,一只鸽子,一条毒蛇,一点儿蜂蜜,一只苹果和一把黏土混在一起。结果他发现得到的混合物是一个女人。
——威廉·夏普

爱并非你所能选择。你抓住了爱,像患上了疾病;你陷入爱,像陷于一场灾难。
——[以色列]阿摩司·奥兹

爱情。谁晚上陪伴你坐在餐桌边,谁就爱你。别的全是空话。
——马丁·瓦尔泽《寻找死亡的男人》

任何瞬间的心动都不容易,不要怠慢了它。
——毛姆《爱德华·巴纳德的堕落》

但愿男子自认为是女人的弟兄而不是她的俘虏或主宰,但愿男人和女人都能排斥骄傲,少想一些自己,多想一些别人。咱们都是弱者,得互相帮助。切勿对倒下的人说:我不认识你了。应当说:"拿出勇气来,朋友,咱们会突破难关的。"
——罗曼·罗兰《约翰·克里斯朵夫》

男人常会忍不住在朋友面前讨论自己的女人，就好像女人绝不会将漂亮的新衣服藏在箱底。

——古龙

世界上只有两个地方的瓶瓶罐罐最多，一个是药房，另一个便是女人的梳妆台。

——柏杨

爱情的国度，只有两种季节：可爱、不可爱；爱情的夜空，只有两种声音：幸运、不幸运 ；爱情的道路，只有两种景色：我的、我们的。

——连晖慈

如果一个人能预见20年后的情景，还决定结婚。——他们的婚姻一般来说，是可以维持幸福。

——[德]尼采

心心相印，是从我心里像打电报似的，把一个念头转到她心里。

——[美]马克·吐温

和自己恋爱将不会有情敌。

——[美]富兰克林

婚姻就是一门研究做错事后如何掩人耳目的学问。

——[英]朱利安·巴恩斯

完美的婚姻关系是，窝在爱人的怀里孤独。

——[英]温尼科特

人们一方面把婚姻和爱情混为一谈，另一方面又把爱情和幸福混为一谈。但两者之间毫无共同之处。这就是在爱情相当缺乏的情况下，依然存在幸福婚姻的原因所在。

——[法]阿贝尔·加缪

爱情就像财富，有赖于命运之轮，它始终处于剧烈的上下颠簸之中。

——[英]范布勒

好述篇

你垂询什么是爱吗？当我们在自身思想的幽谷中发现一片虚空,从而在天地万物中呼唤。寻求与身内之物的通感对应之时,受到我们所感、所惧、所企望的事物的那种情不自禁的、强有力的吸引,就是爱。　　——[英]雪莱《论爱》

爱的需求或力量一旦死去,人就成为一个活着的墓穴,苟延残喘的只是一副躯壳。　　　　　　　　　　　　　　　　　　　——[英]雪莱《论爱》

当着心爱的男人,每个女人都有返老还童的绝技。　　　　　——钱钟书

爱情是追求;婚姻是征服;离婚是审讯。　　　　　　　　　　——罗兰

女人用友情来拒绝爱情,男人用友情来换取爱情。　　——《联合早报》副刊

在金钱与爱情之间卖弄自尊,是最愚蠢的事。　　　　　——《亦舒小语》

女孩子若对你宽宏大量,落落大方,那就是表示对你喜欢的不够。
　　　　　　　　　　　　　　　　　　　　　　　　　——《亦舒小语》

男人从来不担心他的未来,直到他找到一个妻子;女人常常担心她的未来,直到她找到一个丈夫。　　　　　　　　　　　　　　　　　　——南莺

恋爱的三样最重要的因素是:第一是机遇,第二是机遇,第三还是机遇。
　　　　　　　　　　　　　　　　　　　　　　　　　　　　——蒙田

北山拾叶

爱情是一片炽热狂迷的痴心,一团无法扑灭的烈火,一种永不满足的欲望,一份如糖似蜜的喜悦,一阵如痴如醉的疯狂,一种没有安宁的劳苦和没有劳苦的安宁。　　　　　　　　　　　　　　　——[美]理查德·弗尼维禾

多数的妇女太矫揉造作,结果全然没有了艺术感。多数的男人太不加造

作,结果丝毫没有了美感。

——[英]奥斯卡·王尔德

家庭的不快乐,不但不是爱的欠缺所引起的,反而是爱的过剩所造成的。

——[英]鲁易斯《爱的思想笔记》

去爱,本来就是一件得冒风险的事。爱任何事物,都难保不会有心碎的可能。不愿选择担惊受怕的人,剩下的唯一去处就是地狱。因为除了天国之外,唯一能让人免除一切危险和扰攘的地方,就只有地狱。

——[英]鲁易斯《爱的思想笔记》

男人对女人,像对酒一样,喝下去也许因眩晕而幸福,也许因眩晕而痛苦。

——杏林子

真正爱情的可贵不在于突破、创造,能够平静的相守才是真正的可贵。因为"守静"不只是爱情,也是生命的最高情操,那样的感觉就像是:航过千辛万难、惊涛骇浪而渐渐驶进一个安全的港湾,纵任有万劫不复的情爱,终也会倦于漂泊流浪吧。

——林清玄

男人们喜欢追逐像浴缸里的湿肥皂难以捉摸的女人,即便是讨厌洗澡的男人也好。

——《郑辛遥幽默格言》

可爱的女人实在是真可爱,但同时,一个坏女人往往比一个坏男人坏得更彻底。

——张爱玲

精神上,谁能担保爱情不变质?今日对你说着"海枯石烂,此情不渝"的,可能就是明日那个"挥一挥衣袖,不带走一片云彩"的人。 ——[新加坡]尤今

爱情的酒,总是离别前的那一杯格外醉人。 ——孙传泽《缤纷的落英》

约会像个爱迟到的孩子,分别却只是位刻板守时的教师。

——孙传泽《缤纷的落英》

婚姻是一部书,它的第一章是诗歌,其余都是散文。　——[英]作家 倪高斯

我见过一些女子,她们真诚地希望嫁给一首诗歌,却得到了一部小说作为答案。

——[英]济慈

男人对女人的认识可能深刻,他们的行为却永远浅薄。　　——陈村

爱的最高境界是爱别人,爱的最大境界是爱天下。　　——冯骥才

爱情不同文件,它只有正本,没有影印本,不能到处派。　　——林振强

失恋是一种美极了的美感,可惜当事人从不细细享受。

——黄永玉《斗室散步》

现代人的婚姻生活与胶纸无异,贴得紧,也撕得开。　——黄永玉《斗室散步》

世界上若没有女人,真不知这世界要变成怎么样子……我所能想象得到的是:世界上若没有女人,这世界至少要失去十分之五的"真"、十分之六的"善"、十分之七的"美"。

——冰心

爱情其实是一种严重的精神病,只能靠结婚来治愈。

——郑辛遥《智慧快餐》

对某些男人来说,情人就是瓶中的酒,老婆不过只是一个酒瓶而已。

——郑辛遥《智慧快餐》

互相研究了 3 周,相爱了 3 个月,吵了 3 年架,彼此忍耐了 30 年——然后,轮到孩子们来重复这件事情,这叫作婚姻。

——[法]泰恩

恋爱的同时又保持聪明是不可能的。

——[古罗马]西拉斯

在一个人一生的所有行为中,他的婚姻与别人最为无关;但在我们一生的所有行为中,它偏偏受到最多的干涉。

——[英]约翰·塞尔登

爱情的特性既使我们更怀疑,又使我们更轻信。与对其他人的态度相比,我们更容易怀疑自己的恋人,但也更容易相信她的表白。

——[法]马塞尔·普鲁斯特

男人对女人应多一点爱、少一点了解;女人对男人应多一点了解、少一点爱。

——李敖

所有的人都是生来自由和平等的,除了那些结了婚的。

——顾芗

爱是一个长而甜蜜的梦,婚姻就是一个闹钟。

——顾芗

看一个人是否真的关心处在远方他爱着的人,从他是否关心那里的天气预报便可窥一斑。最深的爱常常表现在对最简单的事情的关注上。

——张心阳《热风冷雨》

郑板桥说"难得糊涂"。我怀疑他想的是"男的糊涂",下笔时临时改了。

——陈村《陈言勿去录》

深爱那个人,相对而言,自我性格因迁就而颇有磨损。

——李碧华

在爱情中有两种坚贞不渝:一种是由于我们不断在我们的爱人那里发现

好述篇

可爱的新特点;另一种则不过是由于我们想获得一种坚贞不渝的名声。

——[法]拉罗什科夫《爱情箴言录》

爱情是创造性的,婚姻是抄袭性的;爱情是诗歌戏剧,婚姻是消息报道;爱情是手镯,婚姻是手铐;爱情是婚姻的引子,婚姻是爱情的尾声。

——周晓枫《门缝里看婚姻》

一对男女在一起至少可以生出三样东西:一是婚姻,二是孩子,另一个是烦恼。婚姻能生一个,孩子可以生几个,而烦恼则是无穷无尽难以计数的。

——周晓枫《门缝里看婚姻》

爱情之酒甜而苦。两人喝,是甘露;三人喝,是酸醋;随便喝,要中毒。

——陶行知

相亲最大的好处是你们的交往是从算计对方缺点开始的。

——画眉《恨嫁不如相亲》

最让人回味的爱情就是还没有爱够,就戛然而止了。　　——张曼玉

女人存在的意义,不是为世界助长雄风,而是向生活注入柔情。

——梁晓声

夫妻双方之所以不理解,归根结底,在于——性别不同。　　——钱海燕

人的一生中最要紧的是发现自己,而在婚姻中则是被人所发现。

——冉拉尔

没人相信我,但是,幽默比金钱或者相貌更有用。如果你能令一个女孩开怀大笑,你就是胜利者。

——好莱坞演员威尔·史密斯

北山拾叶

男人实际上是缺损的女人，Y 染色体是所有 46 种染色体中最病态、最多余，最好吃懒做的一个。

——[英]牛津大学基因学家赛克思

把宇宙缩减到一个人，把一个人扩张到上帝，这才是爱情。

——雨果

男人之间友谊的佳境是默契，女人之间的佳境是亲密；默契是无须言传的境界，亲密是无话不说的境界。

——叶天蔚

现实生活中有些人在爱情选择上的错误，并不是找错了对象，而是从一开始就没弄明白：在选择爱情的同时也就选择了一种生活方式，后者才是爱情的真正本质。

——陈见

婚姻乃是一条空船，靠这两种东西为它压舱，一是爱情，一是子女。没有爱情又没有子女的婚姻势必被风浪打翻，葬身海底；爱情和子女如果能同时都有，合力压住空舱，婚姻之船当然是一条快乐的船；如果不幸而不能两者俱备，只剩下一个，船就开始摇晃，界于沉于不沉之间。

——柏杨

女人好办事。这一点，常常使一些男人愤愤不平。可是，这怪谁呢？给女人方便的，恰恰，是男人自己。

——陈向高《男人·女人》

驻颜有术的女人总是（一）身体相当好，（二）生活安定，（三）心里不安定。

——张爱玲

爱情是生活中的诗歌和太阳。

——别林斯基

爱情乃是美好的观念支配的传宗接代的欲望。

——马克思

男人的一半是女人，定义如下：男人的一半是他身边的那个女人，剩下的一半是各式各样别的女人。

——朱德庸

好述篇

在对的时间,遇到对的人,是一种幸福;在对的时间,遇到错的人,是一种悲伤;在错的时间,遇到对的人,是一声叹息;在错的时间,遇见错的人,是一种无奈。

——缘定的终生

爱情走入婚姻不外乎三种下场:沉淀、溶解和挥发。

——朱德庸

爱情是易碎品,你有一千个理由小心轻放!

——张玉庭《爱情:小心轻放》

好的爱情是你透过一个人看到世界;坏的爱情是你为了一个人舍弃世界。

——张小娴《避雨的爱情》

工作是美丽的,因为它能够让你公然离开法定配偶长达八小时。

——钱海燕《红袖添乱》

名声清白是有用的——它能让你免受你本来就不该受到的惩罚。

——钱海燕《红袖添乱》

当男人搞不懂女人时,他就去搞政治。

——朱德庸《摇摆涩女郎》

嫁给一个人就要嫁给一种生活方式,嫁给一个社会关系的总和。

——电视剧《新结婚时代》

爱情是盲目的,但婚姻给了她一对眼睛。

——[德]利希腾伯格

我相信爱情可以排除万难,只是排除之后,又有万难。

——张小娴

爱情多半的不成功的,要么苦于终成眷属的厌倦,要么苦于未能终成眷属的悲哀。

——钱钟书

我以爱情可以填满人生的遗憾。然而,制造更多遗憾的,却偏偏是爱情。

——张爱玲

爱,就是没有理由的心疼和不设前提的宽容。　　　　　　——周国平

我这辈子最遗憾的事,就是推我入地狱的人,也曾带我上天堂。

——张爱玲

爱情往往不是败于大是大非之下,而是流逝于微小的生活里。　——张小娴

幸福的婚姻在于妻子提供好气候,丈夫提供好风景。　　——[英]布雷南

爱是一份合同,双方同意夸大对方优点,缩小对方缺点。

——[英]《白鸽丛书》

爱是经久忍耐,慈悲为怀;爱是不嫉妒,爱是不自吹,爱是不狂妄,爱是不
乖张,爱是不自私,爱是不轻易动怒,爱是鄙视不义,爱是喜欢真理;爱是凡事
包容,凡事相信,凡事盼望,凡事忍耐。　　　　　　——《圣保罗致哥林多书》

每个成功女人背后,都有一个目瞪口呆的男人。

——美国第一位女性四星上将 安·登伍迪

男人痛恨那些企图诱拐自己老婆的人,尤其是那些半途而废的人。

——朱德庸《老公 VS 老婆》

男人以世界为家,女人以家为世界。　　——唐师曾《我在美国当农民》

高难度的爱情,是月色、诗歌、三十六万五千朵玫瑰,加上永恒;
高难度的婚姻,是账簿、证书、三十六万五千次争吵,加上忍耐;

高难度的人生,是以上两者兼无。

——朱德庸

恋爱是一首可长可短的抒情诗,婚姻通常是一本凑不成言情小说的流水账。

——吴淡如《懂得太多,所以怕痛》

人生下来个个都是戏子,非得有个基本观众不可,所以要恋爱。

——亦舒《喜宝》

最惆怅的事,人人都给你青眼,你最希望那给你青眼的,却给了你白眼。

——李碧华

好男人不过是一瓶好的驱风油:一、真材实料,提防假冒。二、安全可靠,信用昭著,回乡探亲,带去也不会失礼。三、能医百病。四、药有药味,辣一点,方算上路,才有味道。五、无副作用。

——李碧华

缘分就是说——世界上的人虽多,但下雨的深夜陪你回家的,其实只有一个。

——钱海燕《有氧的生活》

别妄图改变你的爱人,没有谁是上帝的半成品。 ——钱海燕《有氧的生活》

那知道你最隐秘的丑陋之处但依然心痛你的人,就是亲人。 ——钱海燕

假使不幸戕害了我们,那,不要紧。我们总是爱过,总是快乐过了,我们仍然感觉有勇气受苦。要来的就让它来吧,爱情是值得偿付代价的。

——乔治·桑

男人与女人的区别是:女人越老越深入男人的事务,而男人越老越疏离女人的事务。

——契诃夫《生活的札记》

北山拾叶

当你爱着的时候,你能在自己心中打开多少精神的宝藏,会有多少柔情、温存,你甚至不能相信,你会这么爱着。

——契诃夫《生活的札记》

什么是爱情? 两个灵魂,一个身体;什么是友谊? 两个身体,一个灵魂。

——[英]约瑟夫·鲁《一个教区牧师的沉思》

我把她深藏心里,到处漫游,我生命的荣枯围绕着她起落。

她统治着我的思想、行动和睡梦,她却自己独居索处。 ——泰戈尔

花季少女惧怕不怀好意的目光,中年妇女研究不怀好意的目光,老年妇女回想不怀好意的目光。

——马长山《关于女人和男人的一些说法》

到了中年以后,一个男人会发现,他结识的最后一个朋友竟然是他的妻子。

——卢卡斯

在我童年或年轻的时候,一定做过好事,因为此刻,你就站在那里爱着我!

——《音乐之声》

我曾经听人说过,当你不能够再拥有的时候,你唯一可以做的就是令自己不要忘记。

——《东邪西毒》

小时候,看着满天的星星,当流星飞过的时候,却总是来不及许愿;长大了,遇见了自己喜欢的人,却还是来不及。

——《停不了的爱》

婚姻要长久,夫妻必须一边共舞,一边独舞。 ——安·泰勒·弗莱明

女人从出生到 18 岁,需要好的家庭;18 到 35 岁,需要好的容貌;35 - 55 岁需要好的个性;55 岁以后,需要好多钞票。

——[美]苏菲·图依克

好述篇

恋爱之于男人,就像在空荡荡的心房挂画,而对于女人,却像聆听音乐。

——[日]《东京爱情故事》作者柴门文曾

即使是婚姻美满的男人,也一边庆幸自己选对了妻子,一边怀念当年的落选者。

——马长山

大多数女人倾向选择平庸的男人作为丈夫,因为坏男人让女人感到惊恐,好男人让女人感到窝囊。

——马长山

亲人之间,讲到钱就伤感情;情人之间,谈到感情就伤钱。

——王芊芊

最使女人欣慰的是挫伤男人的自负,最使男人欣慰的是满足女人的自负

——萧伯纳

你所结婚的对象是你在最脆弱时觉得最适合你的人。

——K. 贝里克

即使在最充实的生活里,爱情也能开拓出自己的位置。一个日理万机的国务活动家,到了情人等候的时间,也会让整个世界停下来。——[法]莫里亚克

世界上只有留下创伤的人才能治愈这些创伤。

——[法]莫里亚克

太太在磅秤上的份量,往往跟在丈夫心上的分量成反比。

——减肥专家凯介儿夫人

走向成功的大道上,充满了一路给丈夫们打气的女性。

——迪尤儿

婚姻生活的烦恼是,每个女人内心都以母亲自居,而男人内心却以单身汉自居。

——卢卡斯

大多数贬低女性的男人,只不过是在贬低某一特殊的女人罢了。

——古尔蒙

做妻子的应以其丈夫有缺点而感谢上帝,因为没有缺点的丈夫是个危险的观察者。

——哈利法克斯

离别能使浅薄的感情削弱,但却使深挚的感情更加深厚,正如风之能吹灭烛火而却会把火煽得更旺。

——拉罗斯福哥

第一次小小的争执是年轻夫妇相互关系中新纪元的开端,由恋爱的诗篇过渡为生活的散文。

——扎采宾

中国人有这句话:"三个臭皮匠,凑成一个诸葛亮"。西方有一句相仿佛的谚言:"两个头总比一个好。"炎樱说:"两个头总比一个好——在枕上"。她这句话是写在作文里面的。看卷子的教授是教堂里的神父。——张爱玲《私语》

男人总是特别温柔地记着他的初恋,但在那之后他就开始把爱捆成一捆。

——H.L孟肯

爱情就是彼此互不相识的男女间所发生的事。

——毛姆

爱情是欲望河上的鳄鱼。

——伐致呵利

魅力是女人的力量,正如力量是男人的魅力。

——席勒

美是唯一不受时间伤害的东西。

——王尔德

离你越远,我爱你越深。现在我不禁叩问自己,我所期望的究竟是幸福,还是走向幸福的过程。

——[法]安德烈·纪德

很少女人有足够的道德和思想让人忘记她们的美貌。

——[法]苏利·普吕多姆

爱情有一个可靠的标准,那就是人们所付出的时间。

——[法]苏利·普吕多姆

当我拥有你,无论是在百货公司买领带,还是在厨房收拾一尾鱼,我都觉得幸福。爱像一股暖流滋润着我。当我失去你,即使面对鸟语花香我也兴味索然。

——[日]川康端成

世界上没有丑女人,只有一些不懂得如何使自己看起来美丽的女人。

——毛姆

我爱你不是因为你是谁,而是我在你面前可以是谁。　——《剪刀手爱德华》

我爱你关你什么事,千怪万怪也怪不到你身上去。

——张爱玲

如果你给我的,和你给别人的是一样的,那我就不要了。

——三毛

我谈过最长的恋爱,就是自恋。我爱自己,没有情敌。

——安东尼

一秒钟能够发生的大事太多了,区区变心,又能算什么。

——李宫俊

拒绝是世上三种最佳勾引方式之一。

——李碧华

有一种遗憾,叫错过;有一种缘分,叫重来。

——白落梅

爱情得到的报酬,若不是对方偿还的爱,便是对方内心深处的暗暗蔑视。

——培根

不吃饭的女人这个世界上也许还有好几个,不吃醋的女人却连一个也没有。

——古龙

我们放下尊严,放下个性,放下固执,都只是因为放不下一个人。

——张小娴

真正的爱情需要等待,谁都可以说爱你,但不是人人都能等你。

——安东尼

法国有句古话:恋爱是结婚的黎明,结婚是恋爱的日暮。   ——狄芬诺德

明白爱情的聚散,也就明白了人生的聚散。   ——张小娴

浪漫是一袭美丽的晚礼服,但你不能一天到晚都穿着它。   ——韩寒

时间可以了解爱情,可以证明爱情,也可以推翻爱情。   ——张小娴

爱就是允实了的生命,正如盛满酒的酒杯。   泰戈尔

人生就是一件蠢事追着另一件蠢事而来,而爱情则是两个蠢东西追来追去。

——王尔德

但凡男女之间的那点"意思",常常从"不好意思"开始,到"真没意思"结束。

——《教父》

情不知所起,一往而深;恨不知所终,一笑而泯。   ——金庸《笑傲江湖》

对于世界而言,你是一个人。但是对于某个人,你是他的整个世界。

——《乱世佳人》

好述篇

成熟的爱情,敬意,忠心,并不轻易表现出来。它的声音是低的。它是谦逊的,退让的,它是潜伏的,等待了又等待。成熟的果子就是这样。有时生命逝去了,爱情还在暗中等待成熟呢。　　——[英]查尔斯·狄更斯《大卫·科波菲尔》

爱是一个人的事情,而爱情是两个人的事情。所以,我爱你,与你无关。

——[奥地利] 斯蒂芬·茨威格

对于没有将来的爱情,在最美丽的时候停止是最美丽的,但很少人知道这个秘密,结果只会摧毁了那份美好的回忆。　　　　　　　　——古龙

最痛苦的人,可能因为有了爱情,而变得快乐起来;最快乐的人,也可能因为有了爱情,而变得痛苦无比。　　　　　　　　　　　　——古龙

这世上有成千上万种爱,但从来没有一种爱可以重来。　　——菲茨杰德拉

婚姻,只考虑家境是荒谬的,不考虑家境是愚蠢的。　　——[英]简·奥斯汀

当你意识到你要和某个人共度余生,你会想你的余生能越快开始越好。

——《当哈利遇上莎莉》

追得太凶,爱情就跑得快,甚至把对方仅剩的一点好感,也赶得无影无踪。　　　　　　　　　　　　　　　　　　　　——[法]卢梭《忏悔录》

在这个世界上,几乎人人都以为他心中有爱,但是如果你环顾左右情深爱重的人们,就会发现他们都是彼此的囚徒。这是一种多么奇怪的爱啊!这种爱创造的竟然是束缚!　　　　　　　　　　　　——[印]奥修《金色童年》

爱是一种经常性的奋斗和抗争。爱会要求。"我爱你"意味着"你也必须爱我"。事实上,我爱你只是因为我想要你爱我。　　——奥修《智慧金块》

激情永远不消退的秘诀就是：一次又一次的爱上同一个人。　　——陈果

爱情就像一个不解之谜，你似乎没有什么特别，却成了我别无他求的唯一；你也谈不上什么明艳照人，但对我而言确是那样无与伦比的美丽。

——陈果

老婆当家几十年，我只鼓掌不发言。她问苦瓜怎么样，我说味道特别甜。

——大曾

自然规律中最不容违背的是爱情，爱情只能听其自行减退，不会因为外来干涉而消失。　　——《十日谈》

不必老是听从命运之神的支配，因为命运之神教你用情，大都不是恰如其分，而是过分。　　——[意大利]乔瓦尼·薄伽丘《十日谈》

爱情的力量大于一切。它非但能摧毁友谊，而且能打破神圣的伦理法则。　　——《十日谈》

有时候，我们爱上的并不是对方，而是自己的爱。　　——莫泊桑

情人和酒鬼没什么两样，喝了还会再喝，爱了还会再爱。　　——莫泊桑

爱情本身就是生命。它不会死亡，只会迁徙。　　——[西班牙]塞万提斯

爱神固然常常造访亭台楼阁，不过对于茅草屋也并不是拒绝降临。

——薄伽丘

爱情是永恒的象征，它混淆一切时间概念，使人忘却开始，害怕结束。

——史达尔

在青山绿水之间，我想牵着你的手，走过这座桥。桥上是绿叶红花，桥下是流水人家，桥那头是青丝，桥这头是白发。

——沈从文《致张兆和情书》

青年男子谁个不善钟情？妙龄女人谁个不善怀春？这是我们人性中的至神至圣。

——歌德《少年维特之烦恼》

爱情是无法忍受压迫的。爱情的魅力就在于它的神秘性和自发性。它不问缘由，不顾一切，不计厉害。

——瓦西列夫

多少人爱过你昙花一现的身影，爱过你的美貌，以虚伪或真情。唯独一人曾爱你那朝圣者的心，爱你哀戚的脸上岁月的留痕。

——威廉·巴特勒·叶芝《当你老了》

我们应当在一起，否则太伤天害理了。

——王小波对李银河的表白

几乎所有的爱情，都是以"你好"开始，以"你好坏"升华，以"你好棒"进入高潮，以"你好吗"淡化，以"你还好吗"结束！

——八耐舜子

少年时代我们追求激情，成熟后却迷恋平庸。在我们寻找、伤害、背离之后，还能一如既往地相信爱情，这是一种勇气。每个人都有属于自己的一片森林，迷失的人迷失了，相逢的人会再相逢。

——村上春树《挪威的森林》

一个女子在诗人的诗中，永远不会老去，但诗人他自己却老去了。

——沈从文

两个人在一起，人家就要造谣言，正如两根树枝接近，蜘蛛就要结网。

——钱钟书

多数情况下，吸引人们注意的，与其说是处于静态时的相貌好坏，不如说

是神采灵动时的优雅自然。 ——村上春树

年轻时,总以为能遇上许许多多的人。而后你就明白,所谓机缘,其实也不过那么几次。 ——《爱在日落黄昏时》

两个人散了,是因为一个以为不会走,一个以为会挽留。

——《前任3:再见前任》

爱情是有时间性的。太早,或者太迟认识,结果都是不行的。 ——《2046》

你所以为的巧合,不过是另一个人用心的结果。 ——《晚秋》

伦理和欲望的冲突永远都在。 ——[日]渡边淳一

男人们即使在恋爱的短暂期间,也不停地干一些别的事分散自己的心思:赖以维持生计的事务吸引了他们的注意力;他们沉湎于体育运动;他们还可能对艺术感兴趣。男人同女人的区别是:女人能够整天整夜谈恋爱,而男人却只能有时有晌地干这种事。 ——毛姆《月亮和六便士》

与女性争执是不明智的。无论这个女性是不是明智。 ——韩寒

所谓的折腾是什么都没有留下,包括记忆。 ——《你的孤独虽败犹荣》

什么是离婚的原因?结婚。 ——王尔德

每想你一次,天上飘落一粒沙,从此形成了撒哈拉;每想你一次,天上就掉下一滴水,于是形成了太平洋。 ——三毛

爱情里,总有一个主角和一个配角,累的永远是主角,伤的永远是配角。

——林清玄

好述篇

我们注定要失去我们所爱的人,不然又如何知道他们对我们是如此的重要呢? 这也是失去的意义吧。

——《本杰明·巴顿奇事》

婚姻犹如一艘雕刻的船,看你怎样去欣赏它,又怎样去驾驶它。

——林语堂

我在女人跟前经常失败,就是由于我太爱她们了。 ——《忏悔录》

凤飞翱翔兮,四海求凰。无奈佳人兮,不在东墙。
张琴代语兮,聊写微肠,何时见许兮,慰我彷徨。
愿言配德兮,携手相待,不得于飞兮,使我沦亡。

——《凤求凰》

少女恋春,怨妇恋秋,可是那一种真正深入骨髓的无可奈何的悲哀,却只有一个真正的男人才能了解。

——古龙

婚姻把你从自我中拽了出来,给了你一种真实的生活。

——2013 年诺贝尔文学奖获得者,爱丽丝·门罗

爱是一种渗透他人的尝试,但只有双方都投降,爱才能实现。

——1990 年诺奖得主奥克塔维奥·帕斯

好的爱情,让人变成傻子;坏的爱情,让人变成疯子;最好的爱情让人变成孩子。

——巴勃罗·聂鲁达

男人就像一本书,看封面呢,金光闪烁;再看序言,引人入胜;可等你拿到手,净手焚香去读,也许就读不下去了。

——林语堂《京华烟云》

爱上一个人就像搬进一座房子。一开始你会爱上新的一切,陶醉于拥有它的每一个清晨,但经年累月,房子外墙开始变得陈旧,你会因为它本该完美的不

北山拾叶

完美而渐渐不再那么爱它,然后你渐渐谙熟所有的破绽和瑕疵,而这些都是会赋予你归属感的小秘密。　　——弗雷德里克·巴克曼《一个叫欧维的男人决定去死》

我们不可能在晚秋时节还会找到我们在春天和夏天错过了的鲜艳花朵。
　　　　　　　　　　　　　　——[法]巴尔扎克《卡迪央王妃的秘密》

女人的自然本质有多少不如我们男人的地方,就有多少优越于我们的地方。　　　　　　　　　　　　　　　　　　　　　——柏拉图

有生之年能遇见你,竟花光我所有的运气。　　　　　　——林夕

爱情最玄妙的地方在于,我那么不了解你,竟然会那么喜欢你。而你曾经那么懂我,如今旧时的熟悉竟可以变得如此陌生。　　——吴淡如

人往往要通过了解自己所爱的是什么样的人,才能真正地了解自己,因为真正的爱的对象是自己本质的一种表现。　　——[法]居斯塔夫·福楼拜

负心,不奇;奇的是负心之前的一片真心。　　　　　　——木心

对女人不能交心,交心以后就变成了交代,交代了之后,你就会变成了无法交代。　　　　　　　　　　　　　　　　　　　——刘震云

距离太近,爱也会变成一种消极的东西。　　　　　　——渡边淳一

希望你下一辈子不要改名,这样我会好找你一点。有时失去不是忧伤,而是一种美丽。　　　　　　　　　　　　　　　　——村上春树

你走了,说祝我幸福。就像一个贼偷走我所有的钱,还留言说,恭喜发财。　　　　　　　　　　　　　　　　　　　　　——《也罢》

好述篇

珠玑篇

山林自有不朽业，今古无多独行人。

——梁漱溟

人若看透了自己，便不会小看别人。

——老舍

我只是一滴清水，不是肥皂水，不能吹泡泡。

——杨绛

凡事别想别人感激，那是必然要失望的。

——《故园》

生命像流水，这些不快的事总要过去。如果注定一辈子要这么过，再不开心也没有用。

——《女人三十》

真正的才华如火焰般难以收藏，总会燎原。

——《曾经深爱过》

失去的东西，其实从来未曾真正地属于你，也不必惋惜。——《玫瑰的故事》

有能力的人影响别人，没能力的一群受人影响。

——《喜宝》

哭要一个人躲着哭，笑呢全世界陪你笑。

——《爱情之死》

也许一个人在真正无可奈何的时候，除了微笑，也只好微笑了。

——《家明和玫瑰》

过度和谐是无聊的,冲突反而才是引起人兴奋所在。　　——山本耀司

世间何事,值得一争? 栖身江湖,雪落无声。　　——老树

人要耐看,物要实用,情要持久,理要常真。　　——梁凤仪

人在哪里看不到意义,人就会否定意义。　　——尼采

平淡的生活,往往是最危险的。　　——尼采

黑夜给了我黑色的眼睛,我却用它寻找光明。　　——顾城《一代人》

自然界有一万种色彩,而我们为什么总是那么固执地试图把它缩小到十二种呢?　　——[德]赫尔曼·黑塞

美往往令人乏味,丑却有无限可能。　　——[意大利]小说家艾可《丑的历史》

自由的第一个意义就是担负自己的责任。　　——阿来

所有的孩子都是贵族,所有的贵族都是孩子。　　——王鼎钧

因为人们彼此之间没有可以交换的思想,所以,他们就交换纸牌。　　——叔本华

努力也会落空,放弃却不会落空。　　——《anone》坂元裕二

一个无知的人觉得什么都是可能的。　　——卡夫卡

放弃所有让你想活到一百岁的东西,你就可以活到一百岁。　　——伍迪·艾伦

珠玑篇

即使到此为止，我与人类已是交浅言深。

——木心自拟墓志铭

教育是一粒种子。种子可以生根发芽。你可以很容易知道一个苹果里面有多少粒种子，但是你很难知道一粒种子可以结出多少个苹果。

——柯云路《一粒种子可以结多少苹果》

春天来了，树木飞向它们的鸟。

——保罗·策兰

学问不能拿有用无用来衡量，当年牛顿研究万有引力有什么用？

——季羡林

如果你没有哭过，你的眼睛就不会迷人。

——索菲亚·罗兰

如果你有一件工作必须赶快做，把它交给那个最忙的人准没错。

——美国西屋公司总裁 罗伯特·克比

气质，就是品质散发出来的味道。

——梁文道

你知道大人物是什么吗？就是一直不断努力的小人物。

——亚莉珊卓·史达德尔《不自在限：5 小时》

广告是这样一种东西：没有它，你买东西时偶尔盲目；有了它，则经常盲目。

——游宇明

太阳的伟大之处在于它把光明洒向人间的同时不让任何人接近它。

——郑渊洁

全中国至今可看的建筑只有两种：一种是古人留下的，一种是洋人留下的。

——陈丹青《退步集续编》

北山拾叶

中国的人肉搜索让美国的 FBI 黯然失色。 ——《洛杉矶时报》如是评论

无论如何都要说实话，然后拔腿就跑。 ——外国谚语

让梦想成真的最佳方式就是醒来。 ——[法]诗人 保尔·瓦雷里

人类是允许它们的孩子回家的唯一物种。 ——[美]比尔·科斯比

一份报纸想要在全球畅销，最快捷的办法就是把中国放在头版。
——默多克

我们把思考交给了电脑，把联系交给了手机，把腿脚交给了汽车，把健康
交给了药丸。 ——现代人画像

真理是上帝手中破裂的镜子，每个人手里都拿了一块。 ——伊朗谚语

小鞋嘛，穿一穿就松了。 ——贾平凹

放屁时你都看看身后有没有人，可抽烟时你全忘了。 ——禁烟广告

好人睡得香，但坏人更会享受睡不着的时光。 ——伍迪·艾伦

信心比信仰高明多了，信仰是别人在帮你思考。 ——[美]哲学家 富勒

你能从一只脱尽了羽毛的孔雀身上发现，它的美全是皮毛。 ——冯骥才

世上的喜剧不需要金钱就能产生，世上的悲剧大半和金钱脱不了关系。
——三毛

对很多人来说，时尚可能是赤橙黄绿青蓝紫，但是有一种时尚永远不变，

珠玑篇

357

那就是辨别黑白。 ——白岩松

作为一个作家我知道,文学写了上百年,上千年,其实做的就是一篇文章——生死离别。 ——曹文轩

生活就是不停地战斗,他的武器是他的知识、信仰和坚强的意志。 ——巴金

有了物质,那是生存;有了精神,那才是生活。 ——雨果

我爱你,从这里一直到月亮,再绕回来。 ——山姆·麦克布雷尼

青春即使在痛苦之中也闪耀着它的光彩! ——雨果

这个世界永远有风景,但只有懂得浪费人生的才会看到。 ——松浦弥太郎

没有审美力是绝症,知识也救不了。 ——木心

人性坦荡得一清如水时,就会看到最美的东西。 ——蒋勋

既然无处可逃,不如喜悦。既然没有静土,不如静心。
既然没有如愿,不如释然。 ——丰子恺

你如果做一个人,知识自然是越多越好;你如果做不成一个人,知识却是越多越坏。 ——梁启超

一个人的脸就是一张履历表。 ——大宅壮一

人的一切痛苦,本质上都是对自己的无能的愤怒。 ——王小波

北山拾叶

一个人爱什么,就死在什么上面。

——老舍

你没如期归来,而这正是离别的意义。

——北岛

父母在,人生尚有来处。

父母去,人生只剩归途。

——毕淑敏《孝心无价》

浮世万千,吾爱有三。

日,月与卿。

日为朝,月为暮,卿为朝朝暮暮。

——《暮光之城》

我用尽了全力,过着平凡的一生。

——毛姆《月亮与六便士》

当我们惧怕孤独而被孤独驱使着去消灭孤独时,是最孤独的时候。

——蒋勋

战争不决定谁对了,只决定谁留下来了。

——罗素

不要着急,最好的总会在最不经意的时候出现。

——泰戈尔

浮生若梦,若梦非梦。浮生何如?如梦之梦。

人生天地之间,若白驹之过隙,忽然而已。

相濡以沫,不如相忘于江湖。

——庄子

没有所谓玩笑,所有的玩笑都有认真的成分。

——弗洛伊德

对不可言说之物,保持沉默。

——维特根斯坦

珠玑篇

一旦你有了省钱的脑子,就不会有精力培养一个挣钱的脑袋,所以,你穷得很稳定。
——巴菲特

和氏之璧,不饰以五彩;隋侯之珠,不饰以银黄。
其质至美,物不足以饰之。
——《韩非子·解老》

人的合群性大概和他知识的缺乏,以及俗气成正比。
——叔本华

才能、心肠、头脑,缺一不可,三者难平均;也好,就此滋生风格。
——木心

不时瞥见中国的画家作家,提着大大小小的竹篮,到欧洲打水去了。
——木心

最佳景观:难得有一位渺小的伟人,在肮脏的世界上,干净地活了几十年。
——木心

如果连肉体都无处安放,还谈什么诗和远方。
——最扎心房产广告

画画并不难。如果你画美人不成,可改画钟馗;画钟馗不成,再改成石头。
——张大千

诚无悔,恕无怨,和无仇,忍无辱。
——林逋

一头驴子,不管你把它搬运到哪里——去月球上也好,天王星,海王星,冥王星,乃至释迦牟尼坐过的菩提树下也好——它还是一头驴子。 ——周梦蝶

死之前,我必须要对 1001 个愚蠢的清单视而不见。
——《泰晤士报》专栏作家 贾尔斯·科伦

闲暇这份礼物,可能会被那些从来没有经历过闲暇的人所糟蹋。
——[美]教育家 赫钦斯

有时我在清晨苏醒,我的灵魂甚至还是湿的。 ——聂鲁达

我们拥有艺术,是为了让我们不至于毁于真理。 ——尼采

一个笼子,在寻找一个鸟。 ——卡夫卡

春天拼脸蛋,夏天拼身材,秋天拼气质,冬天拼性格。 ——爱"拼"才会赢

专业人士是那些干得了自己的工作但不喜欢干的人。业余人员是那些干不了自己的工作却很喜欢干的人。 ——[英]詹姆斯·埃格特

美丽的宇宙太空以它的神秘和绚丽,召唤我们踏过平庸,进入它无垠的广袤。 ——南仁东

我爱你腹部的十万亩玫瑰,也爱你舌尖上小剂量的毒。 ——大卫《荡漾》

清闲是一切财富中最难得的。 ——苏格拉底

人有两耳双目,只有一张嘴,因此应多听多看少说。 ——苏格拉底

这是黄昏的太阳,我们却把它当成了黎明的曙光。 ——雨果《巴黎圣母院》

外观往往和事物的本身完全不符,世人都容易为表面的装饰所欺骗。 ——莎士比亚

世间的很多事物,追求的时候的兴致总要比享用时候的兴致浓烈。 ——莎士比亚

如果你渴望得到某样东西,你得让它自由。如果它回到你身边,它就是

属于你的;如果它不会回来,你就从未拥有过它。　　　　　——大仲马

你是不是因为太懦弱了,才这样以炫耀自己的痛苦来作为自己的骄傲?

——大仲马

上帝给了人们有限的力量,但却给了人们无限的欲望。　　　——大仲马

我知道这世界,本如露水般短暂。
然而,然而。　　　　　　　　　　　　　　　　　　　——小林一茶

我们在世上,边看繁花,边朝地狱走去。　　　　　　　　——小林一茶

我不求深刻,只求简单。　　　　　　　　　　　　　　　　　——三毛

人,一定要看着点什么,恰似草木对光阴的钟情。　　　　　——汪曾祺

等待犹豫是这个世界上最无情的杀手。　　　　　　　　　　——三毛

如果每个人都喜欢艺术,这个国家会充满人性。　　　　　　——谭盾

人类最大的财富是想象力。　　　　　　　　　　　　　　　　——谭盾

世界上的强盗,再没有比劫夺我们思想自由的罪恶更大了。

——林语堂《生活的艺术》

难道还有明天,可惜还有明天。　　　　　　　　　　　　　——余秀华

因为懂得,所以慈悲。慈悲不是修养,它源于智慧。　　　　——张爱玲

君子之心,常怀敬畏。　　　　　　　　　　　　　　　　　　——朱熹

北山拾叶

自由是独立，不依附，不恐惧。

——克里希那穆提

当我猜到谜底，才发现，一切都已过去，岁月早已换了谜题。

——席慕蓉《谜题》

生命是一袭华丽的袍，爬满了蚤子。

——张爱玲

以前那个我，如果来找现在的我，会得到很好的款待。岁月不饶人，我亦未曾饶过岁月。

——木心

最合于享受人生的理想人物，就是一个热诚的、悠闲的、无恐惧的人。

——林语堂

说是人生无常，却也是人生之常。

——余光中

有人帮你，是你的幸运；无人帮你，是公正的命运。

——丰子恺

若要优美的嘴唇，要讲亲切的话；
若要可爱的眼睛，要看到别人的好处；
若要苗条的身材，把你的食物分给饥饿的人；
若要美丽的秀发，在于每天有孩子的手指穿过它；
若要优雅的姿态，走路时要记住行人不止你一个。

——奥黛丽·赫本

人生下来的时候只是无知但不愚蠢，愚蠢是由后来的教育造成的。

——罗素

想象——这是一种贮藏事实的仓库，为诗人和骗子共同拥有。

——[美]安·比尔斯《魔鬼最后的智慧》

珠玑篇

谜的答案始终比谜本身乏味。 ——博尔赫斯

人的根早已从土里拔了出来，人们却在谈论故乡。 ——卡夫卡

快乐长着翅膀，但他没有是躯体；忧愁有躯体，但他没有翅膀。
——[叙利亚]阿多尼斯

舌头由于说话太多而生锈，眼睛由于梦想太少而生锈。
——[叙利亚]阿多尼斯

历史是一条它自己会走的路。 ——木心

投资有两个要点：其一是别赔钱，其二是别忘了第一点。
——纽约著名理财专家弗尔曼

天下就没有偶然，那不过是化了妆的、戴了面具的必然。 ——钱钟书

最长的路也有尽头，最黑暗的夜晚也会迎接清晨。 ——《汤姆叔叔的小屋》

把鸟笼放大，并不是给鸟自由，而是为了使鸟更适应笼子。 ——冯骥才

山是凝固的波浪，水是流动的群山。 ——冯骥才

最令人伤心的，不是你的不伤心，而是你已不能伤心。 ——[新加坡]尤今

帮倒忙是愚人送给你的最热忱的礼物。 ——孙传泽《缤纷的落英》

加倍的惊喜过后常常伴随着加倍的乏味。 ——孙传泽《缤纷的落英》

每一种强烈的感情都是迷信。 ——[保加利亚]阿·达尔切夫

奇怪,最美妙的东西拥有最难看的脸色——如大闸蟹。 ——李碧华

一个人只有不付账单,才能期望活在商家的记忆中。

——[英]奥斯卡·王尔德

多嘴比虱子还讨厌;虱子不吵。 ——黄永玉《斗室散步》

世界上有三个秘密是我们所不知道的:可口可乐的配方,英国女王的财富,以及好男人到哪儿去了。 ——钱海燕

一个人所说的事实,不过是他自己的看法。 ——钱海燕

值得做的事都值得一做再做。 ——加菲猫

真正的自由,就是每个人都受到同样的限制。 ——陈耶门《天眼之眼》

人不会浪费时间,人只会被时间浪费掉。 ——陈耶门《天眼之眼》

记忆像条一狗,躺在它怡然自得的地方。 ——[荷兰]西斯·诺特波姆

地球上提供给我们的物质财富足以满足每个人的需求,但不足以满足每个人的贪欲。 ——圣雄甘地

你不会喜欢自己买得起的东西。 ——[美]保罗·迪克逊《近似规律》

喊穷的通常是有钱人,喊饿的往往都是胖子。 ——萧铭洲

什么是荣誉? 一个透明的气泡;那黄金呢? 一种暂时拥有的发光的惹麻烦的东西 ——外国人打油诗

珠玑篇

熟悉的地方,没有风景。世界上所有的美好,都有有效期限。　　——几米

不要把顾客当上帝,而要当恋人。　　　　　　　——贝塔斯曼公司格言

需要的便是最好的　　　　　　　　　　——对公鸡来说,麦粒胜过钻石。

工作的唯一麻烦就是每天都得工作。　　　　　——[新西兰]简·西布鲁克

肚子大不可怕,可怕的是肚子里没有好东西。　　　——《加菲猫》经典语录

看得见的是暂时的,看不见的是永久的。　　　　　　　　——《圣经》

我知道我会下地狱,但我会在那里看到大资本家、窃贼、刽子手和美国总统们。　　　　　　　　　　　　　　——古巴领导人卡斯特罗

机会的大门两边写着"请推开"与"请拉开"。　　——《登峰造极》作者金克拉

心是个口袋,东西装得少时叫心灵,多一点是叫心眼,多时叫心计,很多时叫心机。而脑子这个口袋装的则是智慧。　　　——吴若增《脑子与人》

一朵花的美丽,就在于她的绽放。而绽放其实正是花心的破碎啊!
　　　　　　　　　　　　　　　　　　——乔叶《破碎的美丽》

我睡去,感觉生命之美丽;我醒来,感觉生命之责任。　　——特蕾萨修女

世界上的事,只有"不一定"是一定的;而"一定的"往往是不一定的。
　　　　　　　　　　　　　　　　　　　　——朱铁志《不一定》

顾客不一定永远正确,但顾客永远是顾客。　——H、H格雷格电器公司的标语

灵魂没有了庙宇,雨水会滴在心上。

——诗人里尔克

灵感,是由于顽强的劳动而获得的奖赏。

——列宾

想喝水时,仿佛能喝下整个海洋似的——这是信仰;等到真的喝起来,一共也只能喝两杯罢了——这是科学。

——契诃夫

早生华发是一种遗传,不过通常由子女遗传给父母。

——杰奎琳·肯尼迪

演员是最荒谬的工作,因为演员的身体里,藏有无数的灵魂。

——赫塞

甜中加甜,不见其甜;乐中加乐,才是大乐。

——莎士比亚

每一次睡眠都是一次死亡,当我们醒来,便是全新的生命。

——田维

一只海龟的全部思想还是海龟。

——爱默生

做买卖不愿贴广告,如同黑暗中向女人使眼色。

——[美]赫伯·鲁特

美,像是一块将要燃烧的玻璃,尽管它本身并没有热量。——《角色与观察》

每一只蝴蝶都是从前的一朵花的鬼魂,回来寻找它自己。

——炎樱

挥霍是把自己不珍惜的东西拿出来,慷慨是把自己珍惜的东西拿出来。

——周国平

大吃小,是实力! 小吃大,是智力! 大小通吃,是权力!

——周立波

国人现在不是根据菜单吃饭,而是按照"元素周期表"吃饭。 ——时寒冰

珠玑篇

钢琴弹得好加分,那杀猪杀得好,凭什么不给加分?　　　　——高考加分

对于等待者,时间太慢;对于忧惧者,时间太快;对于悲伤者,时间太长;对于欢乐者,时间太短;对于相爱的人,时间永恒。　——[美]作家 亨利·凡·戴克

今日事今日做,是干活儿;明日事今天做,才是工作。

——优衣库社长 柳井正

三种最为有害且令人上瘾的东西:海洛因、碳水化合物和月薪。

——纳西姆·尼古拉斯·塔勒布

有足够的内幕消息和 1000 万美元,你一年之内就能破产。　　——巴菲特

你可以拥有一切,但不能同时拥有。　　　　　　　　——玛丽莲·梦露

有两件事是无限的:宇宙、人类的愚蠢。而对于宇宙是否无限,其实我还没有那么确定。　　　　　　　　　　　　——阿尔伯特·爱因斯坦

人世间的事情莫过于此,用一个瞬间来喜欢一样东西,然后用多年时间来慢慢拷问自己为什么会喜欢这样东西。　　　　　　　　——韩寒

云中藏不住云雨事,雪里埋不住雪花银。官易头热,民易心寒。心寒,怕云乱翻,怕官太贪。　　　　　——央视天气预报节目主持人 宋英杰

每天晚上 11 点到 12 点是最好的时候,大多事都尘埃落定,新沙子还没有扬起来。　　　　　　　　　　　　　　　　　　——丁丁张

都说缺什么补什么,我觉得我们现在缺的是灵魂。　　　　　　——崔健

名人和伟人是两码事,就像登台表演的未必都是艺术家。　　——周国平

如果说美国做企业是 100 米赛跑,那在中国做企业就是 100 米跨栏越野赛。　　——马云

群众是个奇特的群体,经常会在"不明真相"和"眼睛雪亮"之间徘徊,关键是看针对什么。　　——张鸣

一个人想要有房子住,就要去工作,想要一间舒服的大房子,就要干一份不喜欢的工作。　　——《革命之路》

其实要过那条马路并不难,就看谁在对面等你。　　——王家卫

我和这个世界有过情人般的争吵。　　——罗伯特·弗罗斯特

你要是养了一只藏獒,就不能指望它像鸡一样定时下蛋。　　——陈彤《下一个男人会更好》

不用怕,不用愁,十年后,所有的事,都只是下酒菜。　　——小虫

善恶并不是一成不变的东西,而是不断改变所处的场合和立场,平衡本身就是善。　　——村上春树

脸上的皱纹,是微笑待过的地方。　　——陈文茜

一个人需要隐蔽多少秘密,才能巧妙地度过一生。这佛光闪闪的高原,三步两步便是天堂,却仍有那么多人,因心事过重而走不动。　　——仓央嘉措

珠玑篇

摘不到的星星,总是最闪亮的;溜掉的小鱼,总是最美丽;错过的电影,总

是最好看的;失去的情人,总是最懂我的;我始终不明白,这究竟是什么道理。

——几米

死,对你来说很容易;稍难一点的,是梦想;再难一点是反叛;难上加难的,是爱。

——富思特斯《墨西哥的五颗太阳》

我发现金钱就像第六感,没了它,你就无法最佳地发挥其它五感。

——毛姆

这世上什么东西都能挑,就是日子没法挑。

——刘震云

躺在地上过日子,贴着土地过日子,有个好处就是,摔也摔不到哪儿去。

——黄永玉

小意外就像一盘菜中的胡椒面,让你打两个喷嚏,却仍感觉痛快。

——王朔

你爱一个姑娘,她还能领你的情;你爱一个明星,他只能领你的钱。

——乐评人王晓峰

乡愁总能抹去不好的记忆,放大好的记忆,谁也躲不过它的横扫。

——加西亚·马尔克斯

如果你走得太快,灵魂跟不上了,你就要停下来,等一等自己的灵魂。

——电影《云上的日子》

我喜欢过得像个穷人,但手上有很多钱。

——毕加索

要做的事情总找得出时间和机会,不要做的事情总找得出借口。

——张爱玲

北山拾叶

上班这件事就像婚姻一样，你需要它，但它违反你的天性。

——朱德庸《关于上班这件事》

吃自己的饭，以不饿为标准；吃朋友的饭，以吃饱为标准；吃老板的饭，以吃好为标准；吃公家的饭，以撑不死为标准。

——民间流行俗语

经济和股市的关系就像主人和狗一样，狗永远跑在主人前面，但他离开主人有一定距离的时候，又会跑回来找它的主人。 ——安德烈·科斯托兰尼

太阳出得太大的时候，人们就恨它；风刮得太大的时候，人们就讨厌它。只有月亮是人人都喜欢的。

——安纳德

心情愉快是最好的打扮。

——威廉·迈克皮斯

永远不要害怕黑影。它只不过表示附近有光在照耀。 ——E·瑞克

"衣"是无言的文化，我爱穿。衣服是可以换洗的皮肤，真好。衣服也是个人风格的一种表露。

——三毛

"发生过的事是不会忘记的，只是想不起来而已。" ——电影《千与千寻》

要知道钱的价值，就想办法去借钱试试。 ——[美]富兰克林

有时候一个人为不花钱得到的东西付出的代价最高。

——爱因斯坦

具有新想法的人在其想法现实之前是个怪人。 ——马克·吐温

千方百计想摘下星辰的人往往绊倒在一根稻草上。

——[英]斯宾塞《牧人日历》

珠玑篇

如果你把流言撕碎,那些碎片就是真理。　　　　　——[美]尤金·奥尼尔

苦难有多深,人类的荣耀就有多高远。　　　　——[俄]亚历山大·索尔仁尼琴

包含着某些真理因素的谬误是最危险的。　　　　　——[英]亚当·斯密

若精神觊觎真理,则将自毁;而一旦与尘世结合,则将丰沃。

　　　　　　　　　　　　　　　　　　　——[法]马克斯·雅各布

所谓正道公理压根儿也是偏见。　　　　　　　　　　——钱钟书

魔鬼也会引用《圣经》为自己辩解。　　　　　　　——莎士比亚

金钱是被铸造出来的自由。　　　　　　　　——陀思妥耶夫斯基

缺乏钱财是所有罪恶的根源。　　　　　　　　　——马克·吐温

别再向往天堂! 那是对大地的侮辱。　　　　　　　　——梭罗

人的灵魂所必需的东西,是不需要用钱来买的。　　　　——梭罗

过去的事情唯一可爱之处就在于它已经过去了。　　　——王尔德

怨恨是贫穷最可贵的花朵。　　——[美]卡森·麦卡勒斯《心是孤独的猎手》

灵魂没有翅膀,也可以去到任何地方。　　　——阿来《尘埃落定》

在黑白里温柔地爱彩色,在彩色里朝圣黑白。　——汪曾祺《人间草木》

北山拾叶

有人说故事像说着自己，有人说自己像说故事。

——汪曾祺《我们都是世间小儿女》

任何一样东西，你渴望拥有它，它就盛开。一旦你 拥有它，它就凋谢。

——普鲁斯特《追忆似水年华》

喜新厌旧乃人之常情，但人情还有更深邃的一面，便是恋故怀旧。

——周国平

记忆是一条早已干涸的河流，只在毫无生气的河床中剩下零落的砾石。

——刘慈欣《三体》

鸟类会飞就是因为它们有翅膀，可不是因为有什么"飞的权利"。

——《人类简史》

但见时光流似箭，岂知天道曲如弓。　　——[唐]韦庄《关河道中》

钱字拆开，乃两戈争金，世人应晓其险也。　　——《处世悬镜》

凡事都有偶然的凑巧，结果却不如宿命的必然。　　——沈从文

没有所谓玩笑，所有的玩笑都有认真的成分。　　——弗洛伊德

漂亮的东西不会是美丽的。　　——维特根斯坦

只有不快乐的人才知道未来。　　——凯特·莫顿

上帝创造了乡村，人类创造的城市。　　——[英]库珀

绝不可能从人性原则推断政治学。　　——G·拉沃斯

珠玑篇

我从不知道人杀人的理由,但是人救人是不存在理由的。

——[日]工藤新一

所有的战争都是内战,因为所有的人类都是同胞。 ——弗朗索瓦·弗奈隆

去火星仿佛比拜访自己的邻居更容易。 ——[葡萄牙]萨拉马戈

落叶善舞,因为它是绿过的,而且,它一点也不怕被人们遗忘。 ——王朔

当华美的叶片落尽,生命的脉络才历历可见。 ——[智利]聂鲁达

天空不留下鸟的翅膀,但我已飞过。 ——[印]泰戈尔

厨师一多,反而做不出好的饭菜。 ——格尔比

聪明人宁愿看到人们需要他而不是感谢他。 ——格拉西安

谈话犹如立遗嘱,话越少讼争越少。 ——格拉西安

好看是好看,就是丑了点。 ——郭敬明

真理并不总是美,但对它的渴望是美。 ——1991 年诺奖得主纳丁·戈迪默

浪漫是灵魂的甘甜,带着受伤心灵的芬芳。

——1986 年诺奖得主沃莱·索因卡

你可以砍掉所有的花,但你不能阻挡春天的来临。 ——聂鲁达

你错过的,别人才会得到,正如你得到的都是别人错过的。 ——刘同

世上本没有故乡的,只是因为有了他乡;

世上本没有思念的,只是因为有了离别。 ——余光中

越是无可怀疑的事,就越值得怀疑。 ——王小波《黄金时代》

有了门,我们可以出去;有了窗,我们可以不必出去。 ——钱钟书

天下没有偶然,那不过是化了妆的/戴了面具的必然。 ——钱钟书

美是一种无目的的快乐。 ——康德

珠
玑
篇

幸福篇

最幸福的人不一定拥有所有最好的东西,他们只是享受人生中遇到的东西。

——沃伦·巴菲特

人类满怀对幸福的渴望,可他们能承受幸福存在的时间却那么短暂。

——[德]赫尔曼·黑塞

你知道聪明和幸福的区别吗? 如果你以为自己聪明,那你不是;如果你以为自己幸福,那么你就是。

——史航《那些笨笨的人儿》

我们就像田野上的羔羊,在屠夫的注视下恣意欢愉。

——叔本华

如果不想痛苦,最可靠的方法是对幸福不抱期望。

——叔本华

所谓内心的快乐,是一个人过着健全的正常的和谐的生活所感到的快乐。

——罗曼·罗兰

真正的快乐是内在的,它只有人类的心灵里才能发现。

——布雷默

如果世间真有这么一种状态:心灵十分充实和宁静,既不怀念过去,也不奢望将来,放任光阴流逝而仅仅掌握现在。无匮乏之感,也无享受之感,不快乐也不忧愁,既无所求也无所惧,只感受到自己的存在。处于这种状态的人就可以说自己得到了幸福。

——卢梭

一个人最大的幸福莫过于在人生的中途,富有创造力的壮年,发现了此生的使命。

——哥伦布

为什么我一直感觉不幸福,难道是当幸福来敲门的时候,我不在家?

——冯巩

幸福感是衡量人生的唯一标准,是所有目标的终极目标。具体地说,在看待自己的生命时,可以把负面情绪当作支出,把正面情绪当作收入。当正面情绪多于负面情绪时,我们在幸福这一"至高财富"上就赢利了。

——[美]泰勒·本·沙哈尔

幸福的故事总让人打哈欠,能引起人们兴趣的是人们的不幸。

——[法]碧姬·拉贝

有时候真的很奇怪,我们本来是幸福的,可是与别人一比较,突然感觉就不那么幸福了。

——[法]碧姬·拉贝

幸福其实是一种内心的稳定,我们没有办法决定外界所有的事情,但是我们可以决定自己内心的状态。或者简单地说,幸福其实就是灵魂的成就。

——毕淑敏

幸福本是和一个不庸俗的人过着庸俗的生活。

——托尔斯泰《安娜·卡列尼娜》

幸福就是一双鞋,合适不合适只有自己一个人知道。

——大仲马《基督山伯爵》

快乐不是一种靠理智达致的理想,而是靠幻想得到的东西。　　——康德

等待一场姹紫嫣红的花事,是幸福;

在阳光下和喜欢的人一起筑梦,是幸福;

守着一段冷暖交织的光阴慢慢变老,亦是幸福。　　　——林徽因

幸福是一件多么奢侈的事,人生总是有太多的遗憾,由不得你我放任快乐。

　　　　　　　　　　　　　　　　　　　　　　——林徽因

世间最珍贵的不是"得不到"和"已失去",而是现在能把握的幸福。

　　　　　　　　　　　　　　　　　　　　　　——苏格拉底

幸福是把灵魂安放在最适当的位置。　　　　　　　——亚里士多德

越是处心积虑地想得到生活上的舒适和幸福,那么这个人就越是得不到真正的满足。

　　　　　　　　　　　　　　　　　　　——伊曼纽尔·康德

幸福并不取决于财产。幸福只是定向问题。这就是说,幸福者看不见现实的黑暗边缘。

　　　　　　　　　　　　　　　　　　　　　　——卡夫卡

一个人心中真正的幸福,通常都是他还没有得到的或者他久已失去的。

　　　　　　　　　　　　　　　　　　　　　　——古龙

人类只有在生病的时候才最清醒,觉得能活着就很幸福了。　——陈耶门

动物很少对不能吃的东西感兴趣,这使它们注定比人类幸福。——陈耶门

现在之福,积自祖宗者,不可不惜;将来之福,贻于子孙者,不可不培。

　　　　　　　　　　　　　　　　　　——[清]金缨《格言联璧》

快乐和幸福是灵魂的一种香味,是歌唱的心的和声。

——罗曼·罗兰《约翰·克里斯朵夫》

小孩的幸福定义是:好好吃,好好睡,好好玩,好好哭和好好发呆,做这些事就觉得很幸福了。

大人的幸福定义是:在以上那些事之外要努力去寻找的一种东西。

——朱德庸

快乐不是一样东西,快乐是一种角度,每个人不同。

对你我而言快乐有两种,对全世界而言快乐有几十亿种。 ——蔡志忠

人类的时间不是循环转动的,而是直线前进的。这就是人类不可能幸福的缘故,因为幸福是对重复的渴望。

——米兰·昆德拉

聪明人嘲笑幸福是一个梦,傻瓜到梦中去找幸福,两者都不承认现实中有幸福。看来,一个人要获得实在的幸福,就必须既不聪明,也不太傻。人们把这种介于聪明和傻之间的状态叫作生活的智慧。 ——周国平

凡事皆有代价,快乐的代价便是痛苦。 ——张小娴《流波上的舞》

幸福快乐的秘诀:找到你所喜欢做的事,然后找到愿意雇你来做着这件事的人。

——格里高利·曼昆

记住:要是有人说金钱买不到幸福,那他只是还不知道该上哪儿去买。

——巴菲特

幸福和智慧之间有着这样的区别:认为自己是最幸福的人,那么实际就是如此。认为自己是最聪明的人,那么通常来说他是最愚蠢的。 ——弥尔顿

能把自己生命的终点和起点连接起来的人,是最幸福的人。

——歌德

人生的幸福是按秒计算的。

——高尔基

越是高尚,就越不幸福。

——契诃夫

我们追求的是幸福,可是当回头一看,过去日子里所得到的都已成为经验。关于这一点,叔本华这样说:我们有些像那些炼金者,本指望炼出金子,可替而代之的是发现了那些更有价值的事物,譬如火药、药、化学化合物和一些自然原理。

——[莫]杰拉尔德·布瑞南《人生手记》

快乐是得到不应该得到的东西时的心情。

——波尔

人生中最美好的事情之一就是:我们的幸福大于不幸。

——[美]安德鲁·罗尼

幸福更多地取决于生活怎样冲击你,而不是靠机遇。

——[美]安德鲁·罗尼

有关幸福的一个公式是:幸福 = 当下快乐 + 未来价值。既不能只顾及时行乐,也不能为了未来目标对自己过于严苛。

——杨澜

金钱买不到幸福,但却时常带来了一种更令人愉悦的痛苦形式。

——喜剧演员 斯派克·米利根

幸福如果作为生活的副产品,是很棒的一个东西,但把它当作目标追求,只会导致灾难。

——斯沃斯莫尔学院社会学教授 巴里·施瓦兹

我敬佩简单的快乐,那是复杂的最后避难所。

——王尔德

其实,任何人都不会知道自己在经历一生中最幸福的时刻。

——奥尔罕·帕慕克《纯真博物馆》

最痛苦的是我们要从别人眼中看到幸福。 ——莎士比亚

凡是幸福无法治愈的,任何药物也都无法治愈。

——马尔克斯《爱情和其他魔鬼》

只有当你的快乐和幸福不附属于任何人或物的时候,你才是自由的。否则,无论你被关在监狱里,还是走在大街上,你都是自己的囚犯。 ——萨古鲁

理想有胜于现实的地方,现实有胜于理想的地方,唯有把这两者融为一体才能获得完美的幸福。 ——列夫·托尔斯泰

如果我们只追求幸福也就罢了,难的是我们实际上追求的是比别人幸福。 ——蒙特奎尔

不论是国王还是农夫,谁在家里找到安乐,谁就是最幸福的。 ——歌德

自给自足,自己就是一切,这就是幸福最主要的品质。 ——[法]蒙田

自从有人类以来,人就很少有真正快乐过,这才是我们的原罪。

——尼采《查拉图斯特拉如是说》

幸福就是连接痛苦与痛苦之间的环,是你吃完第一个馒头之后还有第二个馒头等着你。 ——《三联生活周刊》主笔 王晓峰

拥有最廉价愉悦的人,也是最富有的人。 ——梭罗

幸福是一种经过节制的满足。

——鲍尔吉·原野《心伏脚下》

幸福作为一种生存方式,并不在于急切地期待拥有,而在于从容地不惧失去。

——钟伟

很多人对是什么构成真正的幸福抱着错误的观念。幸福不是从自我满足中得到的,而是对一个有价值的目标的执着追求。

——[美]海伦·凯勒

口中从来不说恶话,眼中从来不现怒火的人,就是幸福的人。

——瑞士教育家 裴斯塔洛齐

生活本身既不是祸,也不是福;它是福祸的容器,就看你自己把它变成什么。

——法国思想家 作家蒙田

快乐:是一个人从较小的圆满到较大的圆满的过渡。
痛苦:是一个人从较大的圆满到较小的圆满的过渡。

——[荷]斯宾诺莎

幸福就像数学测验,你刚做第一道题,教师马上出第二道题。

——[美]赫伯·鲁特

我以为幸福刚刚开始,其实错了,幸福一直都在你身边。

——电影《时时刻刻》

幸福像掉到沙发下面的一颗纽扣,你专心找,怎么也找不到,等你淡忘了,它自己滚出来了。

——《红袖依袈裟》作者 钱海燕

决定我们幸福与不幸,快乐与否的,不在于我们是谁,我们在什么地方,我们有什么,我们正在做什么,而在于我们怎么想。

——卡耐基

这个乌托邦能够引领你梦想未来也创造未来;但在整个追寻的过程中,你只有通过"与他人分享"'才能离幸福更近一些,再近一些。

——[法]《美妙的不幸》的作者鲍里斯·西吕勒尼克

所谓真正的幸福者很少见,也许这种人压根就不存在;而心满意足之人则随处可见。在所有给我深刻印象的事物中,最令我中意的便是这种满足之情。

——[法]卢梭

幸福就是健康,加上坏记性。

——英格丽·褒曼

幸福在于趣味,而不在于事物。我们幸福在于有自己觉得可爱的东西,而不在于我们拥有其他人觉得可爱的东西。

——[法]拉罗什富科

幸福似乎主要是一种内心快乐的状态。不过,它不是一般的快乐,而是非常强烈和深刻的快乐,以至于我们此时此刻会由衷地觉得活着是多么有意思,人生是多么美好。

——周国平《幸福和苦难都属于灵魂》

快感和痛感是肉体的感觉,快乐和痛苦是心理现象·而幸福和苦难则仅仅属于灵魂。

——周国平《幸福和苦难都属于灵魂》

人生最大的幸福,就是确信有人爱你,有人因为你是你而爱你,更确切地说,尽管你是你,有人仍然爱你。

——雨果《悲惨世界》

幸福只能是一个目标,而不是一个栖身之地。

——西德尼·哈里斯

当你不再有闲暇用来琢磨自己是否幸福时,你就是幸福的了。 ——萧伯纳

幸福不是一种结果,而是一种能力。如果一个人失去这个能力,那才是人生最大的缺陷,必定痛苦终生。

——水木然

吃穿不用挠头，还有小酒润喉。太阳每天升起，发个啥子闲愁。 ——大曾

使人幸福的并不是体力和金钱，而是正直与公允。——[古希腊]德谟克利特

埋在自己心里不愿说出的害羞的满足，才是自己真正的幸福。

——维多利亚·希斯洛普

警惕你的幸福，唯有它能摧毁你。 ——萧春雷《箴言》

不求是贵，少病是寿，够用是富，无欲是福，感激是喜。

——台湾历史学家许倬云的五福格言

快乐的标志是人忘掉了自己人，在快乐的时候只有快乐意识不到"我"的存在，这就像我们的身体，肝、肺、胃、阑尾，一切正常时，我们很少感到和想到它们的存在。乐而忘己，这样的境界，生活中有，读书和冥想时也有。

——张宗子《开颜》

美好莫过于少女的媚眼，贪杯者开饮前的目光和秋阳的温暖。

——阿多尼斯

如果你仅仅想要幸福，这一点也不难，难的是我们总期望比别人幸福。

——孟德斯鸠

真正的幸福只有当你真实地认识到人生的价值时，才会体会到。

——穆尼尔·纳素夫

每个人可能的最大幸福是在全体人所实现的最大幸福之中。 ——左拉

辛勤的蜜蜂永远没有时间悲哀。 ——布克莱

工作就是人生的价值,人生的快乐,也是幸福之所在。　　　　　——罗丹

幸福是一种能力,对自己要随性,对他人要随缘,对老天要随命,就是最好的状态。　　　　　——周国平

许多人错失属于他们的快乐,不是因为他们从没找到,而是因为他们没有停下来享受它。　　　　　——威廉·斐勒

人总是在接近幸福时倍感幸福,在幸福进门时却患得患失。　——张爱玲

老是认为自己不幸福的人,永远不会幸福。　　　　　——塞拉斯

能处处寻求快乐的人才是最富有的人。　　　　　——[美]梭罗

谁能不迟不早地成熟,逐渐对生活的冷酷不幸学会忍受,谁就是幸福。
　　　　　——普希金

大钱是生产资料,小钱是生活资料,想吃肉就吃肉,就是幸福;人类的许多痛苦都是跟时间不自由有关,睡觉睡到自然醒,时间自我支配,就是幸福;角色和身份常让人不舒服,假如你不介意自己的角色和周围人对你的评价,而是有自己的是非标准,那么你就幸福了。　　　　　——冯仑

越是处心积虑得到生活上的舒适和幸福,那么这个人越是得不到真正的满足。　　　　　——康德

幸福是一种方法,不是一样东西。是一种才能,不是一个目标。
　　　　　——[德]作家 赫尔曼·黑塞

此刻你若听到一声轻轻的叹息,请莫要理会。那是我在回首遥远的美好

岁月发出的叹息。我们当时很幸福,却浑然不知。

——[捷]诗人 雅罗斯拉夫 赛弗尔特

大多数人断言快乐是幸福,但是更富有机智的人说知识才是幸福。

——[古希腊]柏拉图

如果工作是一种乐趣,人生就是天堂!

——歌德

幸福就是欲望从一个目标到另一个目标不断地发展,达到前一个目标不过是为后一个目标到另一个目标铺平道路。

——[英]霍布斯《利维坦》

路越艰难,风景越美,无论如何,感谢经历。

——《雾都孤儿》

我反复说过,真正的幸福是不能用语言描绘的,它只能用心体会,感受越深就越无法描述,因为真正的幸福不是一系列事实的积累,而是一种状态的持续。

——[法]卢梭《忏悔录》

幸福只能在内心找到。如果我们的头脑充满了不幸的恐惧与野心,就不可能拥有一颗轻松自在的心。

——[古罗马]马克·奥勒留《沉思录》

那么多年,一个人可以伴装一切,却无法伴装幸福。

——博尔赫斯

一个人心中真正的幸福,通常都是他还没有得到的,或者他久已失去的。

——古龙

快乐是个属于成年人的词儿。你不必问一个孩子他是否快乐,你能看得出来。成年人谈论快乐是因为他们大多都不快乐。

——珍妮特·温特森

幸福不是一切,人还有责任。

——[法]阿尔贝·加缪

每个聪明人都知道人生是美好的,人生的目的是获得幸福,但最后只有傻瓜们才会幸福。

——2006 年诺奖得主奥尔罕·帕慕克

幸福是由若干快乐感觉构成的一种抽象概念。

——伏尔泰

道德确实不是指导人们如何使自己幸福的教条,而是指导人们如何配享幸福的学说。

——康德

上天让我们习惯各种事物,就是用它来代替幸福。——《叶甫盖尼·奥涅金》

我们的不幸往往由于我们对于幸福的追求! 我们做事之初喜欢抱着一种信念:我们一定能在世间找到某种幸福。

——叔本华

每一种幸福背后无不站着一个曾经咬紧牙关的坚定灵魂。

——吴淡如

能为我们提供最多机会以获得自尊的生活,是最幸福的。

——[英]塞缪尔·约翰逊

真正的快乐,不是狂喜,亦不是苦痛,在我很主观的来说,它是细水长流,碧海无波,在芸芸众生里做一个普通的人,享受生命一刹间的喜悦,那么我们即使不死,也在天堂里了。

——三毛《雨季不再来》

雅居篇

林下一般闲富贵,何尝更肯让公卿。

——邵庸《初夏闲吟》

闲来无事不从容,睡觉东窗日已红。万物静观皆自得,四时佳兴与人同。

——程颢《秋日偶成》

居山水间者为上,村居次之,郊居又次之。吾侪纵不能栖岩止谷,追绮园之踪,而混迹廛市,要须门庭雅洁,室庐清靓,亭台具旷士之怀,斋阁有幽人之致。又当种佳木怪箨,陈金石图书,令居之者忘老,寓之者忘归,游之者忘倦。蕴隆则飒然而寒,凛冽则煦然而燠。若徒侈土木,尚丹垩,真同桎梏樊槛而已。

——文震亨《长物志》卷一

门内有径,径欲曲。径转有屏,屏欲小。屏进有阶,阶欲平。
阶畔有花,花欲鲜。花外有墙,墙欲低。墙内有松,松欲古。
松底有石,石欲怪。石面有亭,亭欲朴。亭后有竹,竹欲疏。
竹尽有室,室欲幽。室旁有路,路欲分。路合有桥,桥欲危。
桥边有树,树欲高。树阴有草,草欲青。草上有渠,渠欲细。
渠引有泉,泉欲瀑。泉去有山,山欲深。山下有屋,屋欲方。
屋角有圃,圃欲宽。圃中有鹤,鹤欲舞。鹤报有客,客欲不俗。
客至有酒,酒欲不却。酒行有醉,醉欲不归。

——程羽文《清闲供》

十亩之宅,五亩之园。有水一池,有竹千竿。勿谓土狭,勿谓地偏。足以容膝,足以息肩。有堂有庭,有桥有船。有书有酒,有歌有弦。有叟在中,白须飘然。识分知足,外无求焉。如鸟择木,姑务巢安。如龟居坎,不知海宽。灵鹤怪石,紫菱白莲。皆吾所好,尽在吾前。时饮一杯,或吟一篇。妻孥熙熙,鸡犬闲闲。优哉游哉,吾将终老乎其间。

——[唐]白居易《池上篇》

古人所追随的古意,不仅代表着年代上的陈旧,更暗示德行上的高贵。

——[英]柯律格《长物》

半生落魄已成翁,独立书斋啸晚风。
笔底明珠无处卖,闲抛闲掷野藤中。

——徐渭《题葡萄图》

纸屏石枕竹方床,手倦抛书午梦长。
睡起莞然成独笑,数声渔笛在沧浪。

——[宋]·蔡确《夏日登车盖亭》

懒摇白羽扇,裸体青林中。
脱巾挂石壁,露顶洒松风。

——李白·《夏日山中》

别院深深夏席清,石榴开遍透帘明。
树阴满地日当午,梦觉流莺时一声。

——宋·苏舜钦《夏意》

梅子留酸软齿牙,芭蕉分绿与窗纱。
日长睡起无情思,闲看儿童捉柳花。

——宋·杨万里《闲居初夏午睡起》

倚杖柴门外,临风听暮蝉。
渡头余落日,墟里上孤烟。

——王摩诘《赠斐迪》

夜眠人静后,早起鸟啼先。

——张载

春随香草千年艳,人与梅花一样清。

放鹤去寻三岛客,任人来看四时花。

清闲无事,坐卧随心,虽粗衣淡饭,自有一段真趣。
纷扰不宁,忧患缠身,虽锦衣原味,只觉万状愁苦。

茅斋独坐茶频煮,七碗后,气爽神清;
竹榻斜眠书漫抛,一枕余,心闲梦稳。

竹风满院凉无价,最好移床就月明。

乘凉曰"纳",意在空其尘虑,忘却扰,得受松竹之凉风,得蕉梧之幽影,收鸟虫之清音……纳万物之萧萧也。

临池独照,喜看鱼子跳波;
绕径闲行,忽见兰芽出土。
亦小有致,时复欣然。

杨柳岸,芦苇汀,池边须有野鸟,方称山居;
香积饭,水田衣,斋头才著比丘,便成幽趣。

茶熟香清,有客到门可喜;
鸟啼花落,无人亦是悠然。

花开尚嫌春雨少,月明最怕夜云多。

最喜晚凉风月好,紫荷香里听泉声。

闲中自有闲中友：门外山、湖上酒、林下叟。

斋中长桌一，古砚一，旧古铜水注一，旧窑笔格一，斑竹笔一，旧窑笔洗一，糊斗一，水中丞一，铜石镇纸一。左置榻床一，榻下滚凳一，床头小几一，上置古铜花尊，或哥窑定瓶一，花时则插花盈瓶，以集香气，闲时置蒲石于上，收朝露以清目。或置鼎炉一，用烧印篆清香，冬置暖砚炉上。壁间挂古琴一，中置几，如吴中云林几式最佳。壁间悬画一，书室中画惟二品，山水为上，花木次，鸟兽人物不与也。"

——[明]高濂《遵生八笺·起居安乐笺》

室庐有制，贵其爽而倩、古而洁也；花木、水石、禽鱼有经，贵其秀而远、宜而趣也；书画有目，贵其奇而逸、隽而永也；几榻有度，器具有式，位置有定，贵其精而便、简而裁、巧而自然也。

斋室之中，坐陈钟鼎，几列图书，疏竹卷石，榻排松窗之下，图展兰室之中，摹写云林，不矜于世，不问于时。

临古人帖，温昔年书，拂几微尘，洗砚宿墨，灌园中花，扫林中叶，觉体少倦，放身匡床上，暂息半晌可也。

心怀幽旷，尘虑皆散，正宜清赏。一册于案，窥先人手泽，遒劲入木，清隽三分。一隅如大千，斋壁如山房。心虑净，人无俗。

书房之中，不尚虚礼，只待清客。案置名帖，册存经典，手倦抛书，漫心悦览。会意处，如见古人气质，与之谈笑风生。但不知，夜深花有露。此间，心可宿。

轩室之中，陈佛国之相，自得清澈；虚窗之下，置净土之物，自添雍穆；雅筑之内，集大千之器，自增古雅。

文人极为讲究书房中放置古雅高洁之物，以此追寻君子心境。"所居列置古经史,名书画,间以卉石,错以琴尊,而朝夕游艺其间,掇芳华以娱玩,漱清气而自洁"。静坐书房,清闲无事,淡泊以自乐。"衡门之下,有琴有书,载弹载咏,爱得我娱;岂无他好,乐是幽居。"

吾室之中,勿尚虚礼,不迎客来,不送客去,宾主无间,坐列无序,率直为约,简素为具,有酒且酌,无酒则止。清茶一杯,好香一炷。闲谈古今,静玩山水。不言是非,不论官府。行立坐卧,忘形适趣。冷淡家风,林泉清致。道义之交,如斯而已。

何以消烦暑,端居一院中。眼前无长物,窗下有清风。

静中与世不相关,草木无情亦自闲。
挽石枕头眠落叶,更无魂梦到人间。
　　　　　　　　　　　　　　——宋·饶节《眠石》

三径竹间,日华澹澹,固野人之良辰;
一编窗下,风雨潇潇,亦幽人之好景。

春水方生花来镜里,吾庐可爱酒满床头。

兴亡千古繁华梦,诗眼倦天涯。
孔林乔木,吴宫蔓草,楚庙寒鸦。
数间茅舍,藏书万卷,投老村家。
山中何事?松花酿酒,春水煎茶。　　——张可久[黄钟·人月圆]《山中书事》

萋萋芳草春云乱,愁在夕阳中。
短亭别酒,平湖画舫,垂柳骄骢。
一声啼鸟,一番夜雨,一阵东风。
桃花吹尽,佳人何在?门掩残红。　　——张可久[黄钟·人月圆]《春晓次韵》

朱籇花压读书堂,分得桐荫半亩凉。

方外偶过僧道,倒双屣,急开竹户迎来;
座中倘及市朝,掩两耳,辄敕松风吹去。

楼窥睥睨,窗中隐隐江帆,家在半村半郭;
山依精庐,松下时时清梵,人称非俗非僧。

口中不设雌黄,眉端不挂烦恼,可称烟火神仙;
随意而栽花柳,适性以养禽鱼,此是山林经济。

风晨月夕,客去后,蒲团可以双跏;
烟岛云林,兴来时,竹杖何妨独往。

窗外四壁,薜萝满墙,中列松桧盆景,或建兰一二,绕砌种以翠云草令遍,
茂则青葱郁然。

——明·高濂

苔痕上阶绿,草色入帘青。谈笑有鸿儒,往来无白丁。 ——《陋室铭》

俗世之外,存雅兴,晨起抚琴写字听松涛鸟鸣;午时清圆嘉树下得片刻余
荫,看游鱼戏水;暮色沉沉焚香静坐,或是醉穿花月,看春月溶溶,或是醉卧春
水,不知天在水,抑或水在天,只见满船清梦压星河。

檐下蜘蛛一腔丝意,庭前蚯蚓满腹泥心。

绿水本无忧,因风皱面;青山原不老,为雪白头。

儒家之仁,沙门之空,道教之隐,尽现一花一世界;
庙堂之高,江湖之远,闾巷之迩,可读一叶一精神。

日到蓬门睡起迟,偶然得句便成诗。

客来欲问春深浅,试看梅开第几枝。

——清·曹炜南

春雨如恩诏,夏雨如赦书,秋雨如挽歌。

花不可无蝶,山不可无泉,石不可无苔,水不可无藻,乔木不可无藤萝,人不可无癖。

艺花可以邀蝶,累石可以邀云;栽松可以邀风,贮水可以邀萍;筑台可以邀月,种蕉可以邀雨,植柳可以邀蝉。

梅边之石宜古,松下之石宜拙,竹旁之石宜瘦,盆内之石宜巧。

春雨宜读书,夏雨宜弈棋,秋雨宜检藏,冬雨宜饮酒。

窗竹影摇书案上,野泉声入砚池中。

清在神,秀在骨,妍在质,淡在味,适在韵,灵在境。

寒云晓散千峰雪,暖雨晴开一径花。

是效前人之风韵,也是得今人之清闲。醒时则看书吃茶,弄几弦清音;醉时则纵酒放歌,枕一梦黄粱,此不可谓快哉人间。

常能遣其欲而心自静,澄其心而神自清。

何必心忧身陷红尘,何必苦求渔樵深山,全然待你醒时再看,早已是诸般皆无,虚室生白。

庭下如积水空明,水中藻、荇交横,盖竹柏影也。何夜无月?何处无竹柏?但少闲人如吾两人者耳。

——苏轼《记承天寺夜游》

虽是忙忙身,能得舒舒心。

混迹尘中,高视物外;陶情杯酒,寄兴篇咏;藏名一时,尚友千古。

趣味之清雅者,其如兰草并茂,松柏增龄,如万物随时更迭,而气质存世;趣味之流俗者,其如象鼎为缶,温玉当瓦,而形同槁木。

不必开门,明月自然来相照;
无须会友,古人无数是同心。

屋后远山门前流水;农父赐酒童子贡鱼。

水绕一湾,幽居足适;花围四壁,小住为佳。

深院凉月,偏亭微波。茶烟小结,墨花纷吐。梧桐萧萧,与千秋俱下。

独坐堂阶天高月满,忽披书本古到今来。

人莫乐于闲,非无所事事之闲也。闲则能读书,闲则能游名胜,闲则能交益友,闲则能饮酒,闲则能著书。天下之乐,孰大于是。

玩月之法,皎洁则宜仰观,朦胧则宜俯视。

风流自赏,只容花鸟趋陪;真率谁知,合受烟霞供养。

春风如酒,夏风如茗,秋风如烟,北风如姜芥。

清宵独坐,邀月言愁。良辰孤眠,呼蛩语恨。

胸藏丘壑,城市不异山林;兴寄烟霞,阎浮有如蓬岛。

笋为蔬中之尤物,荔枝为果中之尤物,蟹为水中之尤物,酒为饮食中之尤物,月为天文中之尤物,西湖为山水中之尤物,词曲为文字中之尤物。

古人赏玩花木,讲求器之精良,否则颇损雅趣,诚如明代袁宏道所言:"养花瓶亦须精良。譬如玉环、飞燕,不可置之茅茨;又如嵇阮、贺李,不可请之酒食店中。盆瓶缶罐,草木精舍,须相称合宜也。"

花木入盆,便重陈设,清姿映壁,幽雅自来。或供于几架,如君子独立或伴于案头,若清友坐读;或对以怪事,似阆苑仙葩;或悬以妙墨,恰临泉卧游……清斋涵翠,相得益彰,翩翩佳致,与幽人居。

生平愿无恙者有四:一曰青山,二曰故人,三曰藏书,四曰名草。

案设盆花,室容雅士。清友幽斋,良朋逸趣。

得趣不在多,一书可怡情;会心不在远,一画可静虑。人若得一段清趣,便可观物洗尘、燕居养气、剪欲乐志。

暮色动前轩,重城欲闭门。残霞收赤气,新月破黄昏。
已觉乾坤静,都无市井喧。阴阳有恒理,斯与达人论。　　——朱瞻基《乐静诗》

幽斋陈设,妙在日异月新。若使骨董生根,终年匏系一处,则因物多腐象,遂使人少生机,非善用古玩者也。居家所需之物,惟房舍不可移动,此外皆当活变。何也?眼界关乎心境,人欲活泼其心,先宜活泼其眼。

日日依山看荃湾,帽山青青无改颜。我问海山何时老,清风问我几时闲。不是闲人闲不得,能闲必非等闲人。

——[元]高房山《怡然观海》

亭台具旷士之怀,斋阁有幽人之致。

三分匠术,七分主人。谁谓一室小,宽如天地间。

以素为绚,以真为本。

古之君子,行无友,则友松竹;居无友,则友云山。

怪石为实友,名琴为和友,好书为益友,奇画为观友,法帖为范友,良砚为砺友,净几为方友,纸账为素友,拂尘为静友。

以无用之事,遣有生之涯。

深者所见于物者深,浅人所见于物者浅。

室中琳琅多韵致,人间燕闲胜桃源。会心豁目,众妙皆备。临法帖名迹,归真有序,墨池凝香泽;赏拳石清供,玲珑烟云,肌骨参天地;品碧草修竹,清雅盈室,案上成幽野;虚庐清旷,坐尘释虑,雅物明真韵;丈室轩朗,冲淡潇洒,格物致真知。

轩榴高爽,窗户虚邻,纳千顷之汪洋,收四时之烂漫。

——《园冶》

琴医心,花医肝,香医脾,石医肾,剑医胆。

物诱气和,外适内舒。

竹径松篱,尽堪娱目,何非一段清闲;园亭池榭,仅可容身,便是半生受用。

清斋雅园,明窗净几,吾之所处;竹啸松涛,虫鸣莺啭,吾之所得。

高槐深竹,樾暗千层,坐对兰荡,一泓漾之,水木明瑟,鱼鸟藻荇,类若乘空。余读书其中,扑面临头,受用一绿,幽窗开卷,字俱碧鲜。

古人论:"出世之法,无如闭关"。幽居一处,随陈美玉名石、精刻良砚、香茗雅器、名手书画,于"明窗净几,沐手展玩,神采奕奕,射映一室,尘土胃肠,为之一浣"。

一室之中,宛在深山邃谷,老木寒泉,风声籁籁,令人有遗世独立之思,此能进于古者矣。

老子之学,避世无为之学也;笠翁之学,家居有事之学也。二说并存,则游于方之内外,无适不可。

居室之制,贵精不贵丽;贵新奇大雅,不贵纤巧灿烂。　　　　——《闲情偶寄》

枕上诗书闲处好,门前风景雨来佳。

眼底有诗,心中无事,清凉如许。

抄本旧书,泡杯新茶。水边一坐,看看荷花。

世事茫茫,光阴有限,算来何必奔忙!
人生碌碌,竞短论长,却不道荣枯有数,得失难量。

闲来静处,且将诗酒猖狂,唱一曲归来未晚,歌一调湖海茫茫。

——沈复《浮生六记》

骨董非草草可玩也。宜先治幽轩邃室,虽在城市,有山林之致。

——董其昌《骨董十三说》

小船轻幌,净几暖炉,茶铛旋煮,素瓷静递,好友佳人,邀月同坐,或匿影树下,或逃嚣里湖。

——[明]·张岱

清逸起于浮世,纷扰止于内心。

在一个人的清素时光里,一壶茶,一盏酒,一支笔,若偶得了一句清雅极致的文字,那便是整个世界的清风明月。

一几一榻,便可俯仰天地;一案一椅,乃可啸咏舒怀。

连云松竹,万事从今足。拄杖东家分社肉,白酒床头初熟。
西风梨枣山园,儿童偷把长竿。莫遣旁人惊去,老夫静处闲看。

——[宋]辛弃疾《清平乐·检校山园所见》

宅中有园,园里有屋,屋中有院,院中有树,树上有天,天上有月。

——林语堂

几时归去,做个闲人,
对一张琴、一壶茶、一溪云。

——苏轼

心素如简,适得安恬,
折一枝淡淡的馨香,
在清幽的窗前绽放,

诗也是酒,茶也入画。

一方庭院深幽处,半卷闲书一壶茶。
暂且作个清闲客,静观流水送飞花。

富贵浮名草上霜,须知真谛在烟霞。

远离世事纷扰,做个闲人。
有堂有庭,有桥有船,有书有你,
时饮一杯,或吟一篇,
堪称人生最幸福的事。

淡饭粗茶有真味,明窗净几是安居。

澹然若春山之云,安而能静;洁然如秋江之水,流之愈清。

悠悠清斋,案头玩古,韵带烟霞,忘尘绝俗。

得出世之心境,寻人间之清福。

长物为邻,与古为徒,得其幽质,神明自出。
纳先贤之清逸,涤吾形之肺腑。

古意常新,至美永恒。你看那,历史的印迹总是清晰,
模糊的,是飘忽不定的你。

高树蝉声秋巷里,朱门冷静似闲居。
——[唐]王建

梨花院落溶溶月,柳絮池塘淡淡风。
——[宋]晏殊

花做篱笆,诗意为墙。静守流年,嗅一院子的芬芳。

生活的恩典是自己给的;理想的生活还不知道哪天会来,但一直在路上。

日日禅定镜,处处般若花,时时清凉水,夜夜琉璃月。 ——林清玄

山无石不奇,水无石不清,园无石不秀,庭无石不贵,室无石不雅,居无石不安。

带雨有时种竹,关门无事锄花;拈笔闲删旧句,汲泉几试新茶。

垂柳小桥,纸窗竹屋,焚香燕坐,手握道书一卷。

身上无病,心上无事,春鸟是笙歌,春花是粉黛。闲得一刻,即为一刻之乐,何必情欲乃为乐耶?

峰峦窈窕,一拳便是名山;花竹扶疏,半亩如何金谷。
——[清]屠隆《婆罗馆清言》

月出青松,光映琉璃,夜火风摇,翠筱寒生,窣堵秋烟。

来鸣禽于嘉树,音闻两寂,悟圆通耳根;印朗月于澄波,色相俱空,领清虚眼界。

雨过天晴,会妙用之无碍;鸟去云来,得自性之真如。

三径竹间,日华滟滟,固野客之良辰;一编窗下,风雨潇潇,亦幽人之好景。

道人好看花竹,寄托聊以适情;居士偶听弦歌,不染何妨入道。情旷亦自

有致,寂寞无令太枯。   ——[清]屠隆《婆罗馆清言》

值太平世,生湖山郡,官长廉静,家道优裕,娶妇贤淑,生子聪敏。人生如此,可云全福。   ——[清]张潮《幽梦影》

松下听琴,月下听箫,涧边听瀑布,山中听梵呗,觉耳中别有不同。

一日之计种蕉,一岁之计种竹,十年之计种柳,百年之计种松。

问余何意栖碧山,笑而不答心自闲。
桃花流水窅然去,别有天地非人间。   ——李白《山中问答》

幽居虽非绝世,而一切使令供具交游晤对之事,似出世外。花为婢仆,鸟当笑谈,溪漱涧流代酒肴烹炼,书史作师保,竹石质友朋;雨声云影,松风萝月,为一时豪兴之歌舞。情景固浓,然亦清趣。   ——《小窗幽记》

飞雪有声,唯在竹间最雅。山窗寒夜,时听雪洒竹林,淅沥萧萧,连翙瑟瑟,声韵悠然,逸我清听。忽尔回风交急,折竹一声,使我寒毡增冷。暗想金屋人欢,玉笙声,恐此非尔欢。   ——[明]高濂《山窗听雪敲竹》

观朱霞,悟其明丽;观白云,悟其卷舒;观山岳,悟得灵秀;观河海,悟其浩瀚,则俯仰间皆文章也。对绿竹,得其虚心;对黄华,得其晚节;对松柏,得其本性;对芝兰,得其幽芳,则游览处皆师友也。   ——[清]王永彬《围炉夜话》

凡焚香、试茶、洗砚、鼓琴、校书、候月、听雨、浇花、高卧、勘方、经行、负暄、钓鱼、对画、漱泉、支杖、礼佛、尝酒、晏坐、翻经、看山、临帖、刻竹、喂鹤,右皆一人独享之乐。   ——[明]陈继儒《太平清话》

鹤令人逸,马令人俊,兰令人幽,松令人古。   ——[清]朱锡绶《幽梦续影》

观门径可以知品,观轩馆可以知学,观位置可以知经济,观花卉可以知旨趣,观楹帖可以知吐属,观图画可以知胸次,观童仆可以知器宇,访友不待亲接言笑也。

素食则气不浊,独宿则神不浊,默坐则心不浊,读书则口不浊。

习静觉日长,逐忙觉日短,读书觉日可惜。

小园玩景,各有所宜:风宜环松杰阁,雨宜俯涧轩窗,月宜临水平台,雪宜半山楼槛,花宜曲廊洞房,烟宜绕竹孤亭,初日宜峰顶飞楼,晚霞宜池边小约。雷者天之盛怒,宜危坐佛龛;雾者天之肃气,宜屏居邃闼。

将营精舍先种梅,欲起画楼先种柳。

杨柳岸,芦苇汀,池边须有野鸟,方称山居;香积饭,水田衣,斋头才著比丘,便成幽趣。

——[明]屠隆《婆罗馆清言》

竹风一阵,飘扬茶灶疏烟;梅月半弯,掩映书窗残雪。真使人心骨俱冷,体气欲仙。

楼前桐叶,散为一院清阴;枕上鸟声,唤起半窗红日。

茶熟香清,有客到门可喜;鸟啼花落,无人亦自悠然。

水色澄鲜,鱼排荇而径度;林光潋荡,鸟拂阁以低飞。曲径烟深,路接杏花酒舍;澄江日落,门通杨柳渔家。

万顷之园难以紧凑,数亩之园难以宽绰。紧凑不觉其大,游无倦意;宽绰不觉局促,览之有物,故以静动观园,有缩地扩基之妙。而大胆落墨,小心收拾,更为要谛,使宽处可走马,密处难以藏针。

——陈从周《说园》

安闲才是人生至境,如水扬清波,如风过疏林。每一个日子,看起来很平淡,但都是心头的日子,潜着香,藏着甜,是自己真正活过的每一天。

——那秋生《安闲清福》

茅屋一间,天井一方,修竹数竿,小石一块,便尔成局。亦复可以烹茶,可以留客也。月中有清影,夜中有风声,只要闲心消受耳。 ——郑板桥《题竹石图》

春听鸟声,夏听蝉声,秋听虫声,冬听雪声。白昼听棋声,月下听箫声,山中听松声,水际听欸乃声;方不虚生此耳。若恶少斥辱,悍妻诟谇,真不若耳聋也。

——[清]张潮《幽梦影》

有地上之山水,有画上之山水,有梦中之山水,有胸中之山水。地上者妙在丘壑深邃,画上者妙在笔墨淋漓,梦中者妙在景象变幻,胸中者妙在位置自如。

——[清]张潮《幽梦影》

买只牛儿学种田,结间茅屋向林泉。也知世上无多日,且向山中过几年。为利为官终幻客,能诗能酒总神仙。世间万物俱增价,老去文章不值钱。

我们都应该有一间屋子,盛载一切可欲;也应该有一座后园,在疲惫与悲伤中,推开后门,去看看清风明月,行云流水。这园子栽的是智慧树,流的是忘忧水,开的是自在花,搭的是逍遥桥。

——周芬伶

篱上开着闲花,小院种上青菜。吃酒做梦看书,图个自由自在。 ——老树

忍苦寒,安淡泊,伍清泉,侣白石。

闲静少言,不慕荣利。好读书,不求甚解,每有会意,便欣然忘食。

——陶渊明《五柳先生传》

千峰顶上一间屋 老僧半间云半间? 昨夜云随风雨去 到头不似老僧闲。

——[宋]释志芝

日影过墙,月色入户,是为四时之美;草宿夜雨,竹邀清风,是为生息之美;器陈精良,气韵生动,是为造物之美;茶书相伴,琴瑟和鸣,是为修身之美。

弹一曲清音,喝一杯老茶,看一本闲书,焚一炷线香,知天地生息,悟四时辰光,体万物成理,那些带着岁月沉淀的修身之美,成了无数人向往的正心之道。

一间屋六尺地,虽没庄严,却也精致;蒲做团,衣做被,日里可坐,夜里可眠;灯一盏,香一柱,石磬数声,木鱼几击;龛常关,门常闭,好人放来,恶人回避;发不除,荤不忌,道人心肠,儒者服制;不贪名,不图本,了清动缘,作解脱计。

——陈继儒《小窗幽记》

焚清香读书,设净几鼓琴,卷疏帘看鹤,登高楼饮酒。

喝一壶清茶,写几行小篆,看一剪流云,梦一回江南。愿与草木,随遇而安。

——白落梅

春听鸟声,夏听蝉声,秋听虫声,冬听雪;山之光,水之声,月之色,花之香,文人之韵致,美人之姿态,皆无可名状,无可执着,真足以摄召魂梦,颠倒情思。

朱熹有谓:"出则有山水之兴,入则有卜筑之趣"。容膝之所,却含经济积学之家,必生墨香。明人陆绍珩有:"日常以苦茗代肉食,以松石代珍奇,以琴书代益友,以著述代功业,此亦乐事。"

斟酒迎月上,泡茶待花开。

——黄永玉

昼闲人寂,听数声鸟语悠扬,不觉耳根尽彻;
夜静天高,看一行云光舒卷,顿令眼界俱空。

门有古松庭无乱石,秋宜明月春则和风。

一天秋似水,满地月如霜。

清风待客,明月留人。

高台明月满,古诗晚烟藏。

古云鹤笠鹭蓑,鹿裘鹊冠,鱼枕杯,猿臂笛,与夫画图之屋庐,
诗意之山水,皆可遇而不可求,即可求而不可常。
余唯纸窗竹屋,夏葛冬裘,饭后黑甜,日中白醉。

一卷书,一麈尾,一壶茶,一盆果,一重裘,一单绮,一奚奴,
一骏马,一溪云,一潭水,一庭花,一林雪,一曲房,一竹榻,
一枕梦,一爱妾,一片石,一轮月,逍遥三十年。
然后,一芒鞋,一斗笠,一竹杖,一破衲,到处名山,随缘福地。
也不枉眼耳鼻舌身意随我一场也。

——张大复《说郛续》十四

心不染尘埃,清风自然来。

空山牧马,破屋读诗。常饮美酒,偶尔花痴。
随物赋形,浑然忘机。自得其乐,不愿人知。

——老树

隐身市井,泛舟江湖。安步当车,结茅为庐。

能上能下,可雅可俗。岑然自在,唯心一途。

选得幽居惬野情,终年无送亦无迎。
有时直上孤峰顶,月下披云啸一声。

——李翱赞颂药山

读一卷书,走十里路,送一个清净地,春天,听鸟,倦了时,和身在草绵绵处寻梦去。
——徐志摩

到小径中去走走吧,在天晴了的时候:赤着脚,携着手,踏过淤泥,涉过溪流。
——戴望舒

我多么希望,有一个门口,早晨,阳光照在草上。我们站着,扶着自己的门窗,门很低,但太阳是明亮的。草在结它的种子,风在摇它的叶子,我们站着,不说话,就十分美好。
——顾城

你是一树一树的花开,是燕在梁间呢喃。你是爱,是暖,是希望,你是人间的四月天。
——林徽因

一壶天地小于瓜。

炊烟起了,我在门口等你。夕阳下,我在山边等你。叶子黄了,我在树下等你。月儿弯了,我在十五等你。流水凉了,我在河畔等你!我会在门口等你,你不来,我不老。

天与云、与山、与水,上下一白。湖上影子,唯长堤一痕,湖心亭一点,与余舟一芥,舟中人两三粒而已。
——[明]张岱《湖心亭看雪》

月下听禅,旨趣益远;月下说剑,肝胆益真;月下论诗,风致益幽;月下对美人,情意益笃。
——[清]张潮《幽梦影》

苏东坡赏心十六事：

一、午倦一方藤枕；二、抚琴听者知音；三、乞得名花盛开；四、晨兴半炷茗香；五、花坞樽前微笑；六、月下东邻吹箫；七、柳荫堤畔闲行；八、飞来佳禽自语；九、开瓮急逢陶谢；十、接客不着衣冠；十一、隔溪山寺闻钟；十二、客至汲泉烹茶；十三、暑至临流濯足；十四、清溪浅水行舟；十五、凉雨竹窗夜话；十六、雨后登山看楼。

——《集右名公画式》

真正的平静，不是避开车马喧嚣，而是在心中修篱种菊。尽管如流往事，每一天都涛声依旧，只要我们消除执念，便可寂静安然。愿每个人在纷呈世相中不会迷失荒径，可以端坐磐石上，醉倒落花前。

——白落梅

海暗了，
鸥鸟的叫声，
微白。

古池——
青蛙跃进
水之音

无花，无月
独酌——
无相亲哉！

——[日]松尾芭蕉

在盛开的
樱花树下，没有人
是异乡客

——小林一茶

看似落花返枝头

原来是蝴蝶 ——荒木田守武

寝中寂静
唯有银河流水声 ——高滨虚子

雨过天晴驾小船,鱼在一边,船在一边;
日上三竿犹在眠,不是神仙,胜是神仙。

听一场轻雨,平淡我心;赏一地落花,安放我心。

春风梳岸柳,花下喝新茶。
世事有人管,你说我忙啥?

一度林前见远公,静闻真语世情空。至今寂寞禅心在,任起桃花柳絮风。
——[唐]栖白《寄南山景禅师》

青灯一点映窗纱,好读楞严莫忆家。能了诸缘如幻梦,世间唯有妙莲花。
——王安石《和诗赠女》

空门寂寂淡吾身,溪雨微微洗客尘。卧向白云情未尽,任他黄鸟醉芳春。
——[五代]可止《精舍遇雨》

水流花开得大自在,风清月朗是上乘禅。

目送飘鸿,手挥五弦,俯仰有得,游心太玄。

北山白云里,隐者有怡悦。 ——孟襄阳

一炉香,一瓯茗,佐人幽赏,以破寂寥。

红尘白浪两茫茫,忍辱柔和是妙方。

到处随缘延岁月,终身安分度时光。

——明·憨山

天地与我并生,而万物与我为一。

——庄子《齐物记》

寄蜉蝣于天地,渺沧海之一粟;哀吾生之须臾,羡长江之无穷。

——苏轼《前赤壁赋》

饥来吃饭倦来眠,只此修行玄更玄。

说于世人浑不信,却向身外觅神仙。

花无心招蝶,蝶无心寻花。花开蝶自来,蝶来时花开。 ——[日本]良宽禅师

看山看水独坐,听风听雨高眠。客去客来日日, 花开花落年年。

——[明] 徐贲《写意》

我欲穿花寻路,直入白云深处,浩气展虹霓。只恐花深里,红露湿人衣。

——[宋]黄庭坚《水调歌头·游览》

高树月初白,微风酒半醒。独行穿落叶,闲坐数流萤。

——[宋]林景熙《溪亭》

浪花有意千里雪,桃花无言一队春。一壶酒,一竿身,快活如侬有几人。

——[五代]李煜《渔父》

人散后,一钩淡月天如水。

——谢逸《千秋岁·咏夏景》

飘飘何所似,天地一沙鸥。

——[唐]杜甫《旅夜书怀》

春听莺啼鸟语,妙乐天机;夏闻蝉噪高林,岂知炎热。

秋睹清风明月,星灿光耀;冬观雪岭山川,蒲团暖坐。

雪沫乳花浮午盏,蓼茸蒿笋试春盘。人间有味是清欢。

只要想起一生中后悔的事,梅花便落满了南山。　　　　　——张枣《镜中》

家人闲坐,灯火可亲。　　　　　　　　　　　　　　——汪曾祺《冬天》

窗外日光弹指过,席前花影座间移。

牛得自由骑,春风细雨飞。青山青草里,一笛一蓑衣。日出唱歌去,月明
抚掌归。何人得似尔,无是亦无非。　　　　　　——[唐]栖蟾《牧童》

五百年谪在红尘,略成游戏;
三千里击开沧海,便是逍遥。

昼数落花聆鸟语,夜邀明月操琴音。

富贵贫贱,总难趁意,知足之谓趁意;
山水花竹,无恒主人,得闲便谓主人。

山川是不卷收的文章,日月为你掌灯伴读。你看倦了诗书,你走倦了风
物。你离了家,又忘了旧路。此时此地一间柴屋,谁进了门,谁做主。
　　　　　　　　　　　　　　　　　　　　　　——简媜《空灵》

闲暇是人生的精华,除此以外,人的整个一生就是辛苦和劳作而已。
　　　　　　　　　　　　　　　　　　　　　　　　——叔本华

积雨之后,山水下注,流过石面,淙淙作响,有如梵唱。流水念经,亦是功

德。
——汪曾祺《一定要，看着点什么》

如果你来访我，我不在，请和我门外的花坐一会儿。它们很温暖，我注视它们很多很多日子了。
——汪曾祺《人间草木》

疏影横斜，远映西湖清浅；暗香浮动，长陪夜月黄昏。

鸡鸣枕上，夜气方回，因想余生平，繁华靡丽，过眼皆空。五十年来，总成一梦。

月光倒囊入水，江涛吞吐，露气吸之，嗫天为白。

偶听柯亭之竹簏，留滞人间；久虚石屋之烟霞，应超尘外。譬之孤天之鹤，尚眷旧枝；想彼弥空之云，亦归故岫。"
——[明]张岱《陶庵梦忆》

享受悠闲生活当然比享受奢侈生活便宜得多。要享受悠闲的生活只要一种艺术家的性情，在一种全然悠闲的情绪中，去消遣一个闲暇无事的下午。
——林语堂

若布衣暖，菜饭饱，一室雍雍，优游泉石，如沧浪亭、萧爽楼之处境，真成烟火神仙了。

余与琢堂冒雪登焉，俯视长空，琼花飞舞，遥指银山玉树，恍如身在瑶台。江中往来小艇，纵横掀播，如浪卷残叶，名利之心至此一冷。

何时黄鹤重来，且共倒金樽，浇洲渚千年芳草。但见白云飞去，更谁吹玉笛，落江城五月梅花。
——《浮生六记》

山居有四法：树无形次，石无位置，屋无宏肆，心无机事。

静居不随流水动,安闲常笑白云忙。

白云山岳皆文章,黄花松柏乃吾师。

纸帐梅花,休惊他三春清梦;笔床茶灶,可了我半日浮生。

洗墨鱼吞砚,烹茶鹤避烟。

酒盏诗筒,便可消天下清风明月;闭门高卧,便可谢人间覆雨翻云。

得趣不在多,盆池拳石间,烟霞具足;会景不在远,蓬窗竹屋下,风月自赊。

扫石月盈帚,滤泉花满筛。

不以奢为尚,只因趣移情,闲淡则自在往来;心与竹具空,貌偕松共瘦,此生则不枉人间。

花开花落春不管,拂意事休对人言。水暖水寒鱼自知,会心处还期独赏。

苔枝缀玉,有翠禽小小,枝上同宿;客里相逢,篱角黄昏,无言自倚修竹。

闲雅会暮雨,幽情知冷风。

清闲无事,坐卧随心,一席茶,一池荷,熏香迟暮,花馔青灯。

清荷出水,风送清香,鱼戏冷泉,凌波跳掷。汲石涧流泉,烹云芽一啜。

如今休去便休去,若觅了时无了时。若能作乐,即今便好快活。

青山不墨千秋画,流水无弦万古琴。

法则篇

吉德林法则:把难题清清楚楚地写出来,便已经解决了一半。

——[美]通用汽车公司顾问查尔斯·吉德林

沃尔森法则:把信息和情报放在第一位,金钱就会滚滚而来。

——[美]企业家·S·M·沃尔森

小池定理:越是沉醉,就越是抓住眼前的东西不放。

——[日]管理学家 小池敬

赫勒法则:当人们知道自己的工作成绩有人检查的时候会加倍努力。

——[英]管理学家 H·赫勒

蓝斯登原则:在你往上爬的时候,一定要保持梯子的整洁,
否则你下来的时候可能会滑倒。

——[美]管理学家 蓝斯登

卢维斯定理:谦虚不是把自己想得很糟,而是完全不想自己。

——[美]心理学家 H·卢维斯

托利得定理:测验一个人的智力是否属于上乘,只看脑子里能否同时容
纳两种相反的思想而无碍于其处世行事。 ——[法]社会心理学家 H·M·托利得

鲦鱼效应:鲦鱼因个体弱小而常常群居,并以强健者为自然首领。然而,如果将一只较为强健的鲦鱼脑后控制行为的部分割除后,此鱼便失去自制力,行动也发生紊乱,但是其他鲦鱼却仍像从前一样盲目追随。

——[德]动物学家 霍斯特

洛伯定理:对于一个经理人来说,最要紧的不是你在场的情况,而是你不在场时发生了什么。

——[美]管理学家 R·洛伯

斯坦纳定理:在哪里说的愈少,在哪里听到的就越多。

——[美]心理学家 S·T·斯坦纳

费斯诺定理:人有两只耳朵却只有一张嘴巴,这意味着人应当多听少说。

——[英]联航公司总裁 I·费斯诺

牢骚效应:凡是公司中有对工作发牢骚的人,那家公司或老板一定比没有这种人或有这种人却把牢骚闷在肚子里的公司要成功得多。

——[美]密歇根大学社会研究院

吉尔伯特法则:工作危机最确凿的信号,是没有人跟你说该怎么做。

——[英]人力培训专家 B·吉尔伯特

吉格勒定理:除了生命本身,没有任何才能不需要后天的锻炼。

——[美]培训专家 吉格勒

近因效应:最近或最后的印象对人的认知有强烈的影响。

——[美]社会心理学家 洛钦斯

酒井法则:在招工时用尽浑身解数,使出各种方法,不如使自身成为一个好公司,这样人才自然而然就会汇集而来。　　——[日]企业管理顾问 酒井正敬美即好效应:对一个外表英俊漂亮的人,人们很容易误以为他或她的其他方面也很不错。

——[美]心理学家 丹尼尔·麦克尼尔

奥格尔维法则:如果我们每个人都雇用比我们自己都更强的人,我们就能成为巨人公司。

——[美]马瑟公司工作总裁 奥格尔维

皮尔卡丹定理:用人方面一加一不等于二,搞不好等于零。

——[法]企业家 皮尔卡丹

摩斯科定理:你得到的第一个回答,不一定是最好的回答。

——[美]管理学家 摩斯科

罗杰斯论断:成功的公司不会等待外界的影响来决定自己的命运,而是始终向前看。

——[美]IBM 前总裁 P·罗杰斯

萨盖定律:戴一块手表的人知道准确的时间;戴两块手表的人便不敢确定是几点了。

——[英]心理学家 P·萨盖

巴菲特定律:在其他人都投了资的地方才去投资,你是不会发财的。

——[美]股神 巴菲特

古特雷定理:每一次出口都是另一处的入口。 ——[美]管理学家 W·古特雷

列文定理:那些犹豫着迟迟不能作出计划的人,通常是对自己的能力没有把握。

——[法]管理学家 P·列文

弗洛斯特法则:在筑墙之前应该知道把什么圈出去,把什么圈回来。

——[美]思想家 W·P·弗洛斯特

北山拾叶

波克定理:只有在争辩中,才能诞生最好的主意和最好的决定。

——[美]庄臣公司总经理 詹姆斯·波克

韦奇定理:即使你已有了主见,但如果有十个朋友看法与你相反,你就很难不动摇。

——[美]加州大学经济学家 伊渥·韦奇

福克兰定律:没有必要做出决定时,就有必要不做决定。

——[法]管理学家 D·I·福克兰

王安论断:犹豫不决固然可以免去一些做错事的机会,但也失去了成功的机遇。

——[美]华裔企业家 王安博士

混乱定律:如果你在遇上麻烦时,还是那样谨小慎微,那麻烦就会变成混乱。

失败定律:失败并不意味你浪费了时间和生命。失败表明你有理由重新开始。

化妆定律:在修饰打扮上花费的时间有多少,你需要掩饰的缺点也就有多少。

省时定律:要想学会最节省时间的办法,首先就必须学会说"不"。

哈里森行动法则:行为者常常不如评论者高明,但评论者往往没有行动。

詹姆斯历史法则:历史本身不会重复,重复只出现在历史学家之间。

罗伯特食品法则:爱吃香肠的人,绝对不要去了解香肠的生产过程。

杰克逊虚伪法则:倘若旁人看不出你的虚伪,你就不虚伪了。

约翰逊读报法则:为了去发现人类的种种错误,其中也包括报纸本身的印刷错误。

杰弗里成功法则:当有人到处在议论你不如他的时候,
那你一定在某些方面比他更成功。

威廉尔组织法则:每个组织中都会有人清楚地知道该组织的底细,
这个人应当被开除。

格林辩论法则:当你开始胡言乱语的时候,真理往往在对方手里。

斯图尔特反应法则:得到原谅要比得到许可容易得多。

华莱士谦虚法则:将自己贬得一无是处,为的是鼓励别人亲自来认识你的出众之处。

奥利尼家务法则:厨房是永远无法打扫干净的。

迈克恭敬法则:绝不要为了博取他人的好感而流露出自己的真实感情。

托伊论断:等你发现下属处事方针有所偏差时,抑制干涉的冲动实在不是件容易的事情。

奥尔巴赫法则:重要的不是你告诉别人什么,而是别人听到了什么。

伯恩定律:大多数伟大的领导人,都是善于表达他们愿望的高手。

凯特灵定律:一个说明得很清楚的问题,就是一个解决了一半的问题。

威尔德定理:人际沟通始于聆听,终于回答。

表现定律:无论你表现得多卖力、出色,总有人不喜欢你的表现。
无论交代的差事多琐碎,总可能衍生大问题。

忠告定律:如果你能区别好的忠告和坏的忠告,那么你就不需要任何忠告了。

互相想定律:别担心其他人怎么想你。他们也担心你怎么想他们呢!

莫名其妙使用法:如果你不能让他们信服,就让他们莫名其妙。

人在屋檐下定律:绝不要让你的上司觉得你比他强。

创造历史和繁衍种族定律:最佳最差的铸成了历史,平庸之辈则繁衍种族。

谣言定律:任何存在48小时仍未被消灭的谣言,最有可能是真的。

谈判定律:说不,然后谈判。

千万不可言"笨"定律:你可以说某人丑,说他脚臭,甚至侮辱他的老妈子,但千万不可说他笨。

情人定律:男人想当女人的初恋情人,女人想当男人的最后情人。

考验定律:男人考验女人的方式是远走高飞,女人考验男人的方式是约会迟到。

区别定律:当一个男人不修边幅时,人们会说,他的老婆真够呛。
当一个女人仪容不整时,人们会说她的老公可真倒霉。

热恋定律:男人热恋时有用不完的聪明。女人热恋时却易变得愚蠢。

初坠情网定律:女人姣好的长相,是男人初坠情网的导火线;
男人的甜言蜜语,使女人乐意被拉下爱河。

目的定律:男人为结婚而恋爱,女人为爱情而结婚。

误解定律:被某个人误解,麻烦并不大;被许多人误解,那麻烦就大了。

受辱定律:受辱时的唯一办法是忽视它,不能忽视它时就藐视它;
如果连藐视它也不能,那么,你就只能受辱了。

价值定律:当你一旦拥有某种事物时。你就立刻会发现这种事物并不像
你想象的有价值。

承诺定律:承诺未必能够保证成功,但是,没有承诺,也就没有成功。

劳伦斯·彼德定律:许多人爬到了梯子的顶端,却发现梯子架错了墙。

卧房定律:夫妇俩鼾声高的那个人总是先睡着。

父母定律:等到你知错,你已经死了。

罗森鲍宝训:要寻找某件忘记了放在哪里的东西,最方便的办法是另买

新的。

陶洛西定理:你两手提着的包裹越重,路程越远,你的鼻子也越痒。

鲍维格的高见:只要有个平面,总会有人拿点什么东西放在上面。

剪指甲的错误:每当你剪掉了指甲,一个小时后你就发现要用到它们。

恐怖与结局定律:有一个恐怖的结局总比没有结局的恐怖好得多。

游戏规则定律:等轮到你时,他们就改变游戏规则。

电话占线定律:当你打错电话号码的时候,绝对不会碰到占线。

赴约定律:如果你早到,它就会取消;如果你及时赶到,你就得等;如果你迟到,那你就太迟了。

钱的问题:假如某男士对你说:"不是钱,而是原则问题。"那么,大多是钱的问题。

人类行为的理由:人类的行为都有两个理由:(1)嘴上说的;(2)真正的理由。

剽窃与研究关系定律:偷一个人的主意是剽窃,偷很多人的主意是研究。

沟通定律:唯有对手之间才可能沟通。

购物手慢定律:你进门看见的第一样东西,一定会被你前面的人买走。

隐私曝光定律:当你和某个你不希望别人看见你们在一起的人在一起时,你愈可能遇见你认识的人。

领带与菜汤的关系定律:干净的领带最爱吸当天的菜汤。

干净与肮脏关系定律:为了使某样东西变得干净,一定另有一样东西变脏。可是,你不必把什么东西弄干净,就可以把每样东西都弄脏。

帮忙定律:帮人一个忙,那就要变成你的工作。

苛希纳定律:如果实际管理人员比最佳人数多两倍,工作时间就要多两倍,工作成本就要多4倍。

优秀定律:只要你觉得比别人优秀,你最终就会真的变得比别人优秀起来。

错误定律:几乎所有的错误,都是犯在我们觉得不该犯的地方而且都是由那些我的觉得不该犯的人犯下的。

水桶原理:一个水桶能装多少水取决于它最短、最差的那块板。

归因理论:人们常当把自己的成功归于自己的努力,而把自己的失败归咎于运气不好。

酸葡萄定律:吃不到的葡萄就是酸的。

苦桔子定律:路边的桔子,只要没被吃光,就一定是苦的。

记性定律:男人能记住恋人的生日。却说不出母亲的岁数。

架脚定律:女人架脚不雅,男人架脚潇洒。

"怕三角"定律:男人的弱点是怕老婆,老婆的弱点怕儿子,儿子的弱点是怕老子。

失眠定律:开了电视睡得着,关了电视反而睡不着。

单相思定律:我把她放在心里,她把我放在心儿外。

岁数定律:岁数比过去大了,脾气比过去小了。

婆媳定律:做媳妇时,和婆婆拌口角,觉得婆婆没道理;
做婆婆时,和媳妇拌口角,觉得媳妇没道理。

艾贝利法则:婚姻只是个貌合神离的联盟,双方都认为自己该是盟主。

贝克经济学法则:你所能提供的东西你一个也不要。

博肯法则:剧场里越是不靠近通道的座位的观众来得就越晚。

科弗特谈话法则:如果不想让孩子听你在说些什么,就装着正对他们说。

贾斯特交通行为法则:车越破开得越疯。

悲伤定律:适当的悲伤可以表达情感的深切,过度的伤心却可以证明智慧的欠缺。

——莎士比亚

成功定律:只要比有钱人漂亮,比漂亮人有钱,比有学问的人会唱歌,你就成功了。

图书馆定律:凡是要等到有了图书馆才读书的,就是有了图书馆也是不肯读的。

爱的定律:爱是不知足的。有了幸福,还想极乐园;有了极乐园,还想天堂。

——雨果

女人定律:女人一辈子都在爱着她的第一个男人,不过不是用她的肉体,而是用她的记忆。

——高尔基

危险定律:殷勤过分的蠢材比任何敌人都要危险。

——克雷洛夫

人兽定律:当人是兽时,他比兽更坏。

——泰戈尔

问题定律:最难回答的问题是答案明显的问题。

——萧伯纳

升迁定律:仕入官场,每升一级,人情味就减少一分。

价值定律:未曾拥有的时候价值最高,一旦拥有开始贬值,拥有越多越不值钱。

人生定律:拼命想得到的,都不是最需要的。

财务定律:支票总是姗姗来迟,而账单总是提前到达。

会议定律:所有重要的决策,都将在会议结束或午餐前 5 分钟完成。

控制定律:最容易控制的,往往比最难控制的还难控制。

合作定律:一个人花一小时可以做的事情,两个人做至少得花两个小时。

组合定律:不管干什么,总是有你希望的人和与你对立的人同你在一起。

物种定律:绵羊的世界必定会招致狼管。

备份定律:学习用左手剪指甲,因为你的右手未必永远管用。

坏事定律:关键时刻,每个主管都会杀鸡取卵。

格里森之迷:极小的洞也终将把最大的容器流空,除非它是故意用来排水的,而这种情况下,它又会堵塞。

劳森法则:如果介绍上说"勿失良机",那你就会失去。

梅乐法则:要不是最后一分钟,那就什么事也做不成。

韦伯法则:如果你顺当地找到停车的地方,那你就会找不到你的车。

兰德定律:好不容易鞋子合脚了,可样式又过时了。

弗雷德定律:今天是威风凛凛的公鸡,明天呢——可能成为威风扫地的鸡毛掸子。

法兰克定律:就爱而言,女人是专业的,男人是业余的。

哈里·福斯迪克定律:憎恨别人就像为了逮住一只耗子而不惜烧毁你自己的房子。

扑克游戏定律:赢者说说笑笑,输者高喊"发牌"。

拉纳透纳定律:一个成功的男人就是赚钱的比太太花的要多;
一个成功的女人就是找到这样的男人。

拿纳姆定律:婚姻就是把猫头鹰变成家鸽的尝试。

布克定律:如果总统不把气发在太太身上,就会把气发在国家上。

政客定律:他们可以许诺你在没有河的地方搭起一座桥来。

诺尔斯定律:辩论时间的长短与问题的重要性成反此。

科克兰会议定律:会议的价值和出席会议的人数成反比。

备份定律:思路清晰的人,凡事都有两手准备,从来不是一根筋走到底。

沃尔森定律:把信息和情报放在第一位,金钱就会滚滚而来。

罗伊尔定律:凡事都要往好处想,如果你掉进一个池塘,说不定屁股口袋
里会装进一条鱼呢。

彼得成功定律:站起来的次数要比击倒的次数多一次。

邦尼人力定律:一个人在一分钟内可挖一个洞,六十个人在一秒钟内就
办不到。

卡尔·汉斯定律:官方之说,就像比基尼泳装:隐藏重点,展现诱惑。

英德尔定律:没有什么事严重到可以被讥笑的程度,除非裤裆开了。

期望的非互逆定律:不希望发生的事结果便不发生;希望实现的事却实现不了。

梅勒定律:如果事实与理论不一致,事实则必须被除去。

波伦第一定律:疑惑时含糊其词。

豪利大问题定律:每一个大问题里,都有一个小问题竭力露面。

艺术和科学的黄金规则:掌握黄金者掌握尺度。

金宁推论:面包掉地时黄油一面朝下的概率与地毯的价格成正比。

艾托雷的观察:两队并行(自己在其中一队),总是别的队快。

选择性落体定律:一个物体将按照造成最大危害的方式落下。

豪氏定律: 每个人都有·个计划无法实现。

计划的 90 – 90 规则: 任务的前 90% 需 90% 的时间;任务的后 10% 又需要一个 90% 的时间。

危险定律:胆怯的人在危险前被吓住了,懦弱的人在危险中被吓住了,勇敢的人在危险过后被吓住了。

未知定律:大家没有好运气,是因为在家坐着。

遇人定律:善待每一个你刚刚遇到的人。

连环定律:每一个运气中都包含着下一个运气。

奥卡姆剃刀定律:像拿起剃刀一样,把多余的步骤剃掉,把复杂的事情简单化。

伯格曼法则:同一个物种在越冷的地方个体愈大,而且愈接近圆形。

艾伦法则:同一动物,在愈冷的地方其四肢和附器,例如耳朵和尾巴等地方就愈短或愈小。

跨栏定律:一个人的成就大小往往取决于他所遇到的困难的程度。

乐观定律:火柴在你口袋里燃烧起来了,你应当高兴才是,多亏你的口袋不是火药库。

——契诃夫

热力学"第四定律":任何一把闲置的椅子都会逐渐变成一个衣架。

黑手墨菲定律:等你双手都沾满油污,你的鼻子就会开始发痒。

家庭相处定律:爸爸不听妈妈的话,妈妈的话就会传到孩子耳朵里。

帕金森鸡毛蒜皮定律;我们考虑一件事的时间和这件事的重要性成反比。

海思法则:每一起严重事故的背后,
必然有 29 次轻微事故和 300 起未遂先兆,以及 1000 起事故隐患。

艾格尼斯·艾伦定律:万事易进不易出。

贝克定律:如果你认为受教育太花钱,可以试试无知的滋味。

康普特准则:人容易犯错误,但要想把事情彻底弄得一塌糊涂,还得依靠计算机。

道格拉斯实用飞行定律:当设计图纸的重量等于飞机时,飞机就能飞行了。

卡德宁定律:你得到的最多的是你最不需要的东西。

马歇尔广义冰山定理:任何事物只能了解到它的八分之一。

克里斯托尔定律:遭到失败是件麻烦事,但获得成功时,真正的祸患就开始了。

琼斯定律:朋友或来或走,敌人只来不走。

历史学家定律:任何事件,只要发生过就会让老资格的历史学家说成是不可避免的。

考克兰定律:存着的报纸一张都用不着,真要处理时又哪张都不能扔。

福克兰定律:没有必要做决定时就有必要不做决定。

卡贝定律:放弃有时比争取更有意义,它是创新的钥匙。

——美国电话电报公司前总裁卡贝

帕金森定律:时间充裕时,工作随之膨胀;收入增加时,花销随之增大。

鲁尼恩定律:赛跑时不一定快的赢;打架时不一定弱的输。

鲍伯医学法则:看到大夫诊室里的花枯了就千万别再进去。

埃特勒就业现象:别的行业都比所在的行业发展快。
如果一旦改行,那么原来所在的行业就飞速发展了。

伊夫现象:你最感合适最喜欢的商品仅供陈列。

维果茨基定理:直言无忌的最大坏处是不给讲话人留下回旋的余地,而且容易挑起冲突。

欧弗斯托原则:说服一个人的时候,开头就让他不反对,是实在要紧不过的事。

升值定律:出口转内销连舆论都如此。

无极定律:是人做的东西一定不完美。

独身定律:寂寞是赶不走的。

学科定律:绿色的会动的,是生物学;味道极其难闻的,是化学;屡试不成的,是物理学;情况格外复杂的,是人事学;需要上蹿下跳四处跑动的,是关系学。

思维定律:美好在想象中;太美好的东西,都不是真的。

邻居定律:将自己的事掩了,拿别人的事当新闻。

危难定律:总是问题越复杂,期限越短。

生活定律:不属于你的东西一定会走。

老虎定律:王者风,就在有时残暴,有时慵懒。

市场定律:没有缺陷,精明的经营者也要制造出缺陷。

标杆定律:竞争对手的水平,就是改进自己的标杆。　　——美国施乐公司

佳联篇

海风海月无声无色,潮落潮起不减不增。 ——林汉宗题晋江海潮寺

身后有余忘缩手,眼前无路想回头。

禅心朗照千江月,真性情涵万里天。

窗外日光弹指过,席间花影坐前移。

观书到老眼如月,得句惊人胸有珠。

虎尾春冰真学问,马蹄秋水真文章。

文心清若水,诗胆大如天。

静可观人虚能修己,贤当述古智足察今。

蓝桥春雪君归日,秦岭秋风我去时。

万卷书容闲客览,一樽酒待故人倾。

关山难越谁悲失路之人？萍水相逢尽是他乡之客。

竹径萧条平生壮志三更梦,云心缥缈万里秋风一雁哀。

藕入泥中玉管通地理,荷出水面朱笔点天文。

此去闭门空山里,只须读易更言诗。

静则生明养心有主,温而能断临事无疑。　　　——[清]曹广桢

每临大事有静气,不信今时无古贤。　　　——[清]翁同龢

落叶只流水,归云识旧峰。　　　——[宋]居顶《续传灯录》卷25

夜来月已十分好,今日秋山无限青。　　　——[宋]居顶《续传灯录》卷31

春色恼人恨不得,黄鹂飞过绿杨荫。　　　——[宋]居顶《续传灯录》卷25

落花有意随流水,流水无心恋落花。

峰峦或再有飞来 坐山门老等
泉水已渐生暖意 放笑脸相迎　　　——杭州灵隐寺

一觉睡西天,难知梦里乾坤大。
只身眠净土,只道其中日月长。　　　——张掖大佛寺

十年河东,十年河西,切莫放年华虚度。
一脚门里,一脚门外,可晓得脚步留神。　　　——泰州光孝寺

世路崎岖 看迷人捷足登山 争利悬崖无退路

佛天悲悯 愿众众回头是岸 早离苦海都慈航　　　　——杭州上天竺寺之法喜寺

见了便做 做了便放下 了了有何不了

慧生于觉 觉生于自在 生生还是无生　　　　　　　——成都文殊院

天地大观尽游览,今古无多独门人。

读书身健方是福,种树花开总是缘。　　　　　　　　——启功

满襟和气春如海,万丈之澜月在天。

书田菽粟饶真味,心地芝兰有异香。

立身苦被浮名累,涉世无如本色难。

开怀一笑天下事,闭口不论世上人。

风月无古今,情怀自浅深。

人似秋鸿无定主,事如飞弹须圆熟。

人似秋鸿来有信,事如春梦了无痕。

有山皆图画,无水不文章。

水清石出鱼无数,竹密花深鸟自啼。

清风有意难留我,明月无心自照人。

得好友来如对月,有奇书读胜看花。

德从宽处积,福向俭中求。

受人以虚,求是以实;能见其长,独为其难。

好书不厌看还读,益友何妨去复来。

好书悟后三更月,良友来时四座春。

风云三尺剑,花鸟一床书。

发上等愿,享下等福;从高处立,向宽处行。

精神到处文章老,学问深处意气平。

真理学从五伦做起,大文章自六经分来。

庭有余闲,竹露松风蕉雨;家无长物,茶烟琴韵书声。

立志不随流俗转,留心学到古人难。

四面江山来眼底,万家忧乐到心头。

尽交天下贤豪长者,常作江山烟月主人。

喜有两眼泪,多交益友;恨无十年暇,尽读奇书。

不除庭草留生意,爱养金鱼识化机。

天地入胸臆,文章生风雷。

愿乘风破万里浪,甘面壁读十年书。

一窗佳景王维画,四壁青山杜甫诗。

苦读千年史,笑吟万家诗。

樵歌一曲众山皆响,松云满目万壑争流。

学浅自知能事少,礼疏常觉慢人多。

好人我自苦中来,莫图便宜;凡事皆缘性里错,且更从容。

竹宜著雨松宜雪,花可参禅酒可仙。

若能杯水如名淡,应信村茶比酒香。

白鸟忘机,看天外云舒云卷;青山不老,任庭前花开花落。

格勤在朝夕,怀抱观古今。

水能性淡为吾友,竹解心虚是我师。

事能知足心常惬,人至无求品自高。

不要钱原非易事,太要好也是私心。

书有未曾经我读,事无不可对人言。

莫对青山谈世事,休将文字占时名。

有容德乃大,无欺心自安。

养心莫若寡欲,至乐无如读书。

岂能尽如人意,但求无愧我心。

笔下留有余地步,心中养无限天机。

傍山傍水房数间,行也安然,住也安然;
一条耕牛半顷田,收也凭天,荒也凭天。

身比闲云,月影溪光堪证性;心同流水,松声竹色共忘机。

临水开轩,四面云山皆入画;凭栏远眺,万家烟火总关情。

占今奇观数岩壑;往来名士尽风流。

云影波光天上下,松涛竹韵水中央。
雨过林霏清石气,秋将山翠入诗心。

留此湖山,得此佳趣;召以佳景,假以文章。

掬水月在手,弄花香满衣。

佛法无边,静里常观自在;慈云广济,空中密见如来。

笔底江山助磅礴,楼前风月自春秋。

清风明月自来往,流水高山无古今。

清风明月本无价,近水遥山皆有情。

月光千里白,秋色一天轻。

几点梅花归笛孔,一湾流水入琴心。

东壁图书府,西园翰墨林。

泼墨为山皆有意,看云出岫本无心。

看花临水心无事,啸志歌怀意自如。

清风明月不论价,红树青山合有诗。

心术不可得罪于天地,言行要留好样与子孙。

要求真学问,莫做假文章。

净土莲花,一花一佛一世界;牟尼珠献,三摩三藐三菩提。　——台中慈善寺

站着! 你背地做些什么? 好大胆还来瞒我。
想下! 俺这里轻饶哪个? 快回头莫去害人。　　　　　——贵阳城隍庙

日日携空布袋,少米无钱,却剩得大肚宽肠,不知众檀越信心时用何物
供奉。
年年坐冷山门,接张待李,总见他欢天喜地,试问这头陀得意处有什么来
由。
　　　　　　　　　　　　　　　　　　　　　　　　　　——南华寺

山静尘清,水参如是观;天高云浮,月喻本来心。 ——承德水月庵

只有几文钱,你也求,他也求,给谁是好?
不做半点事,朝也拜,夕也拜,教我为难。 ——财神庙

见见见 非见非见 见非见
闻闻闻 不闻不闻 闻不闻 ——湖北房山凤凰山观音洞

干净地常来坐坐,太平时早去修修。 ——虎丘山后一寺

做个好人,身正心安魂梦稳;行些善事,天知地鉴鬼神钦。 ——陶行知

一苇渡江,达源溯六祖;九年面壁,妙理悟三乘。 ——少林寺面壁洞

身比闲云,月影溪光堪证性;
心同流水,松声竹色共忘机。 ——王剡题天台万年寺联

睡至二三更时,凡功名都成幻境;
想到一百年后,无少长俱是古人。 ——黄粱梦亭联

饮酒篇

兴来醉倒落花前,天地即为衾枕;

机息忘怀磐石上,古今尽属蜉蝣。

据床嗒尔,听豪士之谈锋;

把盏醒然,看酒人之醉态。

扪虱倾谈惊四座,持螯下酒话当年。

脱略形骸,高谈雄辩,箕踞袒跣,嬉笑怒骂者,酒人也;

峨冠博带,口说心写,违心屈志,救过不暇者,官人也。

故居官者必不可嗜酒,嗜酒者必不可为官。

有客无酒,有酒无肴;月白风清,如此良夜何? ——苏轼

酒肠宽似海,诗胆大于天。 ——唐·刘叉

绿蚁新醅酒,红泥小火炉。晚来天欲雪,能饮一杯无? ——唐·白居易

酒逢知己饮,诗向会人吟。 ——宋·普济

愿君把酒莫惆怅,四海由来皆兄弟。 ——元·李俊民

诗成有共赋,酒熟无孤斟。 ——韩愈《县斋读书》

悲欢聚散一杯酒,南北东西万里程。 ——元·王实甫

功名万里外,心事一杯中。 ——唐·高适

高楼送客不能醉,寂静寒江明月心。 ——唐·王昌龄

花落一杯酒,月明千里心。 ——宋·郑里肖

人生得意须尽欢,莫使金樽空对月。 ——唐·李白

棋罢不知人世换,酒阑无奈客思家。 ——宋·欧阳修

少饮则和血行气,壮神御寒,消愁遗兴;痛饮则伤神耗血,损胃亡精。
——《本草纲目》

早晨的酒是石头,中年的酒是红铜,晚上的酒是白银,三天喝一次的酒是黄金。 ——犹太谚语

当魔鬼要造访某人而又抽不出空的时候,便会派酒来作代表。
——犹太谚语

喝了酒,你就会睡得香。睡得香,你就不会犯错。不犯错,你就会被救赎。因此,喝酒就会被救赎。 ——德国中世纪格言

如果你只邀请一个朋友吃晚饭,拿出第一流的酒;如果邀请两位,就拿出

饮酒篇

· 441 ·

第二流的吧！

——朗费罗（美国作家）

先生们，在危机与灾难间这仅剩的片刻，我们不妨喝一杯香槟酒吧。

——保罗·克劳岱

我愿意死在一个酒店里，遗体旁边放上几杯好酒。

等天使来迎接我时，可以知道上帝对我多么地恩宠！ ——华特·梅倍斯

酒是一餐中的精神部分，肉仅是物质而已。 ——小仲马

美酒乃耗财病胃。 ——德国谚语

别人付账的酒，其味最隽永。 ——西尼克（希腊哲学家）

酒是能使舌头松绑，让故事生动的魔术师。 ——荷马（希腊诗人）

我们的人生如同今晚的酒：它们不久就会走到尽头，但直到最后一刻都留着光辉！

——托马斯·莫尔（爱尔兰诗人）

一瓶酒应该被分享；我从未见过吝啬的爱酒者。 ——克里夫顿·费迪曼

酒使人心愉悦，而欢愉正是所有美德之母。但若你饮了酒，一切后果加倍：加倍的率直、加倍的进取、加倍的活跃。我继续与葡萄酒作精神上的对话，它们使我产生伟大的思想，使我创造出美妙的事物。 ——歌德（德国作家）

过去酒逢知己千杯少，如今酒逢千杯知己少。

酒能解除社会赋予人们的种族规范，没有了修饰，没有了顾忌，把人彻底还原成一个自然人。

酒就像一个照妖镜般的存在。一杯酒,可以照见本性,使善者更仁。恶者更憎,智者更明,愚者更昧,勇者更强,怯者更弱。

一杯酒,照见心情,心情好时能助兴,心情差时能添愁。
一杯酒,照见人心:无论狂饮、细品、主动、被动,都能见真诚;
是谦谦君子,戚戚小人,都在杯盏之间。

败德之事非一,而酗酒者德必败。
伤生之事非一,而好色者生必伤。

喝酒的最高境界:你还知道他是谁,他已不知道你是谁了。

醉酒的人,未必就一定糊涂;不醉酒的人,未必就一定清醒。

人生,要有朋友一样的好酒;人生,也要有酒一样的好友。

饮酒能让人"一而再地看见真理"。　　　——帕特里西亚·海史密斯(美国作家)

梵高:"钟情苦艾,醉眼星空"。人们很难断定,酒精是否让他看到了与众不同的星空。

海明威:"葡萄酒是世界上最文明的产物。""能站在吧台边,就别找桌子坐下。"

雷蒙德·卡佛:"我们所有重要的决定都是在喝酒时作出的。"

懂得品酒的人从不喝酒!他们是在品尝杯中奥秘。　　　——萨尔瓦多·达利

无论生活为你预备了怎样的酒,请喝下。尝遍所有葡萄酒吧,有一些需

要你细细品尝,有些只需要整瓶干光。
——保罗·柯艾略(巴西著名作家)

男人对旧情的记忆与红酒类似,乃是以收成论。所谓收成,并不是他当时得到一个怎样的女人,而是男人自己有什么收成,收成就是男人的机遇。女人对旧情的回忆也跟红酒一样,但不是以年份论,而是以品质论。
——张小娴

葡萄酒是这世上最文明的存在之一,也是来自自然再经人工酿造的最完美的饮品。享受它,欣赏它,你会发现,世间任何事物都无法企及一杯红酒所触发的感官愉悦。
——欧内斯特·海明威

有四种东西,越老越好:老木柴最好烧,陈年红酒最好喝,老朋友最可信,老书最值得读。
——弗朗西斯·培根

我更喜欢在饮酒时工作,因为此时我的思想充满活力,而且我能更清楚地思考。
——弗朗西斯·培根

友谊如同葡萄酒一般,年轻时虽显得青涩,但却会随着时间成熟。
——托马斯·杰斐逊

一瓶葡萄酒中的学问比所有的书还来得多。
——路易·巴斯德

浮生长恨欢娱少,肯爱千金轻一笑?
为君持酒劝斜阳,且向花间留晚照。
——宋祁《玉楼春》

酒是天赐的九月果汁。
——伏尔泰

除了音乐之外,啤酒是最好的。
——卡森·麦卡勒斯

北山拾叶

酒为百礼之首。

——《汉书》

扫愁帚,钓诗钩。

醉之以酒以观其性。

——《庄子》

胸中小不平,可以酒消之;世间大不平,非剑不能消也。

人生疾苦,但懂酒的人,拥有两个世界,一边是隐忍,一边是释放。

忠实的老友,伸出你的手,
让我们握手聚一堂,
再来痛饮一场欢乐酒,
为了往昔的时光!

——罗伯物·彭斯《往昔时光》

香槟是唯一让女人喝了之后会更加美丽的酒。

——庞毕度女爵

适量地喝点小酒对心灵和身体都是良药。

——伏尔泰

上帝只造了水,但人却造了酒。

——维克多·雨果

我不能没有香槟,我应得它于胜利之时,我需要它于失败之时。

——拿破仑

大致上来说,喝酒的人都既诚恳又直爽。他们全都是善良、正直、忠诚、勇敢与老实的人。

——卢梭

酒对诺亚的健康造成如此不幸的影响——他才活了 950 年。给我指出哪位不喝酒的人能这么长寿?

——威尔·罗杰斯

·445·

酒取走醉酒智者的智慧,使圣贤之士嬉笑,使不苟言笑的人微笑。

——荷马《奥德赛》

酒是瓶子里的诗歌。

——克里夫顿·费迪曼

酒之于诗人如骏马添翼,饮水者只能得到小马驹。 ——尼开涅图斯

没有一样东西比一杯香槟更能使人生变得如此玫瑰般瑰丽。 ——拿破仑

酒可以搭配任何菜。但对法国人来说,酒是来搭配人生的!酒使任何菜色更适宜,使任何餐桌更优美,也使每天更文明。 ——安德尔·西蒙(法国作家)

酒就是歌,歌就是酒,酒和歌本是一家子。

——爱默生

酒能把各种各样的人聚集到一块。

——欧洲谚语

酒促成一拍即合的友情。

酒,使每天的生活更加舒适,不那么仓促,不那么紧张,使心胸更加宽广。

——本杰明·富兰克林

酒能给社交场合带来其他任何东西都无法带来的热闹气氛。 ——本涅特

宴不设酒叫什么宴?酒不伴歌叫什么酒?

——斯·菲利狄斯

不分贫富,一体的造福,这是上帝创造酒的乐趣。

——尤里披蒂斯(希腊剧作家)

酒带来的欢乐是短暂的,如同一出芭蕾舞或音乐会一样。但酒能鼓舞人

生,并给予生活莫大的欢乐。

——拿破仑

喝淡酒的时候,宜读李清照;喝甜酒时,宜读柳永;喝烈酒则大歌东坡词;其它如读辛弃疾,应小口饮高粱;读放翁,应大口喝大曲;读李后主,要用马祖老酒煮姜汁直到熬出怨苦味时最好;至于陶渊明、李太白、则浓淡相宜,狂饮细品皆可。

酒不会让人变成废物。酒只会教我们人本来就是废物的道理。

酒在肚子里,事在心里,中间总好像隔了一层,无论喝多少酒,都淹不到心上去。

——张爱玲

饮酒篇

酒是一群人的寂寞,茶是一个人的清欢。

人们总说故事与酒更配,却不知这样更容易让人流眼泪。

我喝酒总是想把痛苦淹死,谁知痛苦这家伙学会了游泳。

辣酒以待饮客,苦酒以待豪客,甘酒以待病客,浊酒以待俗客。

酒唯一比水好的地方,就是酒永远不会使人醒。

如果我的话开始变多,要么是人对了,要么就是酒到位了。

好的葡萄酒证明了上帝希望我们幸福。

——[美]本杰明·富兰克林

敬酒是一门艺术,拼酒是一门技术,耍酒疯是一门骗术,千杯不醉是一门防身术。

杨宪益家的对联："毕竟百年都是梦"（元稹）"何如一醉变成仙"（吴祖光）

旧酒投，新醅泼，老瓦盆边笑呵呵，共山僧野叟闲吟和。他出一对鸡，我出一个鹅，闲快活！

——关汉卿

且乐生前一杯酒，何须身后千载名。

一生大笑能几回，斗酒相倾须醉倒。

吃酒只备小盅，小盅浅醉，能推开人事、生计、狗咬、索账之恼。能行乐，吟东坡"吾上可陪玉皇大帝，下可陪卑田院乞儿"，以残墙补远山，以水盆盛太阳，敲之熟铜声。能嘿嘿笑，笑到无声时已袒胸睡卧柳下。小儿知趣，待半小时后以唾液蘸其双乳，凉透心臆即醒，自不误了上班。　——贾平凹《生活的一种》

第一杯是人喝酒，第二杯是酒喝酒，第三杯是酒喝人。

——芬兰谚语

自古以来，全世界原谅三种人：诗人，醉鬼和小孩。　——黄永玉《斗室散步》

酒与女人，不可不近，不可太近。

——日本人说

上元须酌豪友；端午须酌丽友；七夕须酌韵友；中秋须酌淡友；重九须酌逸友。

相逢意气为君饮，系马高楼垂柳边。　——[唐]王维《少年行四首》

安得故人生羽翼，飞来相伴醉如泥。　——[唐]元稹《寄乐天》

损友敬而远，益友宜相亲。　——[明]方孝孺《逊志斋集·朋友》

郊天礼庙,非酒不享。君臣朋友,非酒不义。斗争相和,非酒不劝。故酒有成败,而不可泛饮之。

——[明]范立本《明心宝鉴》

真嗜酒者气雄,真嗜茶者神清,真嗜笋者骨癯,真嗜菜根者志远。

——[清]朱锡绶《幽梦续影》

过去岁月不可追,未来日子你别催。莫愁身处七八事,且尽眼前两三杯。

没事喝杯酒,有闲下盘棋。醉里乾坤大,输赢都不急。

——曾初良

酒馆里的桌子啊,一定要做的又厚又结实。这样那些喝醉酒的人,才能把自己的伤心失败和眼泪统统放在这里安心地离开。

——《特别笨拙的人》

酒精让我们看上去比现实中的自己更像那么回事。

——[英]约翰·哈尔科夫特

为名忙,为利忙,忙里偷闲,且喝一杯茶去;劳心苦、劳力苦,苦中作乐,再倒二两酒来。

有人整天诉说头痛,到夜里又在喝那引起头痛的酒。

——歌德

酒鬼好比威士忌酒瓶,全是脖子和肚子而没有脑子。

——奥马利

酒精是这样一种液体:它除了隐私之外,什么东西都可以保存。

喝酒有个麻烦,就是,喝下一杯酒,你就会变成另一个人,而这个人也得喝一杯。

从来没有任何动物发明了比人的酗酒更坏,以及比人的饮酒更好的事物。

　　爱情绝对不是令地球旋转的动力,唯有威士忌酒才能促使这个世界旋转
如飞。
　　　　　　　　　　　　　　　　　　　　　　——[英]迈肯基爵士《话说威士忌》

　　一串葡萄是美丽的、静止的、纯洁的 ,而一旦里经过压榨,它就要成了一
种动物。因为它在成为酒以后,就有了动物的生命。　　——[美]作家威廉·杨格

　　在现代世界,唯有苏格兰威士忌能为人类带来必然、持久的慰藉。
　　　　　　　　　　　　　　　　　　　　　　　　　　　——[英]布斯比勋爵

　　据考证,圣经里先后有 521 次提到葡萄酒, 耶稣曾经对 12 个门徒说:"喝
葡萄酒可以平静你的心灵,让你安详。"

　　酒入舌出,舌出言失,言失身弃,余以为弃身,不如弃酒。

　　小时候,难受了就哭一顿。长大后,难受了只能喝一顿。

　　法饮宜舒,放饮宜雅,病饮宜少,愁饮宜醉;春饮宜郊,夏饮宜洞,秋饮宜
舟,冬饮宜室,夜饮宜月。

　　刘伯伦携壶荷锸,死便埋我,真酒人哉;王武仲闭关护花,不许踏破,直花
奴耳。
　　醉过才知真味,醒来方觉意浓。

　　梦想还是要有的,不然喝多了,你跟别人聊啥?

　　艺术创作是第一大快乐,酒是人类的第二大快乐。它与人类共存亡。只
要一天有人便一天有酒。它用不着提倡,也不怕人禁止,禁止的人往往自己

偷偷喝酒。　　　　　　　　　　　　　　　　　　　　　　——黄永玉

非真空不宜谈禅,非真旷不宜谈酒。

唯愿当歌对酒时,月光长照金樽里。　　　　　　　——李白《把酒问月》

山城薄酒不堪饮,劝君且吸杯中月。　　　——苏轼《月夜与客饮酒杏花下》

白日放歌须纵酒,青春作伴好还乡。　　　——杜甫《闻官军收河南河北》

昨夜醉酒夜半归,到家不敢把门推。屋前静坐等天亮,好汉不吃眼前亏。
　　　　　　　　　　　　　　　　　　　　　　　　　　——也乐斋主

虽也饮酒,但不沉湎,虽也满足欲望,但适可而止。　　——薄伽丘《十日谈》

酒是没有国籍的,它是一种世界通用的特殊形态的文化语言。

如果我们的语言是威士忌,当然就不必费此操办了。只要我默默递出酒
杯、您接过静静送入喉咙即可,非常简单非常亲密非常准确。
　　　　　　　　　　　　　——村上春树《如果我们的语言是威士忌》

交朋友还是酒肉朋友比较好,酒肉在朋友在。　——王朔《和我们的女儿谈话》

生命如酒,亦梦亦幻,亦浓亦醇;成也玉液,败也琼浆……

白屋让王侯,座上千杯多名士;
黄金如粪土,席前百辈数英雄。

食中山酒,一醉千日。今之昏昏逐逐,无一日不醉,无一人不醉,趋名者

醉于朝,趋利者醉于野,豪者醉于声色车马。安得一服清凉散,人人解醒?

——《小窗幽记》

有些故事需要拿酒来送一送,这样讲故事的人心里可以稍微好受点。

喝醉,从来就不是酒精的罪过,而是感情的度数太高。

你若认为酒只不过是种可以令人快乐的液体,你就错了。你若问我,酒是什么呢?那么我告诉你:酒是种壳子,就像是蜗牛背上的壳子,可以让你逃避进去。那么就算有别人要一脚踩下来,你也看不见了。 ——古龙《七种武器》

你若在吃醋,不妨也过来喝杯酒,醋可以解酒,酒也可以解醋。

佳人不可唐突,好酒不可糟蹋,这两件事你喜欢一定要牢记在心。

——古龙《多情剑客无情剑》

醉者自言我醒,醒者自言我醉。但看花开花落,不言人是人非。

戒尔勿嗜酒,狂药非佳味。能移谨厚性,化为凶顽类。   ——范质《戒子》

穷愁莫写愁如海,酒薄难将梦到家。   ——[宋]朱弁《春阴》

结交有味贫何害?薄酒虽村饮亦豪。   ——[宋]刘过《同许从道登圆翠阁》

春江花朝秋月夜,往往取酒还独倾。   ——白居易《琵琶行》

花无人戴,酒无人劝,醉也无人管。   ——黄宫绍《青玉案》

人生有酒须当醉,一滴何曾到九泉。   ——高翥《清明月对酒》

有诗有酒有高歌,春色年年奈我何。　　　　　　　——司空图《有增》

五花马,千金裘,呼儿将出换美酒,与尔同销万古愁。　——李白《将进酒》

日暮酒醒人已远,满天风雨下西楼。　　　　　　　——许浑《谢亭送别》

兰陵美酒郁金香,玉碗盛来琥珀光。　　　　　　　——李白《客中行》

琴诗酒伴皆抛我,雪月花时最忆君。　　　　　　——白居易《寄殷协律》

诗万首,酒千觞,几曾着眼看侯王。　　　　　　——朱敦儒《鹧鸪天》

举酒属客,诵明月之诗,歌窈窕之章。　　　　　　——苏轼《前赤壁赋》

酒,使每天的生活更加舒适,不那么仓促,不那么紧张,使心胸更加宽广。
　　　　　　　　　　　　　　　　　　　——[美]本杰明·富兰克林

酒能使友谊迅速泉涌而出。　　　　　　　——[英]诗人 约翰·盖伊

桌上这碗酒宛如太阳,粉红色的酒是其光芒。如果没有酒,仿佛环绕在
太阳四周的行星般的我们就无法发光。　——[爱尔兰]作家 理查·B·谢瑞敦

老去渐知时态薄,愁来唯愿酒杯深。　　　　　　　　——[唐]罗隐

有酒不饮白酿酒,有坛不倾枉造坛。　　　　　　　——理·斯托达德

清醒总是意味着退缩、辨别和反对;
酣醉总是意味着扩张、一致和赞同。　　　　　　——威廉·詹姆斯

谁不爱女人、酒和歌，谁就到死也是一个蠢货。　　——约翰·沃斯

日长似岁闲方觉，事大如天醉亦休。　　——陆游

百年愁里过，万感醉中来。　　——白居易

腹中书万卷，身外酒千杯。　　——杜牧

品茗篇

安静的人,大概都爱茶,故而眸生菩提,心生禅意。

禅可明目,茶亦澜心,光阴如禅,你便如茶。

喝茶即是喝茶,不故作高深,不疏离日常。用心意构筑的茶室,方是最好的风格。友朋往来,何必言道;情伴茶烟,乐在无为。踞坐久时,随心而卧;不拘俗礼,不问世情。

以苦茗代肉食,以松石代珍奇;以琴书代益友,以著述代功业。

游历四方,喜集玩物,勿论中外,不问古今,不以价重,唯求趣深,随陈茶室,自成佳景。一物有一物的故事,一器有一器之妙韵,日常利用,把玩摩挲,观赏有缘而生会心之乐,此日便赏足矣。

茶是一种生活,酒是一种生活,都是生活。即使相差再远,也有相通的地方。酒是火做的水,茶是土做的水。

——冯唐

从来佳茗似佳人。

——苏轼

泉烹古茗琉璃碧,菊酿香醪琥珀黄。

——台静农题香港陆羽茶室

饮真茶令人少睡,故茶别称不夜侯,美其功也。

——晋代张华《博物志》

六脏睡神去,数朝诗思清。

——唐·曹邺

常鲁公随使西番,烹茶帐中。赞普问:"何物?"曰:"涤烦疗渴,所谓茶也。因呼茶为"涤烦子"。

——《唐国史补》

茶为涤烦子,酒为忘忧君。

——唐·施肩吾

泠然一啜烦襟涤,欲御天风弄紫霞。

——明·潘允哲

茶乃俗中雅物,世人皆可饮。

失忆人尝苦涩、得意人饮甘甜、沧桑者觉回味;
文人吟风月、哲人品人生、恋人钟情、痴人叹怨、佛家悟空,俗人闻市井。

七碗受至味,一壶得真趣。空持百千偈,不如吃茶去。

——赵朴初

沏一壶清茶,润泽我心;
读一本闲书,宁静我心;
茶通六艺,六艺助茶。茶贵润泽,器贵简雅。

茶不过两种姿态:浮,沉。喝茶人不过两种姿势:拿起,放下。茶若人生,沉时坦然,浮时淡然。

宾朋杂沓,止堪交错觥筹;乍会泛交,仅须常品酬酢。惟素心同调,彼此畅适,清言雄辩,脱略形骸,如可呼童篝火,酌水点汤,量客多少,为役之繁简。

——许次纾《茶疏》

山堂夜坐,汲泉煮茗。至水火相战,如听松涛。

倾斜入杯,云光潋滟。此时幽趣,故难与俗人言矣。

——《茶解》

茶禅一味:

茶是冷静,禅是思索。品茶重在意会,学禅贵在参悟。

儒家以茶修德,道家以茶修心,佛家以茶修性。

茶道精神:

其性精清,其味淡洁,其用涤烦,其功致和。

参百品而不混,越众饮而独高。

——《三平斋议语》

春明梦影,物换情移,客来清坐,啜茗话旧。听松风,望鱼眼,炉声鼎沸间,逸兴悠远。器列案上,鱼贯珠玑,俭而有当。茶室布施,最宜精雅。

阳春烟景,汲泉烹茶,幽花时发,宾友对之;

俨听松涛,倾泻入杯,谈诗论道,何等逍遥。

无论古今,有茶之处,雅兴皆至。

一日不能无书,半日不能无茶。

独坐南窗静幽怀,喧嚣不到小楼斋。

昏昏夏日无些事,慢煮红茶赏绿苔。

— 无题

带雨有时种竹,关门无事锄花。拈笔闲删旧句,汲泉几试新茶。

那山涧早来的春天。

——现代派诗人羊令野《茶》

茶有四德,慈悲喜舍。所谓云水禅心,就是在一盏清茶中,品出生者必死,聚者必散,荣者必枯的真意。

——白落梅

茶有浓淡,有冷暖,亦有悲欢。

茶如隐逸,酒如豪士;酒以结友,茶当静品。

开怀篇

如果一个人活得足够的久，他晚年将会逐一参加每个朋友的葬礼，这未免也太残忍了。还不如多结点仇家，这样晚年时将会迎接一个又一个的喜讯。

在知识的海洋里，我居然是条淡水鱼。

幽默和风趣是智慧的闪现。

——莎士比亚

幽默就像马车上的弹簧，没有它，一块小石子就让你很颠簸。 ——萧伯纳

幽默，可以说是一个敏锐的心灵，在精神饱满生趣洋溢时的自然流露。

——周国平

西医治标，中医治本。中西合医，治成标本。

判断一个人的人品好坏，就喊他来喝酒。如果他不肯来，说明你人品不好。

找一个有共同笑点的人比什么都重要。

悟空的压力、八戒似的体型、沙僧同款的发型、唐僧一样的唠叨——人到中年,感觉能活成一部《西游记》。

一双普通皮鞋夹了我的脚,我会诅咒这双皮鞋的生产厂家;
一双名牌皮鞋夹了我的脚,我会痛责自己的脚长得不够标准。

每加五次班,我家未来那套150平方米的房子就又多了一块砖。

在社会上待久了之后,你就会慢慢发现,人是会变的,拿我自己举例子来说。曾经我一心想致富,现在不一样了,我只想脱贫。

基本上,我现在的人生就是每天都在解决一些有钱了就不是问题的问题。

机会总是留给那些准备好钱的人。

上帝会宽恕我,固为宽恕人是上帝的职责。 ——海涅

如果天堂里不准人笑,那我就不去了。 ——马丁·路德

他们怎么能说我的人生不成功? 我不是六十多年来吃得饱饱的,而且没有被吃掉?

世界上没有十全十美的人。不过有些人比别人完美,因此我们尽力用这些人。

好人总是死得早,因为他们觉得作为一个好人活着没有什么意义。

笑声大小,断定你看破人间多少事。

世间有两种不幸：一种是我们自身遭遇厄运；另一种是他人遇到好运。

去除诱惑唯一的方法便是屈服……除了诱惑之外，我能抗拒任何事情。

——王尔德

别为逃避诱惑而担心——等到你老了，诱惑力便开始躲着你了。

我真正想做的事，不是不道德、不合法就是会长胖。

你不知道我对自己的看法有多糟——而我又有多么冤枉。

一颗洋葱就能让人泪流满面，却没有一种蔬菜能让人发笑。

如果有人问我："那些艰难的岁月你是怎么熬过来的？"
我想我只有一句话回答：我有一种强大的精神力量支撑着我，这种力量名字叫"想死又不敢"。

安慰别人时一套一套的，安慰自己时，只想找根绳子一套。

儿童都喜欢小丑，大人则不，因为自己已经够像了。
小孩只做两件事：让自己发笑和让父母发疯。
小孩出生前让妈妈肚子痛，出生后让妈妈头痛。
小孩最爱听鬼故事，是因为这样才能说服自己：父母还不是最可怕的。
小孩的世界没有失败者，因为他们根本不在乎成功。
小孩是即将被摧毁的大人，大人是已经被毁坏的小孩。
欠缺管教小孩的家庭是动物园，充分管教小孩的家庭是马戏团。
小孩世界只分有玩具阶级和无玩具阶级。
小孩的世界是由糖果做成的，大人的世界是用买糖果的钱构成的。
父母带小孩去看马戏团表演的目的就是告诫孩子：连狮子老虎都那么听

话,为什么你不能? ——朱德庸论小孩

我从没有杀过人,不过倒是欢欣鼓舞地读过不少讣告。 ——美国律师丹诺

我没有参加那场葬礼,不过已经发了一封很友好的信说明我同意葬礼举行了。 ——马克·吐温

他没有敌人,只不过他的朋友对他恨之入骨。 ——[英]奥斯卡·王尔德

幽默是一种润肤膏,它使我避免了许多摩擦和痛苦。 ——林肯

爱开玩笑又要人不觉得刻薄,天知道是件多不容易的事。天生善良的人往往是不太有趣的。 ——[英]毛姆《毛姆读书随笔》

如果你独自一个人笑了,那是真心的笑。 ——安迪·鲁尼

一些明星的大脑才是真正的羞处,露哪儿都行,就是不能露大脑。 ——郑渊洁

很多时候,真话就是幽默。你说一句真话,下面哄堂大笑。 ——赵本山

每次老师说"请把和考试无关的东西放到讲台上"时,我都很想把自己放到讲台上……

有个哥们打个比方,中国足球队是白头发,洋教练是染发剂。每次白头发露出来,就换一款染发剂,白一次染一次,再白再换。可染发剂再好,那头发终究是白的。 ——白岩松

在浦东机场,一个妈妈对哭闹的小孩吼道,"现在是在中国,再闹妈妈就

揍你了!"

你永远叫不醒一个装睡的人,但我能。

——某快递小哥语

我的目标:瘦身,安家,出国,吃天下。

听说每个中国人平均每天摸 150 次手机,我笑了:怎么可能? 明明就一次。睡醒拿起,睡前放下。

营养学家建议:早晨不要空腹吃喝。

这个世界变了,事业线从掌心移到了胸前。

一个孩子说"这是我的玩具",这是财产法。一个孩子说"你答应过我的"这是合同法。一个孩子说"他先打我的",这是刑法。一个孩子说"爸爸说可以",这是宪法。

——[美]法学教授 哈罗德·丁· 伯尔曼

高中时发的短信都是:上课了,不聊了。
大学时发的短信都是:终于下课了,不聊了。

富有就是年收入至少比妻子的姐夫多一百美元。

——[美]讽刺作家 H·L 门肯

当选时,在台上假哭,在台下真笑;
落选时,在台上假笑,在台下真哭。

父子:7 秒;母子:27 秒;男女:1 小时 14 分;女女:12 小时 36 分;男男:你有一个未接电话。

——手机通话时长规律

462

股票与彩票的区别：一个把我的整钱拿走，一个把我的零钱拿走。

人生两大幻觉：我好像瘦了，剩下的钱应该能用到月末吧。

自拍照和方便面的包装照有一点相同——图片仅供参考，请以实物为准。

据说现在开车有三种心态：比我开得快的，作死！比我开得慢的，会开吗？和我一样快的，较劲是吧?!

都说人活一口气，还不如说人活一口食。肚里有食，要脸要貌；肚里没食，没羞没臊。
——莫言《檀香刑》

天冷了，打开衣柜一看：就像皇帝选妃，选着选着感觉又该纳妾了。

心怦了一下
还以为是爱情
其实是心律不齐。

别人都是笑起来很好看，但是你却不一样，你是看起来很好笑。

大家都是"情不知所起，一往而深"，我不一样，我是"钱不知所去，一贫如洗"。

什么叫万死不辞？大概是每天被气死一万次，但仍然不辞职。

看到别人二十几岁就家产过亿，十亿，几十亿，我就五百万，还是像素。

我会努力变成你喜欢的那种女孩子，然后死也不和你在一起。

不想洗衣服怎么办？娶个媳妇就可以了，如果媳妇贤惠，就会给你洗衣服了；如果媳妇彪悍，你就学会洗衣服了。

别指望减肥了，八戒走了十万八千里也没见他瘦，而且他还吃素。

当一两个人说我胖时，我不以为然，但是越来越多的人说我胖时，我知道事情的严重性，骗子真的越来越多了。

每天醒来的第一件事就是想睡觉。

减肥是世界上最反人类的事情，不吃饭饿得想打人，吃完饭又想打自己。

减肥失败，又称"打回圆形"。衣服快要被撑破，又称"圆形毕露"，胖的不能再胖了，又称"圆尽于此"。

以后骂人也不再说"滚"了，直接改为"世界那么大你应该去看看"。

脱贫不像脱发那么容易，发福倒是远比发财轻松。

为什么假期感觉很短，因为假期没有上午。

经过好多年的不断努力奋斗，我终于从一个懵懂无知的少年，变成了一个懵懂无知的青年。

整个冬天最对不住的，就是伸出被窝玩手机的那只手。

从前我难过的时候，油盐不进，茶饭不思；现在，能一边流泪一边去厨房给自己下碗面，还不忘加俩荷包蛋。

每当打算开始存钱时，总有个声音传来：对自己好点吧！

一些人如此概括自己的大学生活：既没有牵过手，也没有挂过科，可谓"无牵无挂"。

未来的工厂只需要一个人和一条狗，人的职责是喂狗，而狗的任务是让人不要碰机器。

——[美]沃伦·本尼斯

现代人类最大的贡献之一，就是不断扩大"正常人"的范围。

——[美]心理学家 卡伦·霍妮

那些听不见音乐的人认为那些跳舞的人都疯了。

——尼采

我们要人你要钱，那就来看看。我们不跟你谈理想，我们知道你的理想是不上班。

——某招聘广告

自从用了智能移动电话后，我的智能、移动和电话都在减少。

所有的祷告都可以浓缩成一条："主啊，让二加二不等于四吧。"

——屠格涅夫

每天下班后，我都会在街上看到三位韩国明星：车太多、车太堵和车太慢。

岁月只是对那些长得好看的人无情，而那些不好看的人，岁月拿他们一点办法也没有。

我感觉中国就两个旅游景点，一个人山，一个人海。

吾日三省吾身：看脸，看秤，看余额。

——女性自省新标准

英国的幽默像红酒，喝了以后还有半小时或 20 分钟的回味；美国的幽默到处都是，非常普遍，是必需品，像可口可乐；德国幽默像威士忌，不是每个人都能喝的，但喝了以后，可能过了一个小时还在玩味。

——赵启正

生活不是一件可笑的事，但是你能设想生活当中没有笑声吗？

非常可惜，人一生中所受的教育或社会约束使大部分人笑的能力退化了。

——[德]幽默治疗中心主席米夏埃尔·蒂策

肥胖的人是超现实主义者，丰满的人是自然主义者，浮肿松弛的人是浪漫主义者，干瘦的人是虚无主义者。

如果下雨让你想到的，不是梨花柳絮，而是关节炎；进饭店只看菜单，不看苗条的服务小姐；你觉得年轻人一无是处；流行音乐和时装令人作呕；儿子不再惹你生气；老婆越长越像丈母娘；甚至有一次，你睡着了，那个可恶的小护士竟然以为你死了——那么，你应该知道自己老了。

做总统实在有点好处。我当选后第二天，便把中学成绩列为最高机密。

——美国前总统 里根

一个微笑不费分文但给予甚多，它使获得者富有，但不使给予者变穷。

哺乳有三大理由：其一，奶水总是处在正确的温度；其二，它来自富有吸引力的容器；其三，猫咪永远没法偷吃到它。

——伊蕾娜·查尔梅斯

女人反对重男轻女，却又常常跑到"减肥训练班"。

招聘大都是"有经验者优先",招婿则相反。

白手起家的富翁,有的是从"黑手"干起的。

有件事做失败时,本钱仍在,那是"减肥"。

没钱的流浪者,叫"游民",有钱的流浪者,叫"游客"。

从电话费的账单中,最能体会出"言多必失"的道理。

不能让女人哭,因为女人的眼泪是她脑子里的水,脑子里面进的水,要是流干的话,以后可就不好对付了。

最燃脂的运动是什么? 火化吧? 这应该最快的了。

"这种事我得和找对象商量。"
"你不是没有对象吗?"
所以没得商量。

能让一个人开怀大笑,你已铺平与他之间的友谊大道,跟你一起欢笑的人,或多或少,是喜欢你的。
——卡耐基

快乐是有传染性的,只有使别人快乐才能让自己快乐。
——卡耐基

本质上,有趣是一场令人愉悦的意外,是一种惊喜,它首先是一种意外——人们认为你本应该这样的,而你不是。
——叶子《有趣》

幽默感是与人亲近的通行证,没有人会拒绝一个想逗自己开心的人。
——[日]松浦弥太郎

开怀篇

你穿得很危险,但长得很安全。

纯,属虚构;乱,是佳人。

没有笑声的生活和没有幽默感的朋友,都是乏味的。

骡子既无足以自豪的祖宗,亦无可以寄托希望的子孙。　　　　**——英格索尔**

所谓中年发胖就是使人们彼此间变得更紧密。

所谓现代音乐就是当你演奏出错误时绝不会有一个人介意。

一位心理学家断言道:"今天年轻一代和 我们这代没什么不同。他们也是逐渐懂事,也离家出走,也结婚,也生孩子。只是顺序是倒过来的。"

乐观主义者——妻子进了百货店以后,还开着马达在外面等待的男子。

世界上最动听的话不是"我爱你",而是"你的肿瘤是良性的"。

　　　　——伍迪·艾伦

使你发笑的,是滑稽。使你想一想才笑的是幽默。

世界上没有了笑,多晴朗的天气也是阴郁的。

如果我的钱能像我的肉一样对我不离不弃就好了。或者,我的肉能像我的钱一样说没就没了也行。

不是发际线在后退,而是你的人生在前进。

悲观的人说:"我的生活已经不可能更糟了!"乐观的人说:"绝对可能!"

理想和现实的差距:夹起来以为是块肉,咬下去才知道原来是块姜。

每次我写历史考卷时,都感觉特别的兴奋,因为我就要改写历史了。

现代父母最担心的事:儿子下载了什么东西,女儿上传了什么东西。

不写作业母慈子孝,一写作业鸡飞狗跳。

实在无聊,买个地球仪吧。世界那么大,你不但可以看看,还可以转转。

——郭德纲

当我讨厌一个人的时候,如果这个人突然说喜欢我,那我就一点也不讨厌对方了。就是这么有原则,无法讨厌一个有眼光的人。

——《你的孤独虽败犹荣》

现在的男人,有什么资格和妹子说白头偕老? 还没到白发就已经全秃顶了。

女孩子去拜佛的时候,一定要记得:不要化妆! 万一灵验了,菩萨想保佑你,恐怕也找不到你!

明星脱一点就能更出名,我脱的光光的却被抓起来了。

现在的梦想决定着你的未来,还是再睡一会儿吧。

笑话给予我们快感,是通过把一个充满能量和紧张度的有意识过程转化为一个轻松的无意识过程。

——弗洛伊德

人一生下来就会哭,笑是后来才学会的。所以,忧伤是一种低级的本能,而快乐是一种更高级的能力。

戳到痛处的玩笑,从来都不是玩笑。

幽默不是一种心情,而是一种看待世界的方式。　　　　　　——维特根斯坦

蹲下来摸摸自己的影子,对不起,跟着我让你受委屈了。

化成灰我都认识你,但是化了妆就不一定了。

从尘土里来的人,能理解开怀大笑背后的酸楚,也知道幽默是面对不完美人生的最好办法。　　　　　　——柴静

毒蛇虽然有毒,但也能治病,从前有一个人被咬了一口,风湿好了,关节炎也不犯了,可是心脏也不跳了。

听说女人如衣服,兄弟如手足。回想起来,咱这尊千手观音竟然裸奔了20多年。

我每天除了吃饭的时间全在减肥,你还说我没有毅力?

天哪,我的衣服又瘦了。

听说人丑就要多读书,难怪我妈从小就说我不是读书的料。

知道为啥到现在我都单身么?因为有句话叫"兔子不吃窝边草",不是因为我是兔子,而是因为我是草。

幽默就是一个人想哭的时候还有笑的兴致。

三十多年,还是那老套路:女排把观众打哭,乒乓把对手打哭,男篮被对手打哭,男足一直在家哭,几乎从未改变!

生活不是眼前的苟且,还有……长远的凑合。

我们总认为,大脑是人体最聪明的器官,然而你想想,这个判断是大脑做出的。

从小被告知生水不能喝,没洗的苹果不能吃,然而用生水洗过的苹果就可以吃了。

一个人只要胖到位了,认真看书都像是在点菜。

你过得怎样,不一定有人知道。但当你胖了,所有人马上都知道。

别人是吃两口就饱了,我是饱了还可以再吃两口。

笑的确可以说是人面上的电光,眼睛忽然增添了明亮,唇吻间闪烁着牙齿的光芒。

——钱钟书

不学会幽默和风趣,人就太苦了。

——康德

如果你看清了这个世界,必定会因为它的荒诞而变得幽默。

——查理·芒格

养生篇

疾风怒雨,禽鸟戚戚;霁日光风,草木欣欣。可见天地不可一日无和气,人心不可一日无喜神。

——[明]洪应明《菜根谭》

不乐损年,长愁养病。

——[南朝·梁]庾信《闲居赋》

喜乐者,神惮散而不藏;愁忧者,气闭塞而不行;盛怒者,迷惑而不治;恐惧者,神荡惮而不收。

——《黄帝内经·素问》

人之心量大,心境自闲;人之心境闲,心术自正;人之心术正,心事自少;人之心事少,心情自乐。

——星云大师《佛光菜根谭》

多静坐以收心,寡酒色以清心,去嗜欲以养心,玩古训以警心,悟至理以明心。

——[清]金缨《格言联璧》

齿常叩,津常咽,耳常弹,鼻常揉,腿常支,面常擦,足常摩,腹常旋,腰常伸,肛常提,食勿言,卧勿语,饮勿醉,色勿迷。 ——[清]乾隆《四十二字养生诀》

慎风寒,节饮食,是从吾身上却病法;寡嗜欲,戒烦恼,是从吾心上却病法。

——[清]金缨《格言联璧》

人知饮食足以益吾身,而不知节饮食乃所以养吾身。

少思虑以养心气,寡色欲以养肾气,常运动以养骨气,戒嗔怒以养肝气,薄滋味以养胃气,省言语以养神气,多读书以养胆气,顺时令以养元气。

——[清]金缨《格言联璧》

养生之诀,当以睡眠居先。睡能还精,睡能养气,睡能健脾益胃,睡能坚骨强筋。

——[清]李渔《笠翁文集》

怒则偏伤气,思多太损神。神疲心易役,气弱病相萦。勿使悲欢极,当令饮食均。再三防夜醉,第一戒晨嗔。

——[唐]孙思邈《养生铭》

节食养胃,清心养神。口腹不节,致疾之因。念虑不正,杀身之本。

——《景行录》

衣冠佩玉,可以化强暴。深居简出,可以却猛兽。定心寡欲,可以服鬼神。

——[宋]苏辙《颍滨文钞》

醇醴百斛,不如一味太和之汤;良药千包,不如一服清凉之散。

——[清]屠隆《婆罗馆清言》

上菜之法:盐者宜先,淡者宜后;浓者宜先,薄者宜后;无汤者宜先,有汤者宜后。且天下原有无味,不可以咸之一味概之。度客食饱,则脾困矣,须用辛辣以振动之;虑客酒多,则胃疲矣,须用酸甘以提醒之。

——[清]袁枚《随园食单》

吃饭八分饱,还有两分,用来吃药。

——黑泽基典

六分饱,四分饿;六分粗粮,四分精食;六分熟食,四分生食;六分素食,四

养生篇

分荤食;六分忍耐,四分宣泄;六分养心,四分养生。　　　——养生的"黄金分割律"

知生之必死,则保生之道不必过劳。　　　　　　　　　　　——《菜根谭》

益寿之方,全凭导引;安生之计,唯赖坐功。　　　——李渔《闲情偶寄·颐养》

静坐要省察克治,静坐能使心清静收敛,从而克服自我私欲产生,通过静坐能顿悟明心见性,得道成真。　　　　　　　　　　　　　　　——王阳明

堕肢体,黜聪明,离形去知,同于大通,此谓坐忘。　　　——庄子《大宗师》

佛家的功夫是"坐禅",意谓思维修或静虑,就是趺坐而修禅。

节食比绝食更难。饮食适量需要头脑清醒,而滴水不进,只需死硬的意志。　　　　　　　　　　　　　　　　　　　　　　——苏多·麦克纳波

保持身体健康的唯一办法,就是吃点你不想吃的,喝点你不想喝的,以及做点你不愿做的事情。　　　　　　　　　　　　　　——[美]马克·吐温

饥饿是世上最好的调味品。　　　　　　　　　　　　　　——塞万提斯

我一向觉得哈哈大笑是可以足不出户,而在体内慢跑的好方法。

健康就是使您觉得现在是一生中最美丽的时光!　　　——F·P·亚当斯

我吃喝均随心所欲,醒不了的时候就睡觉。我做事情从不以它是否有益健康为依据。只要具有强烈的爱好,活动又都恰当适宜,我根本不必担心衰老。

如果你的兴趣和活动既广泛又浓烈，而且你又得从中感到自己仍然精力旺盛，那么你就不必去考虑你已经活了多少年，这种纯粹的统计学情况，更不必去考虑，你那也许不是很长久的未来。

每一个人的生活都应该像河水一样——开始是细小的，被限制在狭窄的两岸之间，然后热烈地冲过巨石，滑下瀑布。渐渐地，河道变宽了，河岸扩展了，河水流得更平稳了。最后河水流入了海洋，不再有明显的间断和停顿，而后便毫无痛苦地摆脱了自身的存在。

——［英］伯特兰·罗素

情贵淡，气贵和，唯淡味和，乃得其养。

胸中无纤物，颇觉心志和悦，神宇宁静。

当你的通讯簿上记的都是医生而不是美女的电话时，你就进入老年了。

——王悦《处事箴言》

养心不等于寡欲，养生不全是避腻，养肤不同于画皮，我爱食物，食物爱脂肪，脂肪爱我

——最痛苦的三角恋

养生八字：童心、蚁食、龟欲、猴行。

童心与龟欲为养心；蚁食与猴行为养身。

——干祖望（104 岁）

上古之人，其知道者，法于阴阳，和于术数，食饮有节，起居有常，不妄作劳，故能形与神俱，而尽终其天年，度百岁乃去。

今时之人不然也，以酒为浆，以妄为常，醉以入房，以欲竭其精，以耗散其真，不知持满，不时御神，务快其心，逆于生乐，起居无节，故半百而衰也。

——《黄帝内经》

何谓"平常心"？平常心就是顺其自然，不加强求的心态，即是无造作、无

养生篇

是非、无取舍、无断常、无凡无圣之心。

生身以养寿为先，养身以却病为急。
——明·高濂《尊生八笺》

"渐门有五，一曰斋戒，二曰安处，三曰存想，四曰坐忘，五曰神解"
——[唐]《天隐子·神仙篇》

嘴上说养生，身体却"轻生"。

生活规律得仿佛生锈一般，即让人轻蔑，又让人害怕，但同时也是一种保护，让人意识不到时间的流逝。

人生到了下半场，敌人就只剩下自己了。所谓健康，只不过是死得最慢的一种状态。
——蒋子龙《现代人对付无奈的无奈之计》

人类所能犯的最大的错误就是拿健康来换取其他身外之物。　——叔本华

一，黎明即起，吃白粥一碗，不用粥菜；二，饭后散步，上人千步为率；三，默坐有定时，日于散学后静坐片刻；四，遇事勿恼怒；五，睡后勿思想。
——郑板桥养生之道

服金石酷烈之药，必致殒命。即坐功练气往往致疾损目。人能清心寡心，无暴怒，无过思，自然血平气和，却疾多寿，何为自速其死哉！
——[清]申涵光《荆园小语》

大道无多子，唯在清静一法门。故静字诀，乃为修道第一诀，一切法门，均从此一法门下手。身静则生阳，心静则生慧，气静则生神，神静则生精；而一以心静为头脑。静则定，定则得。

少思虑以养心气,寡色欲以养肾气,勿妄动以养骨气,
戒嗔怒以养肝气,薄滋味以养胃气,省言语以养神气。
多读书以养胆气,顺时令以养元气。

行欲徐而稳,立欲定而恭,坐欲端而正,声欲低而和。

夫人神好清,而心扰之;人心好静,而欲牵之。故常遣其欲而心自静,澄
其心而神自清。

养心之要,在养得此心一团寂寞恬淡,虚静无为;养得此心一团活泼真
机,生趣盎然;养得此心一团廓大,性天浑然。

守恬淡以养道,处卑下以养德,去嗔怒以养性,薄滋味以养气。

健康当然比金钱更为重要,因为我们所赖以获得金钱的就是健康。

——[英]塞缪尔·约翰逊

没有健康的身体,连灵魂都不能安息。

只有医道高明的医生才懂得何时不开方。　　　　　　　——格拉西安

不欲极饥而食,食不过饱;不欲极渴而饮,饮不过多。　　　　——葛洪

冬不欲极温,夏不欲穷凉。　　　　　　　　　　　　　　——葛洪

食淡精神爽,心清梦寐安。　　　　　　　　　　　　　　——《景行录》

白天饮食补益身体,夜晚饮食补益灵魂。　　　　　　——[日]黑泽明

养生篇

肉体是每个人的神殿，不管里面供奉的是什么，都应该好好保持它的强韧、美丽和清洁。

——[日] 村上春树

人常和悦，则心气充而五脏安，昔人所谓"善养喜欢神"。

——[清] 张培仁《妙香堂丛话》

声色者，败德之具。思虑者，残生之本。

——《景行录》

避色如避仇，避风如避箭。莫吃空心茶，少食中夜饭。

——[南宋] 洪近《夷坚志》

医院是一个使人终于把命看得比钱更重要的地方。

慢生活，是有底气的自给自足，而不是好吃懒做的得过且过。

未事不可先迎，遇事不可过忧，既事不可留住，听其自来。应以自然，任其自去，忿愤恐惧，好乐忧患，皆得其正，此养心之法也。 ——《浮生六记》

疾病不是身体的敌人，而是身体在喊救命的语言。

——张大春

少饮酒，多食粥；多茹菜，少食肉；少开口，多闭目；多梳头，少沐浴；少群居，多独宿；多读书，少积玉；少争名，多忍辱；多行善，少干禄。

你若对自己的健康一毛不拔，医院会帮你拔得一毛不剩！

收藏篇

和艺术品相处,感受到的是人的气息和光泽。而这,才是永恒之物。

——张伯驹

凡情留不尽之意,则味深;凡兴留不尽之意,则趣多。

如果你买一样东西,唯一犹豫的是价格,那买下它,绝不会后悔!

如果买一个东西,唯一满意的就是价格,千万不要买!

觉得贵的东西买时心疼一下,买后什么时候看着都是喜欢的;

觉得捡了大便宜的东西,买的时候觉得爽一下,以后什么时候看着都是堵的。

收藏就像一种病,我不推荐大家收藏。　　　　　——日本收藏家村上隆女

收藏是一个量力而行的过程。人与人的缘分,最长不过一生;

人与物的缘分,却可累世经年。

挹古今清华美妙之气于耳目之前,供我呼吸;

罗天地琐杂碎细之物于几席上,听我指挥。　　　　——文震亨《长物志》

不贪念,不沉溺,以物养性,不为物役,是清玩之性;

不据物为己有，使其文化价值为世人共享，是清玩之德。

有文房稚物为最高趣味，不失为人生幸事。这些器玩供具虽然相伴无言，却如同面对平生知己，可陶性，可舒怀，可铭志，可寄情……
真乃文人清居中的真善之物。

"文序诸艺，琴为首艺"。善琴者通达从容。

奇物有古意，爱古人亦奇。

悠悠清斋，案头玩古，韵常烟霞，忘尘绝俗。得出世之心境，寻人间之清福。
闭门事古学，妙处尚可窥。

长物为邻，与古为徒，得其幽质，神明自出。纳先贤之清逸，涤吾形之肺腑。

君子格物，化古为新，师而不泥，适我今情。取幽远之佳趣，创今世之妙品。

方物古器，具有一种品性，它使人的性灵循环流通，既被给予，又被回报。

——[法]马赛尔·莫斯

骨董，今之玩物也，唯贤者能好之而无敝。

——《骨董十三说》

艺术品是人类活动的至高产物，是人类经受种种苦难、无穷艰辛和绝望挣扎的最后证明。

——毛姆

百分之九十以上的收藏者收藏了百分之九十五以上的赝品。世间好人多坏人少，藏界赝品多真品少。

——马未都

北山拾叶

做人之道在于真,生活之道在于随,学艺之道在于勤,古玩之道在于精。

人弃我取,沙里淘金不必赶时髦。宁吃仙桃一口,不吃烂梨一筐。宁买精品一件,不买垃圾一堆,买旧不买藏,是藏不收藏。

收而不研者俗,藏而不鉴者傻,以藏学师者德,以藏悟心者美,以藏缘友者雅,以藏养藏者富。不懂装懂者丑,强为人师者陋,心怀嫉妒者坏,冒充高深者庸。

审美的感官需要文化修养。借助修养,才能了解美,发现美,如日之光,月之影,山之色;如物之朴,器之雅,居之旷。所有修养,皆为光芒。

予所收藏,不必终予身,为予有,但使永存吾土,世传有续。　　——张伯驹

予生逢离乱,恨少读书,三十以后嗜书画成癖,见名迹巨制虽节用举债犹事收蓄,人或有訾笑焉,不悔。　　——张伯驹

对于一件古董的评价,把世人分为两种人;一种人说它好看,一种人说它值钱。　　——黄永玉

时间也能创造财富,文物是时间创造的。　　——冯骥才《沉淀的人生》

收集古钱确实很难,但是收集现代的钱却更困难。　　——《新笑源》

书画古帖,可以寄兴,嘉者自当宝惜;若夫设机心,费重贿,则不必矣。
　　——[清]申涵光《荆园小语》

人生价值,不在据有事物,而在观察赏析,有所发现,有所会心,使上升为知识。有助文化研究与发展。此岂不正是多年来坚守自珍、孜孜以求者。
　　——王世襄《俪松居长物志·自序》

宠物篇

养狗是唯一一种金钱能买到的爱。

——史洛克

狗的寿命太短,这真是他们唯一的缺点。

——艾格尼斯

对一只狗好,也许只花你一部分的时间,而它,将一辈子回报你。

如果你愿意,狗,它知道怎样感动你的心。

——嘉贝丽·文生

主人的心灵是埋葬爱犬最好的墓地。

——达尔文

狗是唯一爱你甚过于你爱自己的生物。

——温鲁(德国作家)

有时我会思考狗为什么会短命的真正原因。我想拿必定是它们体恤人类,因为如果只认识一只狗十年或十二年,失去它就让我们这么痛苦,那么假如狗的寿命再加一倍,怎么得了!

——史考特爵士

谁能不嫌你贫穷,不嫌你丑陋,不嫌你疾病,不嫌你衰老呢?
谁能让你呼之即来,挥之即去,不计较你的粗鲁和无理并无休止地迁就你呢? 除了狗,还有谁呢?

——尤里·奥尼尔

人多犯错误,唯犬能见谅。

　　　　　　　　　　　　　　　　　　　　——亚历山大·波普

对待动物残忍的人,对待人也必不会仁慈。

　　　　　　　　　　　　　　　　　　　　　　　——叔本华

动物是最可亲近的朋友。它们从不提问,也从不指责。

　　　　　　　　　　　　　　　　　　　　　　　——爱略特

所有知识一切的问题和答案,全都包含在狗身上。

　　　　　　　　　　　　　　　　　　　　　　　——卡夫卡

钱可以买到一只很优秀的狗,却买不到它摇尾的热情。

　　　　　　　　　　　　　　　　　　——亨利·惠勒·萧

人类的生存不能没有动物,而动物却完全可以不需要人类。

是先有鸟还是先有蛋,你不知道,我不知道,只有鸟知道。

人世这般混乱,不如与犬相伴。相处没有心机,省去多少耐烦。　——老树

猫是《圣经》里面唯一没有提到的家养动物。

狗狗很爱你,并不代表你有多出色。

　　　　　　　　　　　　　　　　　　　　　　——安·兰德斯

如果一个人养不好小猫小狗,那他信什么宗教我都不会理睬。

　　　　　　　　　　　　　　　　　　——亚伯拉罕·林肯

狗不是我们的一生,但它们使我们的一生更完整。　——罗杰·卡拉斯

世界上没有任何神经科医生能像舔你的小狗那样有效。——本·威廉姆斯

如果狗可以说话,也许我们会觉得和人更难相处。——卡雷尔·卡佩克

宠
物
篇

狗若爱你,就会永远爱你,不论你做了什么事,发生什么事,经历了多少时光。

——杰佛瑞·麦森

对狗而言,每个主人都是拿破仑,因此狗这么受人喜爱。 ——赫胥黎

不曾养过狗的人,很难想象与狗一起生活是什么样子。养过狗的人,则无法想象没有狗的日子该怎么过。

——[美]卡洛琳

狗爱它们的朋友,咬它们的敌人。和人不同,后者无法纯粹的爱,在客观关系上,总是爱恨交织。

——弗洛伊德

它和主人的关系,就像传统而古板的婚姻关系,没有一丝一毫分居离婚的头,从一而终。狗不懂欺骗与怀疑。

——林白

狗是人类的好朋友,但狗最好的朋友是另一只狗。

动物优于人类的几点有:没有神学家为它们说教,殡葬不费分文,更无一个对它的遗嘱提出诉讼者。

——伏尔泰

从外貌看来,人最宝贵,狗最低贱,但圣人一致认为:重义的狗胜于不义的人。

——萨迪

动物常常使人感到害怕,但是,它们要比人真诚得多。 ——黑塞

北山拾叶